Bianca Jankovska

DIE GROSCHENPHILOSOPHIN

Bianca Jankovska

DIE GROSCHENPHILOSOPHIN

Ein Jahrzehnt Internet, Feminismus und Popkultur

Copyright © 2024 Palomaa Publishing
1. Auflage November 2024
www.palomaapublishing.de
Umschlag: Julie Ann Tarr, Düsseldorf
Layout und Satz: Katja Rub, Leipzig
Verlag: Palomaa Publishing, Leipzig
Druck: Libri Plureos GmbH, Friedensallee 273, 22763 Hamburg

ISBN Softcover: 978-3-949598-14-2
Dieses Buch ist auch als eBook erschienen unter der ISBN:
978-3-949598-15-9

Bibliografische Information der Deutschen Nationalbibliothek:
Die Deutsche Nationalbibliothek verzeichnet diese Publikation in der Deutschen Nationalbibliografie; detaillierte bibliografische Daten sind im Internet über http://dnb.d-nb.de abrufbar.

INHALT

EINLEITUNG

Was soll ich euch sagen? Die Freude ist groß, denn *die Groschenphilosophin* ist jetzt auch ein *Buch*. Ein Buch, das ich über die letzten zehn Jahre geschrieben habe; ein Buch, von dem ich nicht einmal wusste, *dass* ich es schreibe. Ein Buch, das ein Jahrzehnt Internet, Pop und Feminismus vereint und meine ganz persönliche Geschichte als junge Frau in diesem Internet schildert. Mit allem, was dazu gehört – also zum Beispiel Unterlassungserklärungen gegen große Medienhäuser, Instagram-Fatigue und vielen Litern *male tears*.

Für alle, die *die Groschenphilosophin* schon seit Jahren lesen: Danke, dass du dieses Buch gekauft hast und mich weiterhin mit Cash Money, Hingabe und deiner Liebe zum radikalen Wort unterstützt. Du weißt wahrscheinlich schon ziemlich genau, was dich erwartet und wirst dieses Buch hoffentlich stolz in dein Bücherregal zu den drei anderen Werken von mir legen.

Für alle, die mich noch nicht kennen: Wo soll ich anfangen? Am besten in dem Jahr, als ich Groschenphilosophin gegründet habe. Wir schreiben das Jahr 2014 und ich sitze in einer flämisch-sprachigen 5er-WG in Antwerpen an einem viel zu kleinen, weißen Schreibtisch. Ich bin das erste Mal weit weg von Wien, gerade 23 geworden und habe *massiven* Existenzdruck. Was soll nach dem Publizistik-Master aus mir werden? Die Medienjobs damals sind rar, eine Festanstellung bei einem renommierten Haus gleicht einem Sechser-Lotto.

Ich habe keine Follower. Kein Instagram. Keine Möglichkeit, mein Wort an die Öffentlichkeit zu tragen. Ja, ich schreibe ab und zu für linke Wiener Medien, die mir ungefähr 50 Euro pro Text zahlen – aber davon kann doch niemand leben. Außerdem mag ich es nicht, ständig Themen zu pitchen und abzuwarten, ob sie jemand von oben genehmigt. Am besten ein mittelalter, *weißer* Mann, der alles, was ich schreibe, wie in der Schule mit Rotstift markiert und mir hinterher ein Buch von Wolf Schneider empfiehlt. Damit ich mal *richtig schreiben* lerne. Ächz.

A Digital Room of One's Own

Vielleicht wollte ich deshalb mit Groschenphilosophin einen digitalen Ort erschaffen, der nur mir gehört. A *Digital Room of One's Own,* sozusagen. Einen Ort, an dem ich die Themen behandle, die mich interessieren. Sei es prosaisch, essayistisch oder journalistisch. Klassische journalistische Genres erschienen mir schon an der Uni viel zu streng; ich hasste es, szenische Einstiege („Es ist schon dunkel draußen, als sich eine Gruppe junger Männer auf den Weg macht, …") nach Schema F zu verfassen und Objektivität zu heucheln. Wenn mein Schreiben eines nie war und eines nie sein wird, dann objektiv.

Also fing ich quasi im Alleingang ohne Redaktion im Rücken an, Bücher und Magazine zu rezensieren, Filme zu kritisieren und Beobachtungen zum Thema Internet, Blogosphäre und Social Media auf dem Blog festzuhalten. Das erschien mir ehrlich gesagt viel sinnvoller, als die x-te mühselige Seminararbeit über Google. Ich war schon immer eine schlechte Akademikerin, beherrsche zwar das Handwerk, habe aber *keinerlei* Passion dafür.

Obwohl ich das schon damals wusste, habe ich die ersten Jahre auf *groschenphilosophin.at* trotzdem versucht, den Akademikerinnen-Schein zu wahren und die theorielastigen Inhalte meines Studiums für eine breitere Öffentlichkeit aufzuarbeiten. *Sorry for that!* Mein Ziel war es, durch den Blog einen festen Gig im Journalismus zu landen. Dafür musste ich meine innere Bitch ein Stück weit zähmen und ein bisschen Professionalität vorgaukeln.

Heute würde ich allen, die das noch vorhaben, davon abraten. Nicht nur, weil die meisten Chefitäten beim Begriff „Blog" vermutlich erstmal die Nase rümpfen würden („Haben wir 2015, oder was?"), sondern, weil ich mir durch meine Zeit im Journalismus wertvolle Jahre geraubt habe, in denen ich mehr Zeit in meine *eigene* Plattform und meine Social Media Präsenz hätte stecken können.

Aber dazu später mehr. Denn jedes Jahr in diesem Buch hat seinen eigenen Fokus, eine eigene Einordnung. Ihr werdet also noch mehr als genügend Tipps für angehende Content-Creator und Autorinnen bekommen – sei es moralisch, rechtlich oder praktisch.

Die Groschenphilosophin ist eine feministische Medien-Bibel

Die Groschenphilosophin ist sozusagen ein Must-Have für alle Schreibenden in diesem Internet, weil ich darin meine am eigenen Leib getesteten Ideen, Strategien und auch Fehler für nachfolgende Generationen festhalte. Dieses

Buch ist also viel mehr als „nur“ eine Aneinanderreihung alter Texte, sondern ein Stück Historie. Groschenphilosophin wird durch dieses Buch kulturwissenschaftlich, medienwissenschaftlich historisch-relevant.

Wer kann schon von sich behaupten, zehn Jahre gebloggt – und davon gelebt zu haben? Es gab mehrere Jahre, in denen mir mein Schreiben auf *groschenphilosophin.at* meine Miete plus Lebenshaltungskosten gesichert hat. Und zwar *ohne* Werbung.

Ich war die erste Österreicherin, die durch die Plattform *Steady „a living“* machen konnte. Ich war eine der Ersten, die gesagt hat: „Give your money to independent women – und nicht toxischen Medienhäusern!“ Ich habe zwischen 2018 und 2024 über 1.200 monatlich zahlende Subscriber gehabt, was angesichts der Vielzahl an community-basierten Blogs, Podcasts und Medienportalen *immens* viel ist. 2020 wurde ich außerdem als Kulturblog des Jahres bei den *Goldenen Bloggern* in Berlin ausgezeichnet. Und darauf bin ich wirklich stolz. Nicht nur wegen des finanziellen Aspekts, sondern weil ich es geschafft habe, als provokante Stimme für viele marginalisierte, unangepasste, zu *laute,* nicht normschöne Misfits und Manic Pixie Dream Girls zu agieren. Ich bin quasi ein Resting Bitch Face in Schriftform. Wo wir schon bei den Zahlen sind: 2024 besuchen jeden Monat 8.000 Nutzer meinen Blog und generieren 50.000 Aufrufe – das sind 200 bis 300 Besucher täglich. Insgesamt – also seit 2014 – hatte mein Blog 431.000 Besucher und 2,2 Millionen Aufrufe.

Von hinten, von vorne

Beim Lesen dieses Buchs könnt ihr übrigens sowohl chronologisch als auch antichronologisch vorgehen. Der Aktualität halber beginnen wir mit 2024 und hangeln uns dann zurück in die früheren Jahre bis 2014. Wer möchte, kann auch 2014 beginnen und quasi von hinten nach vorne lesen. Keine Ahnung, wie das echte Historiker machen, wahrscheinlich haben beide Wege ihre Berechtigung. Wer mit 2024 (*Entwachsen*) beginnt, wird den Zeitgeist wehen spüren; wer bei 2014 beginnt (*Lena Dunham Feminismus*), wird sehen, welche Schritte wir bis heute in Punkto feministische Bewegung, Body-Positivity und romantische Beziehungen gemacht haben.

Auch ganz wichtig: Die Blogbeiträge wurden absichtlich im Original übernommen und haben nur ein Korrektorat durchlaufen. Das heißt, dass ich 2015 anders gegendert habe als 2018 oder 2024. Auch eine spannende Entwicklung, falls sich das mal jemand in einer wissenschaftlichen Arbeit (Thema: *Gendern im Laufe des Internet-Feminismus*) genauer ansehen möchte oder so. Ich habe mich nämlich *definitiv* an die Schreibweise angepasst, die im jeweiligen Jahr „in" war, weil ich ein bisschen Angst hatte, von meinen Peers gecancelt zu werden. Sei es nun Binnen-I, Sternchen oder Frauen*. Alles *sicher* auf seine eigene Weise falsch, was man inzwischen gut auf diversen Insta-Accounts nachlesen kann. Also *please don't judge,* ich wusste es nicht besser.

Heute gendere ich übrigens ... gar nicht mehr, weil ich meine Sprache so einfach und zugänglich halten möchte wie möglich, ohne an thematischer Komplexität zu verlieren. Ja, ich habe inzwischen eine klare Haltung zum Gendern und finde, dass gegenderte Sprache oft eher *exkludierend* als inkludierend wirkt und eine zusätzliche, akademisierte Barriere darstellt. Zudem gefällt es mir ästhetisch nicht. Wenn es sich anbietet, versuche ich neutrale Bezeichnungen zu verwenden und auch mal das generische Femininum. Aber bei komplizierten Dativ- und Akkusativkonstruktionen bin ich raus.

So, gut, dass wir das abgehakt hätten.

Was gibt es sonst noch zu sagen? Ich habe Angst, gleich ein paar Tränchen zu verdrücken, denn mit der Ära der Instagram-Reels, TikToks und Newsletter neigt sich die Zeit der Blogs dem Ende. Wenn sie nicht schon längst vorbei ist – denn ich kenne selbst kaum noch jemanden, der klassisch via Wordpress bloggt.

Was mir Groschenphilosophin bedeutet oder bedeutet hat? Zu manchen Zeiten: *alles*. Sie war der Ort, an den ich ging, um mich auszudrücken und meinen Schmerz, mein Nicht-Verstandenwerden und meine Haltung festzuhalten. *Writing is feeling time.* Keine Ahnung, von wem das Zitat stammt, aber für dieses Buch gilt es umso mehr.

Während ich dieses Buch kuratiert habe, konnte ich gar nicht anders, als nostalgisch zu werden. Ich bin auf Groschenphilosophin und in diesem Internet der mittleren 10er-Jahre erwachsen geworden und es wird nie wieder zurückkommen.

Was auch immer mit Groschenphilosophin passieren wird: Es war eine wunderbare Erfahrung, mein Herz nach draußen zu tragen, und ich würde es *immer wieder* machen. Groschenphilosophin ist mein langjährigstes

Projekt, das mir in unsicheren Zeiten versichert, dass ich Dinge durchziehen und auch dabeibleiben kann, wenn es einmal schwer wird. Ich habe auf und *mit* Groschenphilosophin schreiben gelernt und ich wäre heute nicht Buchautorin, hätte ich nicht diese Möglichkeit gehabt, mir *selbst* diese Möglichkeit gegeben.

Eure Bianca Jankovska
im März 2024

VORWORT VON TAMARA KELLER

Sie ist ihrer Zeit voraus. Das ist eine der vielen Gaben, die Bianca, besser bekannt als Groschenphilosophin, besitzt. Problematische Arbeitsstrukturen im Journalismus (oder im Allgemeinen), White-Capitalist-Feminism, die „bessere Generation" Gen Z oder Online-Phänomene wie die Tradwife oder Male Tears. Wenn diese Themen in der breiten Masse auftauchen, kann man sich sicher sein: Bei Groschenphilosophin wurden sie schon mindestens vier Jahre vorher thematisiert, analysiert und bis ins kleinste Detail auseinandergenommen.

Für viele ist Groschenphilosophin ein Blog, das mit Kritik nicht spart und das sich gehalten hat in einer Zeit, in der Blogs eigentlich out sind. Schließlich ist die neue Internetwährung zehn Sekunden Videos mit Millionenreichweite – wo ich das gelesen habe? Na klar, bei der Groschenphilosophin. Das Blog kämpft weiter, auch wenn die Reichweite von Links auf Social Media immer mehr gedrosselt wird. Zehn Jahre Groschenphilosophin – ein Achievement, das nicht jede*r Blogger*in geschafft hat.

Für mich ist Groschenphilosophin aber mehr. Es ist die Entwicklung einer Freundschaft. Klar, denn Groschenphilosophin schafft als Account wie als Plattform ein Miteinander für seine Community. Vor allem aber ist die Autorin von der „Groschi" meine Freundin Bianca Jankovska. Hätte mir jemand vor zehn Jahren gesagt, dass ich Bianca im Jetzt zu meinen Freundinnen zählen kann, hätte ich die Person ausgelacht oder ihr zumindest nicht geglaubt. Denn unser gemeinsamer Start war etwas holprig in der Medienwelt.

Das Private ist beruflich – so lautet der Untertitel ihres Blogs. Für Groschenphilosophin und mich trifft das genau so zu: Mit 21 betrat ich als Praktikantin die *Bento*-Redaktion, damals die „junge Redaktion" von *Spiegel Online*. Ich war aufgeregt, für mich war das ein großer Schritt. Der erste in so ein richtig großes Medienhaus. Und nur einige Bürosessel weiter im selben Raum saß sie: die Groschenphilosophin. Mein Eindruck: Mit ihrer scharfen Zunge und ihrer besonderen Art, irgendwie mit ihrer Kritik die Gesellschaft dort zu treffen, wo es wehtut, hatte sie es von der Halftime-Bloggerin (neben dem Studium!) direkt in die Redaktion geschafft. Wer jetzt hier eine „Wir-sind-ein-Herz-und-eine-Seele"-Story erwartet, di*en muss ich leider enttäuschen.

Denn so war das nicht – zumindest nicht am Anfang: Ich war „nur" die Praktikantin, mein Imposter-Syndrom kickte hart und ich blickte zu Bianca auf, die damals Texte über die Russenhocke genauso schrieb wie einfühlsame Essays, die ihr Privatleben mit Feminismus verbanden. Durch sie lernte ich zum Beispiel, dass Frauen auf Fotos nicht immer lächeln müssen. Teile ihrer Analysen waren so persönlich, dass es mir manchmal den Magen umdrehte. Ich fragte mich: Muss ich so viel Persönliches preisgeben, um am Ende als Journalistin erfolgreich zu sein? Später rechnete die Groschenphilosophin mit dem System ab, in das sie nur mit dieser Art von Clickbait hineinkommen konnte: mit dem Text *Selbst schuld, wenn du das teilst! – Wie Medienhäuser noch Jahre später mit unserer Verletzlichkeit Geld verdienen,* den ihr auch in diesem Buch findet.

Zwei weitere Besonderheiten sind mir aus unserer Kennenlernzeit hängen geblieben: wie Bianca in der Redaktion aneckte, indem sie versuchte, mehr Offenheit für alternative Themen zu schaffen. (Ich finde, im Nachhinein betrachtet hat sie sich da sehr gut durchgesetzt. Sie selbst würde wahrscheinlich etwas anderes sagen.) Und wie wichtig es ihr war, Qualität zu schaffen. Ich denke, das ist es, was mich und Groschenphilosophin auch am meisten verbindet: der Wunsch nach einer besseren Medienwelt mit mehr Qualität statt Quantität.

Bianca fiel damals übrigens nicht nur durch ihre Äußerungen auf, sondern auch durch ihren Look: kurzer, schwarzer Bob mit glattem, kurzem Pony (bevor es alle in Berlin getragen haben!). Normalerweise würde ich einen Menschen nie aufgrund seines Äußeren allein charakterisieren. Aber das hier zu erwähnen, ist wichtig: Über die vergangenen zehn Jahre hat Bianca ihren Look genauso oft verändert, wie das Blog ein Make-Over mit neuem Design bekommen hat. Doch im tiefsten Kern sind sich Bianca und auch Groschenphilosophin immer treu geblieben.

Ich denke, das ist das, was uns bis heute zusammenschweißt: In der „Nach-*Bento*-Zeit“ (für mich als Praktikantin dauerte diese Zeit nur sechs Wochen, für Bianca als Redakteurin ein Jahr) blieben wir über das Internet und über Groschenphilosophin verbunden. Textnachrichten wurden ausgetauscht und irgendwie haben sich unsere Wege über die Jahre hinweg immer wieder gekreuzt. Im Austausch wurde dann schnell klar, dass wir die gemeinsam erlebte Zeit gleich einordneten – wie sehr uns die hierarchischen Strukturen im Journalismus und der Medienbranche stören und auch die Ellenbogen-Mentalität unter Kolleg*innen, die leider bis heute nicht verschwunden ist. Geht es nicht auch miteinander?

Empowerment in der Medienbranche, „Lift up each other", sich gegenseitig zuhören, Ideen und Gedanken austauschen – egal ob zum Job oder zum Datingleben: Das ist es, was Biancas und meine Freundschaft ausmacht. Und das ist auch das, was Groschenphilosophin für euch sein soll: die große Schwester, die euch den Rat gibt, den ihr im Jetzt vielleicht gerade braucht, auch wenn ihr es selbst noch nicht wisst.

Bianca und mich verbindet auch der Glaube an und unser Traum von einer utopischen Welt. In der wir Schreiberinnen sein können ohne den Einfluss des Kapitalismus, des Patriarchats, des Klassismus – und all der weiteren -Ismen, die uns und unserem Umfeld das Mitmischen in dieser Gesellschaft erschweren. Dafür kämpfen wir, dafür kämpft die Groschenphilosophin! Ich hoffe, dieses Buch gibt euch die Inspiration, die Welt aus einem anderen Blickwinkel zu sehen, und regt euch zum Nachdenken und Diskutieren an. Aber am wichtigsten ist für mich, dass euch dieses Buch empowert, so wie mich die Freundschaft und Beziehung zu Bianca empowert hat – damit wir am Ende alle gemeinsam in diesen Kampf ziehen können.

2024: ENTWACHSEN

Als Anne vom Verlag und ich über das Konzept dieses Buchs sprachen, war relativ schnell klar: Da muss eine Einordnung her! Jedes Jahr soll von mir liebevoll und bedächtig kommentiert und zusammengefasst werden. Kurz dachte ich darüber nach, eine Art Popkultur-Rückschau zu machen, aus jedem Jahr das erfolgreichste Buch oder den meistgestreamten Track herauszusuchen. Bis mir dann auffiel, dass das Ganze nichts mit mir zu tun hätte. Ihr habt das Buch schließlich wegen meiner Entwicklung als Autorin gekauft und nicht für eine Wiederholung der Top-100-Charts, oder?

Jedenfalls fällt mir dieses Vorhaben für das Jahr 2024 besonders schwer, denn zu dem Zeitpunkt, als ich das Manuskript abgebe, schreiben wir erst *März*. Was wohl noch alles passieren wird bis zum Buchlaunch im November? Erfahrungsgemäß schaffe ich es immer wieder, in zwölf Monaten mein ganzes Leben auf den Kopf zu stellen, drei Mal umzuziehen oder doch noch ein neues Studium anzufangen. Während ich das hier schreibe, überlege ich ernsthaft, nach Spanien auszuwandern. Wir werden sehen, von wo aus ich im Dezember schreibe.

Was anders als meine Umzugspläne sehr sicher ist: So ein Buch über die letzten zehn Jahre zu kuratieren, führt automatisch dazu, sich kritisch mit der eigenen Vergangenheit auseinanderzusetzen. Die Texte, die mir vorliegen, sind ein Stück Geschichte, ein Stück Wertekanon, ein Stück Realität, das in Worte gegossen wurde. Groschenphilosophin reflektiert so viele Erfahrungen meines Lebens, dass es mir manchmal schwerfällt, zu sagen, wer *ich bin,* und wer *Groschenphilosophin* ist.

Der erste Artikel aus 2024 *Gesucht: Wohnung ohne Mann* spiegelt meine aktuelle Wohnsituation wider. Ich wohne das erste Mal seit 2017 alleine, und das sogar die bislang längste Zeit meines bisherigen Lebens. Ich wollte diesen Text unbedingt schreiben, weil ich lange Angst davor hatte, mein Bett *nicht* mehr mit jemandem zu teilen.

Meine Lebensumstände haben sich von selbst geregelt. Ich bin mit der Zeit nicht softer geworden, wenn, dann wohl eher radikaler. Auch das werdet ihr im Verlauf dieses Buchs merken, wenn ihr bis zum Jahr 2014 lest.

Und sonst so? 2024 ist das Jahr, in dem ich Groschenphilosophin nochmal eine richtige Chance gebe. Bis März habe ich alle Texte und Thesen umgesetzt, die in meinen Notizen standen. Darauf bin ich ein bisschen stolz, denn es kostet sehr viel Zeit und Energie – und natürlich auch Kreativität –, sich neue Takes zu überlegen, die so noch nicht im Internet stehen. Ich glaube, das macht Groschenphilosophin bis heute aus. Dass ich nur das schreibe, wovon ich selbst überzeugt bin, dass es das noch braucht.

Nach langer Gegenwehr habe ich mich 2024 auch endlich den verhassten Reels gebeugt. Ich filme mich beim Essen, ich filme mich beim Zähneputzen, ich filme mich im Bett beim Lesen, damit ich kleine Auszüge meiner Blogposts über das Video legen und so mehr Reichweite bekommen kann. Sieht schön aus, führt aber nicht unbedingt zu mehr Aufrufen auf dem Blog. Menschen sind es inzwischen so sehr gewöhnt, kurze Textschnipsel zu konsumieren und dann weiterzuscrollen, dass ich mich manchmal schon frage, ob es noch einen Blog braucht.

Im Text *Was Voice-Over-Reels über den Zustand von Instagram aussagen* gehe ich genau diesen Fragen auf den Grund.

Ob ich Ende 2024 doch wieder mit einem Mann zusammenwohnen werde? Ob ich alleine in Barcelona sitze, und meinen Alltag als Autorin mittels Reels dokumentiere?

Only time will tell.
And of course, this blog.

GESUCHT: WOHNUNG OHNE MANN

25.02.2024

Alleinewohnen existierte als Angst-Szenario in meinem Kopf, weil ich es mir nicht vorstellen konnte, dass es mir tatsächlich … *gefällt.* Weil Frauen in meinem Alter, die ohne Männer wohnen, gesellschaftlich immer noch als seltsam gelabelt werden, als karrieregeile Biester, als kompromisslose Egoistinnen.

Aber was, wenn es *notwendig* ist, egoistisch zu sein, um gesund zu bleiben? Vorhang auf für einen Reality-Check nach einem Jahr Wohnung ohne Mann.

Ich hatte ehrlich gesagt schon ein bisschen Angst, kurz bevor er auszog. Angst davor, wie die Morgen werden würden, und noch schlimmer: die Nächte. Was wäre ich ohne die Person, die seit einigen Jahren einen festen Platz neben mir im Bett hat? Deren Körper ich nachts selbstverständlich betatsche, mich an sie schmiege, wenn ich Alpträume habe oder nicht schlafen kann.

Ja, was wäre ich dann? Wäre ich als Frau Anfang 30 einsam, so wie es mir Filme und Serien einreden? Würde ich mich verlassen fühlen, jetzt, wo abgesehen von mir niemand mehr in der Wohnung ein- und ausgeht?

Reality-Check

Ein knappes Jahr Alleinewohnen später und ich muss feststellen: Ich wäre in erster Linie *frei.* Frei von Kackgeräuschen bei offener Tür am Morgen, frei von ekelhaften

Sportklamotten, die in der ganzen Wohnung verteilt herumliegen (Klischee olé).

Ich wäre frei von der vorwurfsvollen Grummelei um 8:45 Uhr, wenn ich aufstehen und arbeiten muss, der Mann aber noch gerne länger liegen bleiben und betüttelt werden würde. Frei von Shake-Geräuschen und Müsli-Packungen, Linsen-Vorräten und Energy-Drinks.

Ich wäre frei von Doppelte-Portionen-Kochen, die nach einer halben Stunde aufgegessen sind, und könnte stattdessen die Reste meines Coq-au-Vins entspannt am nächsten Tag zu Mittag essen. Ich wäre frei von der Klimmzugstange, die mehr schlecht als recht im Türrahmen befestigt wurde und immer wieder runterfällt. Frei davon, meinen Space mit jemandem zu teilen, der nach kurzer Zeit vom Lover zum *Anhängsel* zur Belastung geworden ist, weil er nicht zur Therapie geht, oder keinen Sprachkurs belegt, oder sich keinen Job sucht; ich müsste nicht ständig mitdenken, ob er bei einer Podcast-Aufnahme reinplatzt, weil er vergessen hat, dass ich eine habe. Ich müsste nicht überlegen, was wir *beide* wollen, ob der Fernseher heute an- oder ausbleibt, ob ich ihn zu einer Episode von „White Lotus“ überreden kann oder ob er doch darauf besteht, Champions League zu schauen, wobei ich in diesem Szenario oben im Hochbett mit Ohrstöpseln alleine einschlafen würde.

Die Kosten eines Mannes

Schon gewusst? Singlefrauen haben im Haushalt einen Arbeitsaufwand von ungefähr zehn Stunden pro Woche. Sobald sie mit einem Mann zusammenleben, steigt der Zeitaufwand auf 17 Stunden. Bei Männern sieht das Ganze umgekehrt aus. Laut einer Studie des Michigan Institutes for Social Research erbringen sie als Single im Schnitt ungefähr acht Stunden Haushaltsarbeit. Sobald sie in einer Beziehung sind, senkt sich der Wert auf sieben Stunden. Der Großteil der Arbeit bleibt, Überraschung, bei den Frauen und Partnerinnen hängen.

Ich habe von 26 bis 31 beinahe durchgehend mit Männern zusammengewohnt und komme erst jetzt, mit Anfang 30, wirklich in den Genuss meines eigenen, putzplanfreien Erwachsenenreichs.

„Frauen wird von früh an eingetrichtert, dass in romantischen Beziehungen mit Männern ihr ultimatives Lebensglück liegen würde. Das ist allerdings nicht nur nicht wahr, es ist sogar das genaue Gegenteil der Wahrheit“, schreibt Bea Frasl in ihrer Kolumne[1] und fasst damit zusammen, was die Wissenschaft[2] längst belegen konnte. „Frauen sind mit männlichen Partnern wesentlich unglücklicher als ohne Männer. Unverheiratete Frauen ohne Kinder sind die gesündeste und glücklichste Bevölkerungsgruppe.“

Alleinewohnen ist der friedvollste Zustand, den ich je in meinem Leben hatte und ich bin trotzdem ein wenig überrascht. So sehr habe ich an das Narrativ geglaubt, an die Rechnung: Mann + Liebe + Wohnung = Glück. Wenn ich heute an mein Zusammenleben mit Männern zurückdenke, frage ich mich, wie ich diesen *Zustand* so lange aushalten konnte – denn mit ausgewogener, gegenseitiger Fürsorge hatten meine Beziehungen nicht viel zu tun. Eigentlich traurig, oder? Manchmal habe ich das Gefühl, endlich ... aufgewacht zu sein.

Dabei gibt es nach wie vor unzählige Frauen, die nie wissen werden, wie es ist, aufzustehen und: Zeit für sich zu haben, ohne vorher nochmal die Küche aufzuräumen, weil der Herr nachts um 2 Uhr nochmal Käsebrote im Ofen machen musste.

So viele Frauen, die es sich leider auch aufgrund finanzieller Abhängigkeiten oder Verpflichtungen nicht leisten können, eine Immobilie so zu nutzen, wie sie es sich wünschen. Inklusive geräumigem Arbeitszimmer ohne Band-Zeugs, Gaming-Konsolen, ranzigen Kickern oder nostalgischem Krimskrams vom Mittelaltermarkt. Girl, I feel you! Umso mehr möchte ich meine Privilegien wertschätzen und täglich dafür dankbar sein, keine benutzten Wichstücher neben meinem Bett vorzufinden.

Von sauberen Küchen und frischer Bettwäsche

Wenn ich von meiner sauberen Küche und der frischen Bettwäsche schwärme, komme ich mir vor wie eine 55-jährige, geschiedene Frau, die sich erstmal von den Strapazen des Patriarchats erholen muss. Mein Gefühl deckt sich mit einer Studie der Partnervermittlungsagentur ElitePartner.de mit mehr als 9.500 Teilnehmern:

> *„Inzwischen möchten auch Frauen in einer Partnerschaft häufig lieber ohne Mann leben. Mit steigendem Alter sinkt bei Frauen der Wunsch nach einem gemeinsamen Zuhause. Drei Viertel der befragten Frauen ab Mitte 50 gaben an, lieber alleine zu wohnen."*

Mir haben bereits fünf Jahre gereicht, in denen ich mich eingeschränkt, verbogen und zusammengerissen habe, um in meiner Wohnung Platz für einen Mann zu machen. Ich habe hässliche Schreibtisch-Kästchen vom Sperrmüll gedudelt, hässliche, graue IKEA-Vorhänge, hässliche Schuhe und hässliche Sofakissen von Omma. Bis es nicht mehr ging.

Wie es erst gewesen wäre, wenn *ich* zu einem Mann gezogen wäre, möchte ich mir gar nicht erst ausmalen. Immerhin ist mir die Angst, bei Nicht-Gehorchen oder Nicht-genug-Sex oder Nicht-genug-Care auch noch rausgeschmissen zu werden, erspart geblieben. Auch habe ich nach der Trennung nicht nach etwas Neuem suchen müssen.

Ich bin gewissermaßen: *zurückgeblieben* – und habe die Wohnung nach Vorwürfen, unüberwindbaren Differenzen, Weihnachten mit den Schwiegereltern und ausgewaschener Hundebaby-Kacke am Kuhfellteppich zurückerobern müssen. Bis sie wieder gänzlich meine war.

Und jetzt?
Meine Lust, wieder mit einem Mann zusammenzuziehen, hat sich ein knappes Jahr nach dem finalen Exit bei Null eingependelt. Ich liebe meine Wohnung und habe nach der Trennung noch in ein paar schöne Möbelstücke und Details investiert. Gerade jetzt, wo ich endlich mein Erwachsenen-Dasein in vollen Zügen genießen und mich meiner Schreibarbeit widmen möchte, passt mir ein Mann in der Wohnung nicht ins Programm.

Vor seinem Auszug wusste ich es nicht besser, jetzt fällt mir jeder Mann, der länger bei mir bleibt und sich bei mir *einnistet,* als Hindernis zu einem sorgenfreien Leben auf.

Ich möchte mich nicht schon wieder anpassen müssen, um eine maximal durchschnittliche Zeit rauszubekommen. Treffen draußen im Park? Im Kino? Schwimmen? Sex? Gerne. Aber lass deine Zahnbürste bei dir.

Mit der räumlichen und häuslichen Distanz zum Mann wächst mein Bedürfnis, autonom zu sein und jeden Tag selbst entscheiden zu können, *was* ich *wann* esse, *wann* ich bade, oder ob ich mich doch noch spontan mit Freundinnen treffe, ohne die „Quality-Time“ zu gefährden, die – wenn wir mal ehrlich sind – nach ein paar Jahren sowieso nur noch als Sparprogramm existiert.

* * *

Alleinewohnen existierte als Angst-Szenario in meinem Kopf, weil ich es mir nicht vorstellen konnte, dass es mir tatsächlich ... *gefällt*.

Inzwischen finde ich es „normal“, wenn Frauen alleine (mit ihren Kindern wohnen), und als seltsam oder gar rückschrittlich, wenn sie mit Männern leben – und das theoretisch nicht *müssten*.

Kommen wir also nochmal zu meiner Frage vom Anfang zurück: Wie würden die Morgen werden, und noch schlimmer: die Nächte? Was wäre ich ohne die Person, die seit einigen Jahren einen festen Platz neben mir im Bett hat?

Frei.

Selbstbestimmt.

Nicht immer glücklich, nein. Aber wenigstens nicht: angestrengt, *ausgelaugt* und emotional wie körperlich verbraucht.

WAS VOICE-OVER-REELS ÜBER DEN ZUSTAND VON INSTAGRAM AUSSAGEN

21.02.2024

Ist euch schon aufgefallen, wie sich die Lesegewohnheiten auf Instagram verändert haben? Während es früher™ gereicht hat, ein paar emotionalisierende Worte unter ein Foto zu packen, müssen Captions heute videografisch begleitet und eingesprochen werden. Was bedeutet das für Creator – *und* Konsumenten? Eine Analyse.

Erstmal war da Resistenz

Ich muss zugeben: Ich habe mich *lange* gesträubt, mit der Zeit zu gehen. Bis 2024 habe ich irgendwie immer noch heimlich gehofft, dass es ausreicht, starke Quotes auf Kacheln zu packen und damit viral zu gehen. Turns out: Das ist jetzt schon etwas länger ... nicht passiert.

Warum nicht? Weil sich die Nutzungs- und Lesegewohnheiten verändert haben. Menschen lesen ganz einfach nicht mehr wie 2017. Gerade auf Insta konsumieren wir vorwiegend Reels, weil die Entwickler hinter der App das so möchten. Und das hat zwangsläufig etwas mit den alten Content-Buckets in Form von Bild + Text gemacht.

Klar gibt es auch heute noch Captions, aber sie werden nicht mehr unter das Foto gepostet, sondern eingesprochen und mit Untertiteln auf ein Video gepackt. Dabei hilft zum Beispiel die App CapCut[3], die automatisch Untertitel in verschiedenen Sprachen generiert (praktisch!) und Video-Cut für Laien und Anfänger möglich macht.

Nicht zu vergessen ist an dieser Stelle natürlich das Thema Inklusion: Untertitel spielen eine ganz wesentliche Rolle dabei, gehörlose Menschen in die digitale Kommunikation und Interaktion auf Social Media Plattformen einzubinden. Sie ermöglichen es, Audioinhalte in geschriebener Form darzustellen, sodass auch Personen, die akustische Signale nicht wahrnehmen können, Videos, Podcasts und Live-Übertragungen vollständig erfassen können. Eine gute Sache!

Dennoch denke ich nicht, dass Voice-Over-Reels hauptsächlich *deshalb* existieren, weil Instagram so inklusiv sein möchte und die Creator ein besonderes Herz für gehörlose Menschen haben, wenn ich ehrlich bin. Oder, um meinen Kollegen Chris zu zitieren:

„Untertitel sind zu einer Ästhetik geworden." ▮

Die Creator-Perspektive: Der Aufwand verdoppelt- und verdreifacht sich

Nur: Woher bekommt man das Video her? Ein Punkt, der mir als Creator sofort auffällt, ist: Möchte ich Voice-Over-Reels produzieren, wird es künftig zu meinem Alltag als Autorin dazugehören, mich und meine Umgebung ständig mitzufilmen.

Ich filme mich beim Kochen, ich filme mich beim Schreiben, ich filme mich – hoffentlich bald – auch mal beim Schminken oder Anziehen und verwerte so meine intimsten Momente zuhause als Unterlage für den Text, den ich geschrieben habe und jetzt: einsprechen muss.

Es sind mehr oder weniger immer dieselben Shots, die auf Insta funktionieren: Person + Action in der Wohnung = Unterlage. Alles, was es braucht, ist eine fancy Inneneinrichtung, eine fancy Garderobe (zum An- und Ausziehen) und den hemmungslosen Willen, sich selbst darzustellen.

Gut zu beobachten ist das bei populären Accounts wie @corneliagrimsmo[4] oder @christinacaradona[5]. Sie vermitteln Inhalte, wie sie früher in Schriftform auf Blogs mit Fotos stattgefunden hätten, auf bewegte, sozusagen „moderne" Art. Cornelia Grimsmo schreibt, Entschuldigung, *spricht* mit rauchiger Stimme über ihr Leben als 30-something in Norwegen und hat eine Reihe gestartet, die den Namen *Naive ideas I had in my 20ies* trägt.

Wir sehen sie beim Wandern, Zelten, Brunchen oder Stadtspaziergang. Manchmal ist sie alleine in ihrer Wohnung und ästhetisiert ihr Leben wie eine typische Influencerin, nur eben mit etwas höherem sprachlichen Anspruch. Sie selbst beschreibt ihre Practice als: creating short films. Ich sehe: ein extrem privilegiertes Ex-Model, eine Ex-Influencerin, die sich jetzt als Künstlerin einen Namen machen möchte. Natürlich ist sie weiterhin wahnsinnig normschön, durchtrainiert und sieht auch mit Anfang 30 aus wie mit Anfang 20.

Christina Caradona wiederum ist irgendwann mal so etwas wie Mode-Influencerin gewesen, und zeigt ihren Followern, wie man sich boy-ish kleidet, ohne etwas von seiner *Girl*ness zu verlieren. Manchmal steht sie rauchend in ihrer Küche und schreibt über Rache. Was soll ich sagen? Es macht definitiv Spaß, den beiden zuzusehen.

Trotzdem komme ich nicht darum herum, mich zu fragen: *Was* für ein Leben muss man führen, um diese Aesthetics hinzukriegen? Nicht jeder Content-Creator hat schicke Apartments around the globe und Freunde mit Villen in Mexiko.

Aber zurück zu meiner eigenen Erfahrung. Schließlich soll es irgendwann auch Spaß machen, *MIR* zuzusehen. Turns out: Es ist gar nicht so einfach, ein brauchbares Video von sich zu drehen.

Schönheitsideale reloaded – plötzlich ist da dieses Doppelkinn, das man auf den Fotos gar nicht bemerkte. Oh, und so sehe ich also aus, wenn ich im Bett liege? Nicht schrecklich, aber definitiv gewöhnungsbedürftig.

Außerdem sollen die Shots nicht ZU gestellt wirken, obwohl sie natürlich nur für den Zweck aufgenommen wurden, hinterher ein Voice-Over-Reel daraus zu machen. Gestern habe ich ganze *drei* Versuche gebraucht, um ein Video von mir im Bett zu drehen, bei dem ich so *tue*, als ob ich tippe. Denn wenn die Kamera läuft, bekomme ich eine Schreibblockade. Wirklich! Es ist fast wie Lampenfieber!

Sind die Videos fertig, müssen sie noch zusammengeschnitten werden. Cut ist eine eigene Kunst, wenn ihr mich fragt, und auch die richtige Geschwindigkeit muss noch gewählt werden. Double-Speed? Slo-Mo? Einfach so lassen? Alles eine Frage der Ästhetik, die ich erst noch *finden* muss. Danach geht es ans Textschreiben – und Texteinsprechen.

Da sitzt man also, um 11 Uhr abends, und versucht, deutlich ins Handy zu sprechen, um seinen Worten literally: Gehör zu verschaffen.

Wer nicht mit der Zeit geht, geht mit der Zeit

Meine Entscheidung, mehr auf Voice-Over-Reels zu setzen, ist natürlich eine strategische. Immerhin macht es schon ein bisschen Spaß und hat zumindest manchmal einen *Hauch* von Multimedia-Art oder Video Prose. Es ist befriedigend, auch mit 32 mit der Zeit zu gehen und sich nicht komplett von den jungen Kids „abgehängt" zu fühlen. Auch, wenn meine Voice-Over-Reels sicherlich nicht perfekt ausgeleuchtet, geschnitten und vertont sind.

Sie sind: die moderne Möglichkeit, seine Texte einem größeren Publikum zugänglich zu machen und damit auch mal wieder auf Instagram zu wachsen. Damit gehören sie zum Marketing-Mix für mich neben Newsletter und Story-Posts dazu.

Diskurs: Müssen wir mit Video lesen?

Es gibt ja dieses Klischee, dass Gen Z nur noch zuhören kann, wenn nebenher noch ein Minecraft-Video im Hintergrund läuft (oder so). Ich denke, genau dieses Nutzungsverhalten hat neben amerikanischen Serien, die wir selbstverständlich mit Untertiteln konsumieren, Voice-Over-Reels geprägt und populär gemacht.

Es scheint für viele leichter, einer Stimme zuzuhören und dabei in die Gesichter fremder Menschen zu starren, als eine langweilige Oldschool-Caption zu lesen. Und: Ein Voice-Over-Reel ist angenehmer oder zumindest *leichter* konsumierbar als ein ganzer Blogpost – was mir übrigens große Sorge bereitet. Ob das hier überhaupt jemand liest, wenn ich dazu nicht ein nettes Video schneide?

Parallel zum Hype wird das Millennial-Magazin *Vice* Deutschland übrigens 2024 nach 18 Jahren eingestellt.

Ex-Journo-Kollege Manuel Lorenz schrieb dazu auf LinkedIn:

> *„Damit wird eine Art von Journalismus begraben, die in den Zehnerjahren ihren Höhepunkt hatte und für die es in Deutschland offenbar keine Zukunft gibt. Gonzo-Journalismus, New Journalism, Millennial-Journalismus … Wie auch immer wir diese Art von junger, unkonventioneller, kritischer Herangehensweise an Themen – bzw. die Themenwahl überhaupt – nennen wollen. Mir fällt kein Medium ein, wo man solche Texte (und Videos) noch findet."*

Er fragt: „Was sollen junge Menschen jetzt noch *lesen?* Klar, es gibt zig Videos und Podcasts für sie auf all den Plattformen, die mittlerweile unseren Alltag dominieren. Aber das ist alles nicht dasselbe."

Ich kenne die Demut gut, mit der Manuel schreibt und stimme ihm bei der Aussage zu, dass mit dem Untergang der Millennial-Medien auch ein bestimmter Blick auf unsere Welt verloren geht. Und hier sind wir genau bei der Downside: Ich bin immer noch *Autorin,* nicht Multimedia-Artist. Ich habe keine Zeit, jeden meiner Texte auch noch videografisch im Alleingang begleiten zu lassen. Dafür bräuchte es ein ganzes Social-Media-Team. Lange Gedankengänge und komplexe Analysen bleiben bei Voice-Over-Reels jedenfalls für die Ästhetik auf der Strecke. Alles muss *kurz,* schön und snackable sein.

Manchmal frage ich mich wie ein Boomer in Festanstellung: *Was,* bitteschön, kommt als nächstes? Was müssen wir noch alles können, um im Algo-Game mitzuhalten?

So sind Voice-Over-Reels zwar eine schicke, neue Möglichkeit, sich auszudrücken – aber auch ein weiterer Skill, den es zu beherrschen gilt, um nicht irrelevant zu werden und von der Algo-Bildfläche zu verschwinden.

Mit Lesen? Damit hat das Ganze jedenfalls für mich wenig zu tun.

WENN DAS DIESE GLEICHBERECHTIGUNG IST, WILL ICH SIE NICHT

13.03.2024

Das Problem mit der beruflichen Gleichstellung ist, dass wir sie in einem System etablieren wollen, das von Grund auf krank ist. Wofür also überhaupt kämpfen?

Eine kapitalismuskritische Reflexion zu Alexandra Zykunovs Buch *Was wollt ihr denn noch alles?*

* * *

Ich bin Feministin, durch und durch, aber um das Thema Gleichberechtigung im Kontext von Karriere habe ich bisher oft einen großen Bogen gemacht. Nicht, weil ich finde, dass Frauen weniger verdienen sollten als Männer (wenn wir binär denken), sondern weil mir die Begrifflichkeiten und Kategorien, innerhalb derer wir im Diskurs operieren, überhaupt nicht gefallen. Es geht nämlich immer um eines der drei Themen: Macht, Geld und/oder Sichtbarkeit. Und genau das halte ich für grundlegend unfeministisch. Warum? Erkläre ich gerne von vorne.

Vom Thomas-Kreislauf und Vorstandsfrauen

Beginnen wir doch gleich beim altbekannten Thomas-Kreislauf, den auch Zykunov in ihrem Buch beschreibt. Und der geht so: „Die Zahlen der AllBright Stiftung zeigen, dass es seit Jahren auch unter den Vorstandsvorsitzenden der größten börsennotierten Unternehmen mehr Männer gab, die Thomas hießen, als Frauen." Diese Thomasse neigen dazu, mittelalte, weiße, männliche Thomasse zu besetzen und sichtbar zu machen. Inzwischen wurde der Name Thomas von Christian abgelöst, das Problem bleibt das gleiche. Zykunov fragt: „Was würde also helfen, sich gegen den Thomas- oder aktuell eher Christian-Kreislauf durchzusetzen? Erstens: wenn sämtliche Auftraggeber*innen und Entscheider*innen wüssten, dass es diesen Kreislauf überhaupt gibt und wie man aktiv dagegen anarbeiten kann. Und zweitens: wenn weibliche Auftragnehmerinnen eine Extraportion Sichtbarkeit hätten, eine Extraportion Expertise, eine Extraportion spannender Fakten, Arbeiten, Auszeichnungen, die ein Thomas, Christian oder wie auch immer er heißen mag, bei gleicher Qualifikation im Zweifelsfall nicht vorweisen kann."

Zykunov bemerkt natürlich, dass es unfair und erschöpfend ist, dass Frauen offensichtlich per se nur dann eine höhere Chance haben, engagiert oder auf einem Panel besetzt zu werden, wenn sie besser, schlauer, sichtbarer oder erfolgreicher als ein Thomas sind.

Aber worauf will Zykunov mit ihrer Kritik wirklich hinaus? Dass es diese kleine Gruppe von hochgebildeten, akademisierten, privilegierten Frauen schwer hat, gegen Thomasse in Vorständen anzukommen? Dass ihr Corporate-Job ihnen nicht automatisch einen respektablen Platz auf dem Firmen-Jubiläumsfeier-Panel verschafft?

Mein Take: Mich persönlich interessiert es überhaupt nicht, ob es in den Vorstandsebenen mehr Thomasse oder mehr Katrins gibt, wenn sie am Ende schlechte Entscheidungen für den Planeten oder die Gesamtgesellschaft treffen und sich, zum Beispiel, gegen die Erhöhung von Arbeitergehältern aussprechen.

Auch weiß ich ganz gut aus Erfahrung: Viele Frauen, die auf Podien sitzen, haben primär genauso ihre eigenen kapitalistischen Interessen im Sinne und nicht das Wohl marginalisierter Frauen oder ausgebeuteter Schichtarbeiter, nicht das Wohl ihnen unterlegener Angestellter oder Kolleginnen. Wo es wenige Plätze an der Spitze gibt, wird es *immer* Konkurrenzdenken und Ellbogen-Mentalität geben – egal, welches Geschlecht du besitzt.

Also, um nochmal konkret zu werden: „Wenn weibliche Auftragnehmerinnen eine Extraportion Sichtbarkeit hätten, eine Extraportion Expertise, eine Extraportion spannender Fakten, Arbeiten, Auszeichnungen, die ein Thomas, Christian oder wie auch immer er heißen mag bei gleicher Qualifikation im Zweifelsfall nicht vorweisen kann", heißt das im Zweifel noch gar nichts. Wir operieren immer noch im konkurrenzorientierten Leistungssystem mit Studienabschlüssen und Auszeichnungen, nur haben wir jetzt auch die Frauen ins Boot geholt. SUPER!

Dass sich Zykunov mit ihrem Buch vorwiegend um die digitale, gutgebildete Bohème schert, fällt mir immer wieder negativ auf. An einer Stelle im Buch beschwert sie sich, dass sie einer Mitarbeiterin Referenzen durchgeben musste, bevor sie für eine Keynote akzeptiert wurde (für die sie wahrscheinlich 5.000 Euro kassiert hat, aber sei's drum! War sicher wahnsinnig viel Aufwand, die paar Referenzen in eine Mail zu kopieren). Was für eine FRECHHEIT!

Wer Alexandra Zykunov nicht kennt, macht sich strafbar oder so. „Ich erzählte also der Mitarbeitenden des großen Unternehmens von meinen bisherigen Auftraggebern wie SAP, E.ON, Bosch, Axa, Johnson & Johnson und Co. und dachte, wenn mich ihr Vorstand dann googelt, sieht er ja die zahlreichen Aufträge und Interviews und wird schon einigermaßen davon überzeugt sein, dass ich eine schlaue Besetzung für die Keynote wäre", schreibt sie.

Das Wikipedia-Selbstwert-Dilemma

„Was mir zu meinem Sichtbarkeitsglück allerdings zusätzlich noch fehlte", schreibt Zykunov, „das wurde mir in dem Moment klar, war ein Wikipedia-Eintrag." Anschließend fragte sie in ihrer Insta-Community, ob sich denn dort eigentlich auch Wikipedianer*innen tummeln und, wenn ja, ob nicht eine*r von ihnen Bock hätte, einen kleinen Artikel über Zykunov zu schreiben. Es fanden sich tatsächlich ein paar Leute (kostenloses Outsourcing olé!). Der Artikel erschien wenig später, sie ergänzte noch ihr Studium und die ganzen Podien GROSSER deutscher Unternehmen, auf denen sie saß, die obviously wahnsinnig wichtig für ihr Ego sind (#girlboss). Es kam, wie es kommen musste: Keinen halben Tag später wurde der Artikel von der Seite genommen. Und in eine Art Backend verschoben, weil der Artikel – so die Begründung von Wiki-Administrator*innen – „zu dünn" war und nicht genug Relevanzpunkte und Belege aufwies. Es folgen weitere Seiten, in denen Zykunov sich darüber echauffiert, warum sie keinen Wikipedia-Eintrag hat und warum so viele andere Frauen auch keinen haben, die noch mehr geschafft hätten als sie. Und ganz ehrlich: Ja, über Wikipedia lässt sich sehr gut streiten und natürlich ist es unfair, dass Frauen und ihre Leistungen unsichtbar gemacht werden. Trotzdem, mein Take: WHO CARES??? WHO CARES, OB DU ALS SUPERPRIVILEGIERTE AUTORIN EINEN WIKIPEDIA-EINTRAG HAST? Sind das *wirklich* die Probleme, um die wir uns als Feministinnen kümmern sollten, um unsere SICHTBARKEIT und unsere WAHRNEHMUNG, damit uns irgendwelche Thomasse auf ihren Podien mitreden lassen, damit wir auch was vom Kuchen bekommen, aufsteigen, mehr Macht erlangen, damit wir uns dann wichtig vorkommen und die Gelder in Female-Business-Circles umverteilen oder so? Also angeblich, denn dafür würde ich auch gerne mal paar Zahlen und Fakten sehen. Ja, ich würde wirklich gerne sehen, was mit dem ganzen großen Podien-Geld, das Frauen erhalten, für die feministische Bewegung getan wurde.

Lean-In im neuen Gewand

Ich konnte nicht anders, als mir an ganz vielen Stellen – selbst, wenn die Kritik an der fehlenden Gleichberechtigung argumentativ an sich natürlich richtig ist – ein entnervtes Augenrollen zu verkneifen. Die Gleichberechtigung, die Zykunov anstrebt, spielt dem kapitalistischen System in die Hände, es sabotiert es nicht. Oder, um es in den Worten von Sibel Schick zu sagen: „Nach den geltenden patriarchalen Regeln zu spielen, kann für die eigene Karriere funktionieren. Für die feministische Bewegung ist allerdings wenig gewonnen, wenn es einzelne Frauen

‚nach oben' schaffen. Denn wo es ein ‚Oben' gibt, muss es auch ein ‚Unten' geben."

Zykunov agiert damit ganz im Sinne des *Lean In*-Feminismus. Der Begriff stammt von Sheryl Sandberg, die das Konzept in ihrem Buch *Lean In: Women, Work, and the Will to Lead* aus dem Jahr 2013 vorstellte. Sandberg war zu dieser Zeit Chief Operating Officer von Facebook und diskutierte in ihrem Buch die Herausforderungen, mit denen Frauen in der Arbeitswelt konfrontiert sind, und ermutigte sie, sich stärker einzubringen („lean in"), um ihre Karriereziele zu erreichen und Führungspositionen zu übernehmen.

Kritiker argumentieren, dass dieser Ansatz zu stark auf individuelle Lösungen setzt und strukturelle Ungleichheiten sowie die unterschiedlichen Erfahrungen von Frauen je nach ihrer sozialen, ökonomischen und ethnischen Zugehörigkeit vernachlässigt.

Nochmal größer gedacht, gehört der von Sandberg und Zykunov vertretene Feminismus zur Kategorie des liberalen Feminismus: „Teils verwendet der liberale Feminismus ökonomische Argumentationen wie die Verschwendung von weiblichem Humankapital aufgrund von diskriminierenden Sperren zu qualifizierten Berufen. Deswegen wurde er aufgrund einer Nähe zum Neoliberalismus kritisiert."[6]

Nochmal zum Nachsprechen, denn das macht mich viel wütender als die ganzen Studien zur fehlenden Gleichberechtigung im Kapitalismus: Es bringt niemandem etwas, wenn sich Frauen in denselben problematischen Firmenstrukturen hocharbeiten, wenn sie dort nichts *verändern*. Für Firmen wie SAP, E.ON, Bosch, Axa, Johnson & Johnson und Co. Vorträge zu halten, bringt vor allem dem eigenen Geldbörsel was und nicht der feministischen Bewegung. Oder warum habe ich bisher noch nichts von dem wahnsinnig progressiven Mütterförderungsprogramm bei Bosch mitbekommen?

Die schwierige Aufwertungsthese

Im Kapitel *Die noch gruseligere Entwertungsthese* erklärt Zykunov, warum Berufe, in denen Frauen arbeiten, weniger angesehen und schlechter bezahlt sind. Sobald mehr als 60 Prozent einer Branche aus Frauen bestehen, beginnen die Gehälter in dieser Branche ganz automatisch zu sinken. Im englischen Raum sei bereits von einer „Wage Penalty" die Rede, also einer Lohnbestrafung für all diejenigen, die in einem Frauenjob arbeiten. Soweit, so cool! Es sind genau diese Stellen im Buch, die mir positiv auffallen. Wenn dann nicht ... ein paar Seiten weiter doch noch ein problematischer Aspekt auftauchen würde.

Zykunov wünscht sich nach all den Entwertungsthesen nämlich eine Aufwertungsthese für alle Frauen und weiblich gelesenen Personen. Eine neue Denkweise, in der wir uns „alle üben sollen". Kommt eine neue Mutter ins Team, sollen wir nicht denken: „Wie nervig, die Kollegin aus der Mutterzeit kommt zurück, sie wird bestimmt oft krank sein", sondern: „Mega, eine Mutter im Team, die fokussiert und supereffizient ihre Projekte abarbeiten wird."

Wie problematisch ist das denn bitte?

Niemand sollte dazu gezwungen sein, in unserem ausbeuterischen Wirtschaftssystem mit einem Mindestlohn von 12 Euro irgendetwas SUPEREFFIZIENT und FOKUSSIERT zu erledigen.

Zykunov schreibt: „Klar gibt es auch inkompetente, faule oder einfach ätzende Kolleginnen. Aber die gibt es unter Männern doch auch" – und entlarvt sich damit selbst, indem sie „faul" als etwas Negatives konnotiert. Sie hätte Faulheit auch als eine Praxis neubewerten können, die es uns ermöglicht, auch mal in Ruhe wir selbst sein zu dürfen. Aber nein, wenn die Kollegin nicht supereffizient ist, ist sie gleich faul, und wenn sie nicht spurt, ist sie ätzend.

Auch spannend finde ich, *wann* genau Zykunov findet, dass Unternehmen von Diversität profitieren. Dafür zitiert sie eine McKinsey-Studie, die die Performance von mehr als 1.000 Unternehmen in 15 verschiedenen Ländern miteinander verglich. Das Ergebnis: Unternehmen, in deren Chef*innenetagen eine hohe Geschlechtergerechtigkeit herrschte, hatten eine 25 Prozent größere Wahrscheinlichkeit, überdurchschnittlich profitabel zu sein. Na denn, hit me up, Girlboss.

Fazit: Es gibt kein richtiges Leben im falschen

Alexandra Zykunov hat es ganz sicher gut gemeint, und ich möchte ihr hier auch nicht in den Rücken fallen. Denn ja: Es ist erschreckend, Zahlen, Studien und Fakten zum Gender Pay Gap, dem Gender Confidence Gap und dem „wahren Grund", warum Frauen sich nicht auf Führungspositionen bewerben, zu lesen. Die Datenlage spricht für sich. Es ist erschreckend, dass das Ansehen und die

Gehälter einer Branche automatisch zu sinken beginnen, wenn Frauen in eine bestimmte Branche strömen, und dass eine Ehe eher scheitert, sobald die Frau eine höhere, berufliche Position einnimmt.

Trotzdem war mir das ganze Buch ein bisschen zu sehr „Call hier, Panel da". Und genau dieser Fokus hat für mich mehr mit Kapitalismus als mit Feminismus zu tun.

Ich kann nichts mit dem Arbeitsethos anfangen, den Zykunov an den Tag legt, denn er widerspricht der Art, wie ich selbst leben und arbeiten möchte – und zwar in dieser Reihenfolge. Aber sei's drum, scheinbar verkauft er sich gut, ... im Kapitalismus lol.

Ich finde, wir brauchen keine Gleichberechtigung anzustreben, wenn das am Ende bedeutet, dass sich Frauen genauso in Corporate-Jobs kaputtarbeiten wie Männer die letzten 50 Jahre zuvor.

Warum muss ich kompetent wirken?
Warum muss ich alle meine Vorträge online listen, damit ich irgendwo gebucht werde, um bei einem Bullshit-Corporate-Panel dem Geschäftsführer zu pleasen? Warum sind es diese KPIs, nach denen Zykunov unseren Wert als Menschen vermisst? Als plumpes Humankapital?

Ich will: einen sozialistischen, keinen liberalen Feminismus! Ich will weniger Arbeit für alle, eine Dezentrierung der klassischen Lohnarbeit, fair verteilte Care-Arbeit im Haushalt, in Freundschaften und Liebesbeziehungen. Ich will eine gesetzlich verankerte 3- oder 4-Tage-Woche, und nicht an fünf von fünf Tagen irgendwo auf Bühnen sitzen müssen, um SICHTBAR zu sein und meine Personal Brand zu stärken.

Ich will nicht ambitioniert sein müssen, ich will mich auch nicht auf Führungspositionen bewerben. Ganz einfach: weil es mich nicht *interessiert*. Und zwar nicht, weil ich eine Frau bin oder mir das nicht zutraue, sondern weil ich in diesen Strukturen nicht am Kapitalismus partizipieren will. Weder unten, noch oben.

Sorry, aber wenn das diese Gleichberechtigung ist, will ich sie nicht.

2023: EMANZIPATION

Nicht nur meine berufliche Existenz als Journalistin und später Essayistin, sondern auch mein privates Befinden als heterosexuelle Frau ist über die letzten zehn Jahre immer wieder Thema auf *groschenphilosophin.at* gewesen. Die Anforderungen, die gesellschaftlich an mich gestellt wurden, haben mich schon 2014 – als 23-jährige Studentin – beschäftigt; heute sind sie nicht unbedingt *weniger* geworden. Ich sag nur: Mutter, Vater, Kind. Die Uhr, die tickt. Hallo, du wirst dieses Jahr 33!!!111

Als ich Groschenphilosophin 2014 startete, wusste ich anders als heute noch nicht, dass ich mit 32 tatsächlich kinderfrei leben würde. Wobei: *Gespürt* habe ich es eigentlich schon damals. Ich hatte nie einen Kinderwunsch, meine Freiheit geht mir bis heute über alles. Und trotzdem lässt sich der Lauf der Zeit nicht anhalten, ich kann nicht wegsehen, wenn sich mein halbes Umfeld zur Reproduktion entschließt und die neuen Fragen, Vorzüge und Problematiken der Elternschaft auf Instagram thematisiert. Irgendwann hat mich der Baby-Mama-Schwangerschafts-Content dann so genervt, dass ich meine – scheinbar einzigartige – Perspektive als kinderfreie Frau im Text *Mamablogger made me not wanna have children* verarbeiten musste. Ja, wirklich: Ich denke, dass die Darstellung von Mutterschaft etwas mit mir und meiner Entscheidung gegen Kinder gemacht hat.

Ich habe damit scheinbar auch einen Nerv getroffen: *„Mamablogger made me not wanna have children“* war 2023 der meistgeklickte Text auf *groschenphilosophin.at* und ich habe sehr viel positives Feedback dazu erhalten – schließlich ist kinderfreies Leben – anders als Leben mit Kindern – auf Social Media kaum sichtbar, weil uns ja schließlich etwas „fehlt“. Oder, anders gefragt: Wie stellt man die Abwesenheit von etwas dar?

Ein gutes Beispiel zur Inszenierung kinderfreien Lebens ist *Sex and the City* – eine Serie, die mich ebenso bereits seit mehr als zehn Jahren begleitet und meiner Meinung nach viel zu harsch kritisiert wurde. Die Serie ist nicht nur progressiver als viele Millennial-Feeds auf Instagram; die Freundschaften der vier Frauen sind auch sehr viel realer, *ehrlicher,* enger und leidenschaftlicher, als es meiner Beobachtung nach inzwischen üblich geworden ist.

Auch dazu habe ich mir im Jahr 2023 Gedanken gemacht. Im Text: *Warum wir unseren Freunden echte Beziehungsarbeit schulden* schreibe ich darüber, warum Beziehungsarbeit nicht beim Partner aufhören sollte. Eine Beziehung ist eine Verbindung zwischen zwei Menschen und muss nicht immer sexueller Natur sein. Trotzdem scheint die Sexualität für viele der ausschlaggebende Punkt zu sein, um wirklich Zeit, Geduld und Emotional Labour in jemanden, ja ich sage das grausige Wort, zu investieren. Das finde ich schade!

Mindestens genauso schade wie Love Dumping. Ein Phänomen, dank dem Männer, die sich scheiße verhalten, Frauen ausnutzen, missbrauchen, verarschen, betrügen oder ganz einfach jahrelang *neglecten,* sofort nach der

Trennung eine neue Freundin bekommen. *Instant.* Quasi als Dank dafür. Als ob es ausgerechnet für *diese* Männer eine Warteliste bräuchte. Ich habe den Begriff zum ersten Mal bei Emilia Roig in *Das Ende der Ehe* gehört und darüber eine Review für den Blog geschrieben. Man kann eben nie genug über die Stricke des Patriarchats lernen. Auch nicht als kinderfreie, alleinlebende 32-Jährige.

MAMABLOGGER MADE ME NOT WANNA HAVE CHILDREN

21.01.2023

Keine Generation vor uns bekam die Realität des Mutterseins so schonungslos und dringlich präsentiert wie wir. Kein Wunder: Seit Millennials posten können, verarbeiten sie ihre Lebensgeschichten. Wer seinen heute 28- bis 40-jährigen Altersgenossinnen folgt, bleibt also kaum von den Schilderungen des modernen #Mama-Daseins verschont.

Was macht es mit mir, online permanent den Sorgen von Eltern ausgesetzt zu sein? Frei nach dem Motto „Mehr Realität auf Instagram"? Ganz ehrlich: Mamablogger made me not wanna have children. In diesem Essay erzähle ich genau, warum.

Noch bevor ich mir selbst darüber Gedanken machen konnte, ob ich Kinder haben möchte oder nicht, haben mir Mamablogger alle Antworten vorweggenommen. Bevor ich überhaupt daran denken konnte, was wir für Eltern wären und ob wir das zu zweit hinbekommen würden, bekam ich die Horrorartikel in meine Timeline gespült.

1. *Mütter-Burnout: Wenn Mama einfach nicht mehr kann.*
2. *Mutter sein ist anstrengend – Vermeide diese drei Dinge.*
3. *Gefühlstief statt Babyglück: Wenn Mütter depressiv werden.*

Alles echte Artikel, die ich gelesen habe, bevor ich 27 wurde. Ich weiß also bestens über Dammrisse, postnatale Depressionen, die schwierige Kitaplatzsuche im Prenzlauer Berg und Gewalt im Kreissaal Bescheid. Ich weiß mehr über das Wechselmodell als über die Umsatzsteuervoranmeldung – obwohl mich letztere jedes Quartal direkt betrifft. Ich weiß, wie wenig Zeit Autorinnen nach dem ersten Kind für Artikel bleibt, und wie ihr Output inklusive Geldbeutel darunter leidet. Ich weiß, wie viel ein Kind pro Monat kostet. Wie mühsam es ist, sich mit Kind zu trennen. Und dass zwei Kinder anstrengender sind als eines.

Die Conclusio der Autorinnen, die mir im Netz begegnen, ist im Grunde immer gleich:

1. Überleg dir das gut.
2. Wir sind wahre Heldinnen.

Denn Muttersein ist nicht vereinbar mit i-r-g-e-n-d-e-t-w-a-s, du bist ständig müde und fertig, hast kein Geld, wirst von Männern sitzengelassen und endest alleinerziehend mit Depression in einer zu kleinen Wohnung. Kleinkinder zerstören deinen Schlaf, deine Beziehungen, dein Sexleben, deine Partnerschaft, deine Karriere und führen im Kapitalismus auf jeden Fall zu sehr vielen unangenehmen Zwischenfällen, die *theoretisch* mit ein bisschen Verhütung und Weitsicht vermeidbar gewesen wären. Tolle Aussichten! Kriegt man richtig Bock.

Schwangersein ist scheiße

Ich muss gar nicht mehr darüber kontemplieren, wie etwas werden würde – alles wurde bereits ausführlich dokumentiert und in einem bestimmten Narrativ zementiert. Bücher mit Titeln wie *Die Mutter-Falle, Das Unwohlsein der modernen Mutter, Regretting Motherhood, Wie ich am Muttersein scheitere & Co.* stapeln sich in den Buchhandlungen und bekommen vermutlich bald eine eigene Bestseller-Liste. Kein Monat, in dem kein Buch darüber erscheint, wie *scheiße* es ist, Mutter zu sein. Wie scheiße es ist, *schwanger* zu sein. Hier eine Beispiel-Caption, deren Autorin ich nicht namentlich bloßstellen möchte, in leicht adaptierter Form.

SCHWANGER SEIN IST SCHEISSE WEIL:

1. Ich bin ständig müde. Ich kann nachts nicht schlafen und habe jede Nacht Alpträume.
2. Der Bauch ist immer im Weg.
3. Es gibt kein Sozialleben mehr. Ich fühle mich total ausgeschlossen.
4. Gleichzeitig bin ich sowieso zu fertig für Geburtstage, Bars, Feiern etc.
5. Warum muss ich 24/7 schwanger sein und mein Mann gar nicht? Ich finde das unfair.

Die Liste hat 20 Punkte. Der letzte ist: Immer nüchtern sein. Ich traue mich kaum zu fragen, ob die meisten dieser Punkte nicht vorhersehbar waren. Ich traue mich kaum zu fragen, warum manche Menschen Kinder (Plural) bekommen.

Keine Kinder zu haben war bislang weder eine finale Entscheidung, noch etwas, worüber ich mich definierte.

Dass ich kinderfrei *bin,* merke ich gerade vorwiegend deshalb, weil sich mein halber Bekannten- und Freundeskreis pünktlich mit 30 zur Reproduktion entschloss. Fast so, als ob sie darüber geheime Absprachen getroffen hätten. In Meetings, zu denen ich nicht eingeladen war. Oder, wie Shon Faye schreibt:

„It's absolutely true that children come to define your social landscape at this stage of life – even if you don't have them."

Wann ist das alles passiert?
Und *warum* habe ich es nicht mitbekommen?
Seit ich den Prozess vieler werdender oder schon gewordener Eltern als Instagram-Diskurs mitlesen „durfte", denke ich, dass das mit der Reproduktion eine ganz, ganz schlechte Idee ist, vielleicht sogar die Schlechteste, die man als Frau in dieser Gesellschaft haben kann.

Und dann kommt doch noch das große Aber. *Aber* ich würde mein Kind für nichts in der Welt tauschen. *Aber* mein Kind ist sooo cool. *Aber* Kinderkriegen hat mir eine ganz neue Perspektive eröffnet. *Aber* keine Kinder zu bekommen, ist doch auch keine Antwort auf die Klimakrise. Und trotzdem überschatten die positiven Momente für mich nicht die Negativa, über die sich viele berechtigterweise beschweren.

Um ehrlich zu sein: Die Darstellungen von Mutter- und Elternschaft auf Social Media sind für mich in etwa so attraktiv wie der Gedanke an eine „natürliche" Geburt mit Muschiriss. Influencer dokumentieren ihre Schwangerschaften mit aufwendig inszenierten Babybauchfotos und finden die „richtigen", stets auf dieselbe, unangenehme Weise pathetischen Worte nach der Geburt. Frauen, die einmal Fiona hießen, verlieren ihre Vornamen und schreiben sich MOMMY in die Bio. *Vor* ihren beruflichen Titel, sei dazu gesagt. Sind es *woke* Mütter, eröffnen sie *Steady*-Blogs über das „Scheitern als moderne Mutter" und identifizieren sich fortan über ihre nicht abgearbeiteten To-Do-Listen und überquellenden Wäschekörbe. Das Muttersein – *so schrecklich es sicherlich auch sein mag* – wird wie ein stolzer Orden vor sich hergetragen.

Bin ich die Einzige, die diese Verwandlung stutzig macht oder muss ich gleich Mirna Funk anrufen? Saßen wir nicht irgendwann zusammen im feministischen Lesezirkel und haben uns geschworen, *nicht* so zu werden wie unsere Eltern? Und dann kommen sie eben doch, die stereotypen, fast schon *kitschigen* Darstellungen der eigenen Kernfamilie mit Sepia-Filter. Die Fotos könnten genauso gut aus meinem alten Familienalbum stammen. Mutter, Vater, Kind – wie in den Neunzigern.

Das „neue-alte" Narrativ des Mutterseins

Vielleicht ist es das, was mich so abturnt. Wir leben 2023, aber die gängige Vorstellung von Elternschaft wurde aus der 90er-Jahre-Mottenkiste importiert. Da wehrten sich Millennials jahrelang dagegen, mit ihren Eltern in eine Schublade gesteckt zu werden, nur, um am Ende alles gefühlt *genauso* zu machen wie die. Ja, vielleicht mit Altbauwohnung statt Reihenhaus und Spielzeug aus Holz, aber im Grunde sind die Werte dieselben. *Mein* Mann, *mein* Haus, *mein* Kind. Manchmal auch *ohne* Mann, ja. Aber trotzdem dreht sich alles erstmal nur ums Kind.

Auf Instagram erreichte mich nach meinem ersten Artikel zum Thema[7] übrigens folgender Kommentar:

> *„Also, ich fühle mich ja hier sehr ertappt ABER: Für uns Mamas ist das ein Entwicklungsschritt. Es gibt noch viel zu viele Menschen, die Kinder bekommen, weil sie nur cute Babyfüsschen und gemütliche Kuschelmomente vor ihrem inneren Auge sehen. Wenn dich und euch unsere Berichte so abschrecken, dass ihr keine Kinder bekommen wollt, dann haben wir ja alles richtig gemacht. Kein Mensch sollte Kinder kriegen, wenn er oder sie nicht wirklich davon überzeugt ist. #regrettingmotherhood ist kein Spaß und kann durch unsere Horrorgeschichten vermieden werden."*

Ist das so? Möchten Mütter auf Instagram („Für uns Mamas") wirklich verhindern, dass Andere Kinder bekommen, wenn sie nicht zu hundert Prozent davon überzeugt sind?

> *„Für uns Mamas ... würde auch gern mal ein Interview hören warum man seinen Vornamen aufgibt und eine Rolle wird – vor allem für andere Menschen als das Kind. Ich find das immer cringe. Iwie ist die ganze Nachricht Sau passiv aggressiv und iwie übergriffig – kriegt nur Kinder wenn ihr das aushalten könnt – das weiß man doch sowieso erst hinterher."* – Auszug aus einer DM

Ob die vielen Erfahrungsberichte alleine deshalb gepostet werden, erscheint mir fraglich. Denn sehr altruistisch wirkt das Ganze auf mich ehrlich gesagt: *nicht*. Viel eher wird mit der neugewonnenen Mamaidentität eine neue Content-Kategorie aufgemacht, die sich im instagram'schen Jammer-Universum ausschlachten lässt.

Wer weiß, am Ende findet man vielleicht ein paar Gleichgesinnte, die sich auch auf die bedürfnisorientierte Erziehung (Achtung, Buzzword-Alarm) einlassen und den ganzen Tag darüber in DMs diskutieren wollen. Auf jeden Fall sind Kinder auf Instagram zu einer Eintrittskarte geworden, mit der man – endlich – in die Welt der richtigen Erwachsenen aufgenommen wird.

Truth be told? Mama-Content is *not* inspiring

Ich entfolge inzwischen allen ehemaligen Genossinnen, die sich durch das Elternwerden zu klugscheißenden Boomern ohne Persönlichkeit verwandeln. *Allen,* die mir von oben herab erklären, was ich angeblich alles nicht verstehe, weil ich *keine* Mutter bin. Und ich entfolge *allen,* die mich mit redundanten Babyfüßchen oder penetrantem Gestöhne über das harte Pflaster der Elternschaft nerven. Vor allem, wenn ich künftig nur das zu erwarten habe.

Um das nochmal zu betonen: Ich entfolge also nicht deshalb, weil irgendwer Eltern geworden ist oder eine schwierige Zeit hatte, sondern weil mich der Content und die (meist sehr *weiße*) Perspektive der Person nicht interessiert. Und ja, ich glaube, das darf man sagen: Babycontent ist nicht per se #inspiring, genauso wenig wie es die stets ähnlich klingende Kritik *weißer* Frauen am Mutterideal in Deutschland ist. Im Gegenteil. Ich frage mich: Kann die eigene Erwachsenen-Identität wirklich nur dann gefestigt werden, wenn der Nachwuchs in die Darstellung dieser integriert wird? Es gibt so vieles, worüber eins schreiben könnte. Mutterschaft als Topic ist hingegen inzwischen beinahe so abgegriffen wie Depressionen, ADHS oder Personal Branding.

Es bleibt final festzuhalten: Das Posten über die Negativa des Mutterseins hat sich als pseudo-feministischer Monolog im Internet etabliert und ist inhaltlich inzwischen in etwa so wertvoll wie: „All bodies are beautiful!" oder „Patriarchat zerschlagen!". Ja, eh. Danke für den Hinweis. Und jetzt?

Dann bekommen Frauen wie ich eben keine Kinder. Weil wir es bereits von *denen* gehört, gelesen und präsentiert bekommen haben. Wir haben eine Vorstellung von dem Leben gesehen, das uns erwartet.

Mir persönlich hat es *nicht* gefallen.

Na dann: Glückwunsch!

SEX AND THE CITY WAR ANTI-AMATONORMATIV – UND KEINER HAT'S GEMERKT

01.05.2023

Shame on me, ich re-watche gerade *Sex and the City*. Die alten Folgen, Staffel 3 und Staffel 4. Und dabei fällt mir etwas auf: Die Serie ist nicht nur progressiver als viele Millennial-Feeds auf Instagram (ich sag nur: Mamablogger made me not wanna have children); die Freundschaften der vier Frauen sind auch sehr viel realer, *ehrlicher,* <u>enger</u> und leidenschaftlicher als es meiner Beobachtung nach inzwischen üblich geworden ist.

Ein Medientagebuch.

Was mir aufgefallen ist:

1. Verlässlichkeit

Manchmal frage ich mich, ob Verlässlichkeit eine Frage von Freundschaft, eine Frage der Erziehung oder eine Frage der Generation ist. Oder ist es letztlich eine Frage des *Charakters?* Die Frauen in *SatC* sind vom Jahrgang her jedenfalls Boomer on the edge zu Gen X (Cynthia Nixon ist Jahrgang 1966) und gerade im Vergleich zur heutigen Gen Y-Z-*Flakyness* fällt mir ihre Verlässlichkeit positiv auf.

Oder, anders gesagt: Carries 35. Geburtstag beim Italiener, zu dem sich alle eingeladenen Gäste ein wenig verspäten, wird als absolute Ausnahme dargestellt. GANZ GROSSES DRAMA!

Im Berlin/Wien/Hamburg anno 2017–2023 ist es eher die Ausnahme, wenn überhaupt wirklich alle (irgendwer?) erscheinen und nicht die Hälfte der Belegschaft am selben Tag *cancelt*. Weil: Ist eben so, man fühlt sich nicht gut. Selbst schon gemacht, selbst schon erlebt. Aber schlimm ist es doch eigentlich *trotzdem*.

Ich weiß, ich weiß: *Sex and the City* ist nur eine Serie. Aber dass die Frauen einen Brunch auslassen, kommt kaum vor. Auch heben die Menschen noch ab, wenn sie angerufen werden. Auch um 3 Uhr nachts oder um 8 Uhr morgens vor der Arbeit. Wer würde sich das heute in einer Freundschaft trauen, um 3 Uhr nachts anzurufen? Okay, ehrlicherweise bin ich darüber sogar ganz froh. Trotzdem finde ich, dass Freundschaft *ohne* dieses tiefe Urvertrauen und eine gewisse selbstverständliche Verlässlichkeit nicht funktioniert.

2. Die Frauen sagen sich auch mal unangenehme Dinge

Wisst ihr noch, als sich Carrie mal wieder gaaaanz unschuldig und freundschaftlich mit Mr. Big treffen wollte? Und ihr alle drei diesen Blick zuwarfen? Ja, *Judgement* war damals normal – und an dieser Stelle vermutlich ziemlich angebracht. Schließlich hat Big Carries Leben nicht nur einmal zerfetzt. Seither hat *judgen* in Freundschaften ungefähr das No-Go-Level von Koriander angenommen, … also je nachdem, wen du fragst.

Oder wisst ihr noch, als Carrie Geld für ihre Eigentumswohnung brauchte, weil sie sonst obdachlos gewesen wäre und Charlotte ihr als Einzige der drei Freundinnen kein Geld leihen wollte, obwohl sie die Reichste der drei war? Und Carrie Charlotte deshalb später zuhause besuchte, um sie out-zu-callen? (Man stelle sich vor, dass heute irgendwer bei irgendwem nach einem Streit vorbeifährt. Da wird wahrscheinlich die Polizei gerufen.)

Oder als Charlotte aufhören wollte, in der Galerie zu arbeiten, weil sie lieber Hausfrau und Mutter werden wollte (#tradwife), und Miranda ihr ordentlich Kontra gab? Später musste Miranda Charlotte am Telefon erklären, dass es auch noch Frauen gibt, die arbeiten müssen. Charlotte bestand dennoch darauf, „eine Wahl" getroffen zu haben. Die beiden haben sich an diesem Tag nicht vertragen. Komisch. Ihre Freundschaft überlebte den Zwist.

Okay. Komm zum Punkt, Bixe. Was haben diese drei Szenarien gemein? Aus heutiger Wokeness-Perspective vermutlich: verbale Gewalt. In *Sex and the City* fliegen schon mal Telefonhörer, es gibt irritierte Gesichter und die Frauen verlassen den Brunch, weil sie sich verletzt fühlen.

Aber, an dieser Stelle ein fettes *Aber:* Die Frauen haben auch jedes Mal wieder die Courage, sich zu vertragen. Bei der anderen anzurufen, ihr Verhalten zu reflektieren und sich zu entschuldigen. Oder noch einmal über die Sache zu reden. Allesamt Handlungen, die in unserer heutigen „Freundschaftskultur" rare Ware sind. Kurz: Die Frauen sind menschlich und *keine* abgerichteten Roboter. Ich weiß nicht, wie viele Gespräche ich im letzten Jahr darüber hatte, dass sich irgendwer aus einer Freundschaft verpisst hat, weil es ein Missverständnis/Silent-Treatment oder nichterwünschte Kritik auf WhatsApp gab. Bestimmt ... *zehn*.

Heute geht nämlich die eigene Mental Health immer vor – komme, was wolle. Und wer da reinpfuscht oder ein Störsignal auslöst, ist schneller weg vom Fenster, als man „Sorry, can we talk again" texten kann.

3. Die Frauen sehen sich als Kernfamilie

Als Miranda erzählt, dass sie schwanger ist, werden ihre drei besten Freundinnen zu Tanten. Carrie verkündet diese Neuigkeit in einem Voice-Over – und *niemand* spricht weiter darüber. Warum auch? Der Umstand dieser nichtbiologischen Verwandtschaft wird nicht als etwas Neues, Bahnbrechendes verkauft – sondern als Normalität.

Auch gut: Als Mirandas Mutter stirbt, fliegen ihre Freundinnen selbstverständlich nach Philadelphia zum Begräbnis. Mirandas Verwandte? Interessieren niemanden. Und selbst die ultrakonservative Charlotte verlässt sich an ihrem Hochzeitstag nicht auf ihre Mutter, ihre Schwester (hat sie überhaupt eine?) oder ihren Vater – sondern auf: Carrie, die ihr noch kurz vorm Gang zum Altar einen tröstlichen Ratschlag bezüglich Trays Penis gibt.

Urlaube, Feiertage, Geburtstage – es sind die Mädels, die zusammenkommen. Manchmal mit den Jungs, aber immer mit den Mädels. Man merkt ganz einfach, wie sich die Frauen in ihrem Leben gegenseitig priorisieren und ihre anderen Verabredungen um die Wahlfamilie bauen.

4. Drei von vier Frauen leben nicht amatonormativ

Amatonormativity

> *„The assumption that a central, exclusive, amorous relationship is normal for humans, in that it is a universally shared goal, and that such a relationship is normative, in the sense that it should be aimed at in preference to other relationship types.“*[8] Quelle: Urban Dictionary

Die heiratswütige Charlotte ist in SatC die Ausnahme – und *nicht* die Regel. Obwohl alle Frauen ü30 sind, möchte nur *eine* unbedingt heiraten, Kinder kriegen und den ganzen heteronormativen Pärchen-Bullshit mitspielen. Irgendwie cool, denn dadurch wirken Carrie, Samantha und Miranda wie die Normalität und nicht wie die bemitleidenswerte Ausnahme.

Obwohl durch das Umfeld der vier Frauen irgendwie klar wird, dass sie als weibliche ü30-Singles in New York doch irgendwie die Ausnahme bilden („Wir sind die einzigen Singles, egal wo“ – Zitat Carrie), macht es doch Hoffnung, drei der vier Frauen bei einem unkonventionellen Leben zu beobachten.

Miranda wird Single-Mom by Choice, Carrie lässt den bindungswilligsten Mann mit handwerklichem Geschick gehen und Samantha, ja Samantha ist fast schon die Karikatur einer sex-positiven Influencerin. Heute hätte sie bestimmt ein Buch über ihre Lust geschrieben.

5. In *Sex and the City* ist das Leben nicht mit 30 vorbei
Wie oft habe ich in den letzten fünf Jahren gehört, dass es als Frau ab 30 aber schon wirklich schwierig wird? Weil dann müsse man ja *wirklich* mal ran, an den Mann, ans Haus, ans Setteln, ans Kinderkriegen oder zumindest Kinderwollen. Wie oft habe ich diese Sätze gehört:

> *„Wir sind ja jetzt auch schon alt, hihi."* Oder: *„Naja, in unserem Alter sollte man sich das doch noch einmal überlegen."*

Und dann gibt es jemanden wie Carrie Bradshaw, die scheißt auf alle Konventionen und trägt mit ü30 nicht nur bauchfrei, sondern auch Ultraminiskirt. Oder Samantha, die einfach jedes Kleid mit extravagantem Rückenausschnitt nailed. Die Ladies fahren zusammen nach LA, sie gehen samstagabends aus, obwohl sie Boyfriends zuhause sitzen haben und sie trinken Bier, umhüllt in Papiertüten. Sie stehen auf Gästelisten und die Männer auf sie. Keine der vier (okay, außer Charlotte) hat panische Angst vor den Dreißigern, keine der vier ist übertrieben gebotoxt und keine der vier glaubt, dass sie jetzt „den Zenit" überschritten hat. Carrie, Samantha, Miranda und Charlotte leben das Leben, das sie sich gebaut haben und sind stolz darauf.

Fazit
Call me *oldfashioned,* aber ich finde es schade, dass die Serie so in Verruf geraten ist, weil sie auf der Political-Correctness-Skala nicht ganz vorne mitspielt. Ja, in Punk-

to Transrechte gäb's was aufzuholen, und ja, die Serie war super *white*. Und ja, die Frauen waren weder behindert noch fett. Aber, aber liebe Leute: Ich habe die Serie 2023 zum ersten Mal seit langer Zeit wirklich gründlich re-watched und muss sagen – ich bin irgendwie entsetzt darüber, in was für einer langweiligen, tristen, einsamkeitsdurchtränkten Ära wir im Vergleich zu damals leben. Und das sage ich nicht in Bezug auf mein ganz persönliches Leben, sondern in Relation zu dem, was ich in meinem Umfeld, im Großraum Berlin bis Wien, wahrnehme. Aus den DMs, die ich bekomme und den Gesprächen, die ich in meinen Beratungen führe. Auf die Gefahr hin, wie ein Boomer zu klingen: Haben wir die Toleranz, Meinungsunterschiede in Freundschaften auszuhalten? Wo ist die Fähigkeit hin, sich zu entschuldigen? Wo sind die fixen Brunch-Termine? Wo sind die Freundinnen, die Tanten werden, wenn du keine Geschwister hast (und auch, wenn du welche hast)? Wo sind gemeinsam verbrachte Wochenendausflüge ohne die Jungs? Wo ist die Verlässlichkeit, die sich alle angeblich so sehr wünschen?

Ich glaube, wir können mehr von der Serie in Punkto Freundschaft und Leben lernen als noch vor Kurzem gedacht.

So. Ich lass das jetzt einfach mal so stehen und gehe wieder *Sex and the City* schauen.

WARUM „LOVE DUMPING" ALLEN FRAUEN SCHADET, DIE MIT MÄNNERN LEBEN MÖCHTEN

23.07.2023

Wien. Ich sitze mit zwei interessanten, klugen, witzigen Frauen in meinem Alter am Yppenplatz. Der Kellner kommt aus Deutschland und trägt einen Mikropony. Es ist so warm, dass ich keine Jacke brauche, um in meiner Montur bis Mitternacht draußen zu bleiben. 177 Minuten sprechen wir nicht über Männer, keine Sorge, unsere Gespräche drehen sich um wichtigere Dinge. Zum Beispiel unsere Buchverträge, Record-Deals und Förderanträge für Theaterprojekte. Wir sprechen darüber, was wir als Künstlerinnen *wirklich* brauchen, um uns im Kapitalismus kreativ betätigen zu können, ohne dabei auszubrennen. Die Vereinbarkeit von Lohnarbeit und Albumschreiben. Solche Dinge.

Dann erzählt *sie* es. Eine Geschichte, die mir schon beim Zuhören mehr als bekannt vorkommt. Es ist nämlich *immer* dieselbe Geschichte. Sie geht so. Ihr letzter Typ war ein ganz Komischer, das letzte dreiviertel Jahr der Beziehung mehr als toxisch. Als es endgültig vorbei war, dauerte es keinen Monat, bis er eine Neue hatte.

„Wo kommen eigentlich immer diese Frauen her, die unsere abgelegten Trash-Männer übernehmen?", frage ich. „Das ist es ja", sagt sie. „Die sind schon vorher da."

Jetzt bräuchte ich eine Jacke, denn es gruselt mich. Es gruselt mich bei der Vorstellung, dass das, was auch mir bereits zwei Mal widerfuhr, anderen Frauen passiert. So, wie es eigentlich immer ist, denn das Patriarchat kennt keine Einzelfälle. Danach erzählt uns die Dritte im Bunde von einer hässlichen Trennung, nach der sie wochenlang per Telefon terrorisiert wurde. Er hat nicht aufgehört, anzurufen und komische Kommentare auf Instagram zu schreiben. Plot-Twist: Drei Monate nach der Trennung war er bereits mit seiner Neuen auf Urlaub.

Wann haben sie sich kennengelernt?

Wien. Ein anderer Abend, ein ähnlicher Ort. Ich sitze mit einer maximal sympathischen, tollen Frau bei einem weißen Spritzer irgendwo in der Nähe der Gumpendorferstraße. Auch sie ist seit einem halben Jahr wieder singulär. Auch „ihr" Ex-Typ war mehr als fragwürdig. *Faszinierend,* fragil, „freiheitsliebend", ich möchte fast sagen abusive, aber so weit aus dem Fenster zu lehnen brauche ich mich für ein Fazit gar nicht. Was ich höre, ist: wieder. dieselbe. Geschichte. Nach der Trennung hatte er keine zwei Wochen später eine Neue. Seither postet er stolz Fotos von den beiden auf irgendwelchen pseudo-roten Teppichen.

Und sie fragt sich, *was* passiert ist.

* * *

Was ist das für ein Phänomen? Warum bekommen Männer, die sich scheiße verhalten, Frauen ausnutzen, missbrauchen, verarschen, betrügen oder ganz einfach jahrelang *neglecten,* sofort nach der Trennung eine neue Freundin? *Instant.* Quasi als Dank dafür. Als ob es ausgerechnet für *diese* Männer eine Warteliste bräuchte.

Und dann lese ich bei Emilia Roig zum ersten Mal von dem Begriff „Love Dumping". Ich google ihn hinterher, versuche, eine Definition bei Urban Dictionary zu finden – aber *nichts.* Dabei handelt es sich sicherlich nicht um ein neues Phänomen, wir haben scheinbar nur noch keinen Namen dafür gefunden, um unsere Erfahrungen unter einen Hut zu bringen. Wir dachten einfach, dass wir ersetzt werden, weil wir es nicht anders *verdient* haben, weil wir nicht nett waren, nicht liebenswert. Nicht genug. Dabei steckt hinter dieser dysfunktionalen Verhaltensspirale weitaus mehr als die verzweifelte Suche des Mannes nach „Frauenersatz".

Der Preis, den Frauen der Liebe beimessen, kann sie zu einer Art „Liebesdumping" verleiten – so beschreibt die Journalistin Mona Chollet in *Réinventer l'amour* ein typisches Verhalten von heterosexuellen Frauen im Patriarchat. Dann sind sie bereit, ihre Ansprüche an die Beziehung – zum Beispiel ihre Forderung nach Gegenseitigkeit in puncto Aufmerksamkeit, Engagement, emotionale Nähe, und faire Aufgabenverteilung im Haushalt – niedriger anzusetzen als andere potenzielle Partnerinnen, mit denen sie im Wettbewerb stehen. Männer müssen dadurch „keine Konsequenzen tragen, wenn die Beziehung von Ungleichheit geprägt ist" – so Emilia Roig. Sie können die Regeln in der Beziehung definieren und ihre eigenen Bedürfnisse an erste Stelle setzen. Wenn eine Frau sie verlässt, können sie recht sicher sein, dass sie eine andere finden werden, die diese unwürdigen Bedingungen einfach ... akzeptiert.

* * *

Als ich mich mit 23, einem halben Jahr vor meinem Umzug nach Deutschland, endlich von dem Typen trennte, den ich *in the first place* gar nicht erst hätte daten sollen (weil er ein narzisstischer, eitler, unempathischer Wicht war, der meinen Selbstwert jeden Tag aufs Neue ansägte), stellte er mir eine Bedingung. Entweder ich würde nach einer Woche Bedenkzeit wieder zu ihm zurückkehren. Oder er würde die Beziehung mit Kathrin einleiten.

Oder er würde die Beziehung mit Kathrin *einleiten.*
Oder er würde die Beziehung mit Kathrin *einleiten.*
Oder er würde die Beziehung mit Kathrin *einleiten.*

Mein erster Gedanke: *Who the fuck* ist Kathrin? Und wann hat er die gute Kathrin kennengelernt, wo wir doch praktisch zusammenwohnten und seit fast drei Jahren zusammen waren? Nicht nur setzte er mich unter Druck, er zeigte mir auch ganz bewusst, dass es da bereits eine neue Anwärterin gab, die sein Spiel mitmachen würde. So war er in der stärkeren Position und musste selbst nichts an seinem kontrollierenden Verhalten ändern.

Rückblickend bin ich unfassbar froh, dass ich die Überbleibsel meiner Würde zusammenkratzte und mich damals ein allerletztes Mal aus seiner Wohnung verabschiedete. Auch wenn ich dabei weinte. Für mich war spätestens da der absolute Tiefpunkt unserer Beziehung erreicht. Drei Wochen später erfuhr ich von einem Studienkollegen, dass er mit Kathrin oder wie auch immer sie letztlich hieß, bei seinen Eltern auf Urlaub war.

Mich, *uns?* Hatte es nie gegeben. Ich war ausgelöscht worden.

Ich fragte mich das darauffolgende Jahr immer wieder, was ich falsch gemacht hatte, um auf solch hässliche Weise ersetzt zu werden. Ob jegliche Liebe, die es einmal zwischen uns gegeben hatte, non-existent war. Das ist es auch, was an „Love Dumping" so schmerzt. Wir Frauen werden ausgewechselt, hängen- und fallengelassen. Weil wir, ganz simpel gesagt, Ansprüche stellen.

Damals suchte ich den Fehler bei mir (wo sonst), statt zu realisieren, dass ich ganz einfach meine Grenzen des Ertragbaren in dieser Beziehung durchgesetzt hatte. Auch, wenn das letztlich zu deren Ende führte. „Wenn Frauen an sich selbst arbeiten", schreibt Roig, „werden die Männer ihnen entweder folgen oder sie werden ihnen entwachsen."

Bisher gab es keinen Mann in meinem Leben, dem ich nicht entwachsen war. Mit jedem Lebensjahr, das ich gewann, veränderten sich meine Fähigkeiten, mein Blick auf die Welt, auf die Liebe zu Männern und zu mir selbst.

* * *

Love-Dumping gibt es nicht nur in meinem Freundinnenkreis. Auch die Welt der Promis ist voll davon. Manuel Neuer soll seine Nina damals gegen die gerade mal volljährige Handballerin Anika ausgetauscht haben. Genauer habe ich den Fall nicht verfolgt, aber Medien schrieben recht begeistert davon, dass sich die Frauen optisch ähnelten. Nur der Altersunterschied stünde einer Zwillingsschwesternschaft im Weg. Auch Kanye West ist nur ein knappes Jahr (!) nach der Scheidung von Kim wieder „glücklich verheiratet". Man erinnert sich noch zu gut, wie er Kim nach der Trennung hinterherstieg, Pete Davidson den Tod wünschte und sich generell wie ein absolut verrücktes A*loch verhielt. Kanyes Neue? Jahrgang 1995.

Shakira hat Anfang des Jahres sogar einen eigenen Song[9] released, der inzwischen 20 Millionen Aufrufe hat. Darin verarbeitet sie die Beziehung mit Fußballer Gerard Piqué, der – wie sollte es auch sonst sein – direkt nach der Trennung eine 22-jährige Freundin am Start hatte. Ich bin ehrlich gesagt kein Fan von Shakiras Musik, aber den Track habe ich inzwischen einige Male auf vollster Lautstärke gehört. Denn die Lyrics, die Shakira selbst geschrieben hat, haben es wirklich in sich.

„You left me with your mom as a neighbor
The press at my door
and a debt with the treasury."

Die beiden trennten sich ausgerechnet zu einem Zeitpunkt, als Shakira in einige unschöne Skandale verwickelt war.

„No hard feelings, babe
I wish you good luck with my so-called replacement

I don't even know what happened
You're acting so weird, I don't even recognize you
I'm worth two 22-year-olds
You traded in a Ferrari for a Twingo"

Ich fühle die Lyrics sehr, denn genau das Gefühl hatte ich selbst auch, als ich ge-love-dumped wurde. *I don't even recognize you.* Die Person, mit der man jahrelang Bett und Frühstück teilte, ist weg – und liegt seelenruhig neben irgendeiner neuen *Bitch.* #sorrynotsorry

Hier wären wir gleich beim nächsten Thema, denn ich kann die Vorwürfe bereits antizipieren:
Aber als Feministin kannst du doch nicht so auf andere Frauen losgehen?
Aber als Feministin müsstest du die andere Frau doch auch irgendwo verstehen!
Aber als Feministin kannst du die Neue deines Ex doch nicht als *Twingo* bezeichnen, Shakira!

Oh *doch.*

Denn genau „diese Art von Dumping", so Emilia Roig, „schadet langfristig allen Frauen, die mit Männern leben möchten." Es geht eben *nicht* klar, dass andere Frauen unseren Trash aufsammeln und ihm ein neues Zuhause geben. Es geht *nicht,* dass sie den Impact der vorherigen Beziehung, die der Mann ja offensichtlich auch mit einer gewissen Mitschuld an die Wand fuhr, ignorieren und sich denken, dass es diesmal anders wird. WIRD ES NICHT! Selbst, wenn es die Männer beteuern und irgendwelche verrückten Geschichten über ihre Exen erzählen.

Männer werden sich unter anderem auch *deshalb* nicht ändern, weil es diese bedürftigen „anderen Frauen“ gibt, die aus ihren RomCom-Löchern gekrochen kommen und sich hinten am bereits halbgeleerten Buffet anstellen. Weil sie *da* sind. Weil sie den armen, armen Mann aus einer schwierigen Situation retten und ihm endlich die benötigte Liebe geben, die er braucht. Weil sie bereit sind, sich in der Beziehung selbst zu verlieren.

Dabei handeln diese Frauen selbst höchst anti-feministisch. Indem sie die betrügenden, missbrauchenden, sich nicht kümmernden Männer und Väter bei sich aufnehmen und ihnen ein Zuhause geben, stellen sie sich an die Seite des Patriarchats, ja, sie *unterstützen* es. Und sie negieren uns.

Nein, dafür habe ich kein Verständnis. Bei aller Sehnsucht nach der einen, wahren Liebe: *wirklich* nicht. *Get your act together*. Oder, um es in den Worten von Roig zu sagen: „Das gesellschaftliche Versprechen der heterosexuellen Liebe und der Kernfamilie als die größte Erfüllung hält Frauen in einem Zustand von Sucht. Während sie an dieses Versprechen glauben und in die Beziehung investieren, merken sie nicht, wie die ‚Liebe‘ als Instrument des Patriarchats ihre Unterdrückung zementiert.“

* * *

> *„Ist es überhaupt Love-Dumping, wenn die neue Frau weniger Status und Bildung hat, als die Ex-Freundin?“*

Eine gute Frage, denn Dumping wäre es ja im wirtschaftswissenschaftlichen Sinne strenggenommen nur, wenn die gleiche Ware zu einem geringeren Preis als üblich angeboten würde. Der Preis soll denjenigen der Konkurrenz unterbieten und ist oft so niedrig angesetzt, dass der Hersteller einen Verlust hinnimmt, um seinen Marktanteil zu erhöhen.

Die meisten „neuen Freundinnen", die ich bisher aus der Ferne beobachten konnte, waren den Ex-Freundinnen tatsächlich in irgendeiner Form *unterlegen (sonst hätte der Beziehungswechsel ja vermutlich gar nicht geklappt)*. Sei es, weil sie einen niedrigeren oder keinen Bildungsabschluss hatten, jünger (und damit leider oftmals naiver) oder, wie soll man das formulieren, politisch einfach *weniger* feministisch eingestellt waren.

Letztlich ist diese Frage für die Debatte weniger relevant als der Fakt, dass Love-Dumping allen Hetero-Frauen im Patriarchat schadet, die mit Männern zusammen sein wollen. Weil es unsere Verhandlungsposition schwächt und uns entmachtet.

Weil wir uns deshalb *alle* schon mal in Beziehungen mit weniger abgegeben haben, als uns eigentlich zustand.

* * *

Während ich diese Zeilen schreibe, erinnere ich mich an eine Situation von vor zehn Jahren. Ich war mit meinem neuen Freund bei einer Party. Wir kamen auf seine Ex zu sprechen. Er wusste nicht, warum sie Schluss gemacht hat. Für ihn kam das total überraschend, sie wollte nach einem halben Jahr plötzlich nicht mehr und hat ihm das Herz gebrochen. Ich glaubte ihm.

Er sagte mir ihren Namen, und ich fand sie am nächsten Morgen auf Instagram. Die folgenden Monate schaute ich immer wieder auf ihr Profil und fragte mich, warum sie diesen wunderschönen, schlauen Kerl nicht haben wollte. *Meinen* Kerl.

Seine Ex war so selbstbewusst, dass sie mir beinahe Angst machte. Sie hatte einen ganz eigenen Kleidungsstil, malte aufwendige Bilder und erschien mir generell sehr unabhängig.

Bei einem Foto blieb ich schließlich hängen. Es war ihr Geburtstag, und sie saß in seiner Wohnung am Esstisch. *Genau* da, wo ich auch eine Woche zuvor gesessen hatte, denn wir lernten uns kurz vor meinem 21. Geburtstag kennen. Seine Ex hat auf diesem Foto denselben Hut auf, den er mir aufsetzte und bekam denselben Kuchen serviert. Die Plastik-Deko war dieselbe, die er auch für mich aus dem Schrank gezogen hatte und wir sahen uns sogar ein bisschen ähnlich, wenn man die Augen zusammenkniff.

Damals wusste ich nicht, warum mir dieses Foto solche Angst machte.

Ich dachte, *sie* macht mir Angst.

Heute weiß ich, dass *ich* der Ersatz war.

Die Frau, die den *trash* einer anderen aufsammelte.

DAS ENDE DER EHE: WIE VIEL NEUIGKEITSWERT HAT DER BESTSELLER VON EMILIA ROIG?

29.07.2023

Ich war ehrlich gesagt ein *klitzekleines* bisschen skeptisch. Als Person (und Feministin), die *sehr* viel liest, hatte ich mir natürlich schon das eine oder andere Mal ausführliche Gedanken zur Ehe, dem Patriarchat und der medialen Überpräsenz lästiger Pärchen gemacht. Welchen *Mehrwert* sollte mir also bitte ein Buch über das „Ende" der Ehe wirklich bringen, wenn ich die Antworten auf die meisten meiner Fragen schon wusste? Letztlich habe ich es doch gekauft. Was ich aus dem Buch mitgenommen habe, wo es meiner Ansicht nach redundant wurde – und ob du es in dein Bücherregal zuhause aufnehmen solltest, erfährst du in dieser Review.

Los geht's!

Um was geht's?

Die Ehe ist in unserer Gesellschaft unantastbar. Trotz ihrer Institutionalisierung wird sie als Inbegriff der Liebe romantisiert und mythisch verklärt. Dabei verschärft eine Heirat für Frauen oft die Ungleichheit und sie führt zu finanzieller Abhängigkeit. Die Bestseller-Autorin Emilia Roig blickt hinter die Fassade eines patriarchalen Konstrukts und weist Wege zu einer Revolution der Liebe.

– so steht es im Buch selbst.

Die redundanten Aspekte:
der Konsum der Romantik (*ist uns allen bekannt*)

Beginnen wir doch gleich mit dem Tea, den du sicher zuerst lesen möchtest. AKA dem *Negativen*. Jeder, der Eva Illouz an der Uni oder irgendwann in den letzten zwölf Monaten ein feministisch-gebrandetes Magazin gelesen hat, wird aus den Kapiteln zur Romantik nicht viel Neues ziehen. Dazu zählt zum Beispiel: *Wie wir lernen, uns nach der Ehe zu sehnen, Das romantische Skript, dem wir alle folgen* und *Die Übermacht des Paares*. Ja, ich weiß: Liebe wird gelernt, ansozialisiert und *Disney* trägt auch seinen Teil dazu bei, dass wir uns nach der einen, großen Liebe sehnen. Es war mir auch bewusst, dass die Rituale, die während der Hochzeitszeremonie angewendet werden, die Unterordnung der Frau andeuten. Beginnend mit dem Hochzeitskleid (wie eine Geschenkverpackung für den Ehemann) und der Tradition, dass die Braut vom Vater zum Altar geführt wird. Alles alter Tobak. Roig geht auch ganz brav darauf ein, wie sich die Ehe im Laufe der Jahrhunderte wandelte – was exakt so in zahlreichen anderen Büchern thematisiert wird. Ehrlich gesagt war ich von diesen Abschnitten sowohl inhaltlich als auch sprachlich etwas gelangweilt und habe sie teilweise übersprungen oder nur geskimmed. Da *Das Ende der Ehe* (vermutlich) ein Standardwerk werden soll, kann ich mir vorstellen, dass diese Kapitel drin sind, um alle Leser auf denselben

Stand zu bringen. Da wir (also du und ich – so gut kenne ich meine Supporter) nicht bei null anfangen, wenn es um das Thema romantische Liebe im Kapitalismus geht, muss ich hier leider ein paar Punkte in den Kategorien Spannung und Neuigkeitswert abziehen.

Die innovativen Aspekte:
von Post-Hochzeitsdepressionen und Love Dumping

Was mir gut gefallen hat, war Roigs persönliche Schilderung ihrer eigenen Ehe. Kurz zusammengefasst: Sie war neun Jahre in einer heterosexuellen Paarbeziehung, davon vier verheiratet und wusste eigentlich von Anfang an, dass die ganze Angelegenheit nicht das Richtige für sie ist. Diesen Aspekt fand ich mutig, denn die wenigsten Frischverheirateten sprechen über dieses sicherlich begründete Gefühl.

Basierend auf ihren Erfahrungen schreibt Roig mal mehr, mal weniger wissenschaftlich fundiert über die heilige Kernfamilie, Post-Hochzeitsdepression und Love-Dumping. Zwei Begriffe, die ich selbst noch nicht kannte.

„Im letzten Jahr unserer Ehe, die wir zum Ende hin geöffnet hatten“, schreibt Roig, „äußerte sich mein Mann über seine Affäre: ‚Es ist schwer auszuhalten, dass du dich über mich beschwerst, wenn sie [die andere Frau] alles an mir toll findet und mir nie Vorwürfe macht.‘ “

Wow.

Wenn Roig in diesem Fall Love Dumping betrieben hätte, hätte sie ihre Ansprüche neu verhandelt und sich mit der Unzufriedenheit abgefunden, um die Beziehung aufrechtzuerhalten. Es sind genau *diese* Passagen, bei denen ich vor Erleichterung aufatmen musste, denn Roig zeigte mir und vielen anderen Leserinnen, was für ekliger Strategien sich Männer da eigentlich bedienen. Sie schildert nüchtern und sachlich, was es bedeutet, seine Grenzen gegenüber Männern aufzuzeigen und durchzuexekutieren.

Und ja, manchmal bedeutet das: Trennung. Und das ist auch überhaupt nicht schlimm, wie wir im Kapitel „Scheidung = Trauma" nachlesen können. Auch ein Narrativ, das dringend entkräftet gehört! Trotzdem plädiert Roig nicht blind für die Floskel *„It takes a village to raise a child"*.

Denn ja, auch Dörfer können toxisch sein und zu einem Instrument der patriarchalen Kontrolle über die Mädchen werden. Tobi, eine Freundin Roigs aus Benin, sagt kritisch dazu „it takes a village to beat a child." Auch noch nie gehört, tbh.

Roig kritisiert zudem berechtigterweise, dass die Qualität einer Beziehung und die Tiefe der emotionalen Bindung viel zu oft an der *Langlebigkeit* der Beziehung gemessen werden. Wie normativ die Verschmelzung und die Langlebigkeit von Paarbeziehungen sind, so Roig, zeigt sich auch am Ausdruck „sein Leben neu beginnen", wenn eine Person eine neue Beziehung anfängt. Als hätten etwa Menschen, die noch nie in langfristigen Beziehungen waren, kein Leben. Period.

Die radikalen Aspekte: verliebte Männer und Sexarbeit in der Ehe

Die Kapitel *Sind Männer ineinander verliebt* und *Sexarbeit und Ehe: Zwei Seiten derselben Medaille* sind mir besonders in Erinnerung geblieben. Auch hier merkt man wieder, dass Roig die dazu passenden Standardwerke der Politikwissenschaft aufgesogen und mit eigenen Thesen erweitert hat – zum Beispiel Eve Sedgwick, die das Konzept der Homosozialität prägte, oder Raewyn Connell, die als Pionierin der kritischen Männlichkeitsforschung gilt. All jene unter uns, die nicht Politik studiert haben, werden sich eventuell mit den vielen wissenschaftlichen Begrifflichkeiten anfreunden müssen, die Roig selbstverständlich einstreut. Vielleicht werden sie sogar Fans.

Zurück zum Kapitel: *Sind Männer ineinander verliebt.* Darin schildert Roig einen Vorfall sexualisierter Gewalt aus ihrer eigenen Vergangenheit, für den sie heute – 20 Jahre danach – eine Art „Erklärung" gefunden hat: „Was in dieser Dreieckskonstellation passiert war, hatte weniger mit mir zu tun als mit den beiden Männern. Sie haben mich als Ventil für ihr tiefverdrängtes gegenseitiges Begehren ausgenutzt, das in der androzentrischen, männerliebenden Kultur begründet ist." Virginie Despentes sagt es schonungslos: „Die Männer lieben die Männer. Sie erklären uns ständig, wie sehr sie die Frauen lieben, aber wir wissen alle, dass sie uns Märchen erzählen. Sie lieben einander. Sie ficken sich auf dem Umweg der Frau gegenseitig, viele denken schon an die Kumpels, wenn sie in einer Möse sind. [...] Worauf warten sie noch, sich ihn gegenseitig reinzustecken?"

Es sind Passagen wie diese, die mich weiter in das Werk hineinziehen und dranbleiben lassen, obwohl die Sprache manchmal schwierig ist und stockend; obwohl ich gerne mehr von Roigs persönlicher Geschichte als über die gesellschaftliche Bedeutung der Ehe gelesen hätte.

Fazit: Wieder was gelernt.

Meine eigene Arroganz als studierte Politikwissenschafterin (zwar nur Bachelor of Arts, aber hey) hätte es fast verhindert, mir dieses Buch zu kaufen. Weil ich die Antwort auf die Frage „Ehe abschaffen ja oder nein" bereits kannte, weil ich selbst genug Studien zu Orgasmus-Lücken, Ehegattensplittung und den verschlechterten Lebensumständen verheirateter Frauen gelesen hatte. Weil ich dachte, dass bei diesem Thema eigentlich bereits alles gesagt sei.

Turns out: Dem war dann nicht so. Ich habe durch Roig gelernt, warum „starke" Frauen dafür prädestiniert sind, Gewalt zu erfahren. Ich habe gelernt, warum wir Frauen ein kollektives Trauma in uns tragen, das mit der Geschlechter(un)gerechtigkeit in der Ehe zu tun hat und warum wir eine feministische Steuer statt Ehegatten-Splitting brauchen.

Das Ende der Ehe ist definitiv ein modernes, intersektionales, queer-freundliches Standardwerk, das jeder FLINTA zu empfehlen ist, die insgeheim *doch* noch von der hippie-esken Hochzeit auf dem Bauernhof träumt. Dennoch versucht Roig nie, die Macht der Liebe anzugreifen oder zu *leugnen*. Roig ist eine absolute Befürworterin der Liebe. Sie findet lediglich, dass wir sie nicht auf *eine* Person beschränken sollten, um mehr Zeit, Energie und Ressourcen in den Aufbau unserer eigenen Community stecken zu können.

In diesem Sinne: Kauft das Buch (oder hört es kostenlos auf *Spotify*) und findet eure *eigenen* Lieblingskapitel und Zitate. Es wird zahlreiche geben. Versprochen.

HETEROSEXUELLE MÄNNER SIND NICHT READY FÜR NICHT-MONOGAME BEZIEHUNGEN

27.10.2023

Wie kommt es, dass oft ausgerechnet die Typen, die nicht einmal *eine* Frau handlen können, denken, dass sie eine weitere treffen sollten? Ein Abriss.

Look, ich bin selbst seit Jahren im non-monogamy Game, habe aber selbst noch keinen einzigen anderen offen nicht-monogamen Mann gedated. Und das aus einem einfachen Grund: they can't handle *any* of us. Der Hauptgrund, warum heterosexuelle Männer meiner Erfahrung nach nicht-monogam sein wollen, ist, damit sie ihre Freundinnen nicht mehr hinter deren Rücken betrügen müssen, und nicht, damit sie einer anderen Frau in ihrem Leben Fürsorge oder aufrichtige Zuneigung bieten können.

Sie sind nicht *woke*. Sie sind nicht-monogam, damit sie sich weniger verpflichtet fühlen, sich ohne Angabe von Gründen distanzieren und mit ihrem Bachelor-Leben weitermachen können. Stets in dem Wissen, dass sie jemanden haben, der sich um ihr Wohlergehen zu Hause kümmert, während sie mit einem 23-jährigen Tinder-Bimbo bumsen.

Glaubt mir, ich habe ein paar Gespräche mit dem Kerl geführt, mit dem ich in einer toxischen Beziehung war; einem Typ, der *unbedingt* nicht-monogam sein wollte, aber interessanterweise hatten wir null Gespräche über sein dringendes Bedürfnis, ein besserer Boyfriend zu werden.

Er wollte die Apps nutzen, er wollte „da draußen" sein, Frauen „kennenlernen" – aber er wollte mich definitiv *nicht* massieren, mir Blumen kaufen, sich um den Hund kümmern, Dates eine Woche im Voraus planen, zusammen ein neues Rezept ausprobieren oder mir helfen, meine Steuerbelege zu scannen. Er wollte mich und er wollte, dass andere Frauen ihn bewundern, ihm *schreiben,* ihn anrufen, ihm nachjagen, ihn *wählen,* ihn priorisieren, ihm bei seinem Studium und seinen Hausarbeiten helfen und ihm Sandwiches machen.

Deshalb date ich keine nicht-monogamen Männer. Nicht nur, weil ich weiß, dass der Kerl, der „nicht-monogam" sein will, wahrscheinlich seine Frau zu Hause in irgendeiner Weise ausnutzt, die – so mal unter uns – oft eh nicht glücklich darüber ist, dass er nebenbei andere Frauen trifft, was für mich persönlich ein riesiger Turn-Off ist. Die Freundin zu Hause ist oft auch eine sehr verzweifelte, zutiefst unsichere Person, die ihren „guten Fang" nicht verlieren will, nur weil er sie einmal oder zweimal betrogen hat und jetzt das Etikett „nicht-monogam" widerwillig akzeptiert, was bedeutet, dass ich mich auf ein seltsames Machtgefälle einlassen würde, an dem ich kein Interesse habe.

Stellt euch die Anrufe seiner Freundin vor, während er versucht, mich zu befriedigen! Stellt euch das Drama, die Eifersucht, das Stalken meiner Online-Präsenz, die peinlichen Instagram-Nachrichten vor, in denen sie fragt, ob ich in ihn verliebt bin.

Um ganz ehrlich zu sein: Ich mag auch die Vorstellung nicht, einen Mann im Patriarchat zu teilen.
Bei all den Privilegien, die insbesondere weiße cis-heterosexuelle Männer genießen, glaube ich nicht, dass es ihrem Ego gut tut, wenn sie *on top of it all* auch noch so viele Frauen pro Woche ficken können, wie sie wollen, ohne Konsequenzen zu tragen, ohne die Frau zu verlieren, die sie angeblich lieben. Obwohl sie *nicht* zu Hause sind, *nicht* präsent sind, *nicht* wirklich viel im Gegenzug geben können. Und hier sind wir wieder am Anfang. Solange Männer nicht bereit sind, die emotionale Arbeit, den Mental-Load, die Fürsorgearbeit zu leisten, solange sie den Hund oder das Baby nicht öfter als ihre Freundinnen mitnehmen, solange sie nicht rechtzeitig die Wäsche machen, keine Mahlzeit bereitstellen oder sich um sich selbst kümmern können: Wie zur Hölle sollten sie in der Lage sein, mehr als eine Frau zu daten?

Sorry, ich sehe einfach keinen Mann, der noch nie etwas von Esther Perel oder Jessica Fern gehört hat in meine DMs sliden und: „Yo, ich bin in einer nicht-monogamen Beziehung, aber heute Abend verfügbar ;)!" schreiben und als Antwort ein „Ja, sicher gerne!" von mir kassieren, wenn ich aus Erfahrung weiß, dass die meisten dieser Idioten nie ein Wort über Polyamorie, ethical Non-Monogamy oder Muschilecken gelesen haben.

Sie. wollen. nur. ficken.
Sie. wollen. alles. haben.

Den einzigen Mann, den ich da draußen nicht-monogame Dinge kompetent ausführen sehe, ist mein Freund. Aber dann denke ich an all die Frauen, die ihn wollen *könnten,* weil er offen, warmherzig, gutaussehend, unglaublich im Bett und freundlich ist, all die Frauen, die enttäuscht wären, weil er *wirklich* nur mich mag und niemand anderen, und ich stelle mir vor, wie sich eine andere Frau in ihn verliebt und am Ende traurig darüber ist, dass er nie ihrer sein wird.

Also, was genau wäre der Sinn, meinen Freund zu teilen?

Also, der einzige Heten-Mann, den ich da draußen in irgendeiner Art und Weise kompetent nicht-monogame Dinge machen sehe, ist mein Freund, der allerdings kein großes Bedürfnis danach hat, weil er mich mehr mag als einfach nur herumzuficken oder andere Frauen casually zu treffen.

Was mich genau zu dem Punkt bringt, den ich anfangs machen wollte: Wie kommt es, dass *ausgerechnet* die Typen, die nicht einmal eine Frau handlen können, denken, dass sie eine weitere daten müssten?

Vermutlich ist genau das der Grund. Sie wollen eine andere Frau, die ihn nicht greifen kann, die nicht wirklich etwas von ihm erwartet und nicht einfach mal eben abends anrufen kann. Sie wollen eine Frau, die keine *Person* ist. Eine Frau wie eine aufblasbare Puppe ohne Bedürfnisse. Ein Spielzeug, eine Fantasie.

Und deshalb sind 99 % aller heterosexuellen Männer nicht bereit für nicht-monogame Beziehungen.

2022: DAS PRIVATE IST BERUFLICH

Wenn ich an 2022 denke, dann kommt mir ehrlich gesagt als Erstes nicht dieser Blog in den Sinn. Ich habe länger überlegt, was es im Jahr 2022 über Groschenphilosophin zu sagen gäbe – die Wahrheit ist, dass ich privat und beruflich mit ganz anderen Dingen beschäftigt war.

Ich wohnte nach einem kleinen Abstecher aufs Land in Sachsen (lol?) wieder in Berlin und arbeitete die erste Hälfte des Jahres in einem fancy Consulting-Unternehmen. Das Geld stimmte endlich – anders als in der Medienbranche. Allerdings zerstörte der *Inhalt* meiner Arbeit mein Gehirn auf ganz neue Art und Weise. Mein LL.M. (Master of Law) in Immaterialgüterrecht fraß jede freie Minute und meine Beziehung zu einem fünf Jahre jüngeren Mann forderte meine restliche vorhandene Energie.

Überrascht? Ich bin niemand, der sein Innenleben in real time offenbart. Es gibt keine Break-Ups, die ich auf Instagram verkünde und keine Videos von mir beim Weinen. Dafür bin ich ganz einfach zu stolz. Meine Emotionen gehören mir, und so. Am nächsten Tag würde ich es nämlich bestimmt bereuen, 9.000 Personen live in mein Gefühlsleben mitgenommen zu haben.

Wer auf *groschenphilosophin.at* zwischen den Zeilen liest, wird trotzdem einen Eindruck davon bekommen, wie ich mich gefühlt habe. Im Text *Schönheitsideale für Zuhause* habe ich meinen damaligen Freund bereits bewusst herausgelassen, weil ich keine Lust mehr hatte, ihn zu erwähnen. Witzig oder, dass mich seine Anwesenheit in Form eines „Wirs“ auf meinem Blog bereits gestört hätte, dass ich mir selbst zu viel wert war, um online so zu tun, als ob es gut liefe.

In *Junge Männer daten* referenziere ich *auf* ihn, *ohne* ihn beim Namen zu nennen. Das ist meine Art, mit Herausforderungen umzugehen. Ich nehme ein privates Ereignis, abstrahiere es und formuliere daraus gut konsumierbare Gesellschaftskritik. So kann ich Themen, die mich und andere Heten-Frauen beschäftigen, aufarbeiten, ohne dafür verklagt zu werden. Zum Beispiel eben, junge Männer zu daten. Mich hat es schon länger genervt, dass es als das Normalste der Welt hingestellt wird, wenn 60-jährige Ex-Schlagersänger 20-jährige Groupies schwängern, während Frauen ü30 sofort als MILFs gelten, wenn sie einen fünf oder sechs Jahre Jüngeren daten. Schande über uns!

Generell habe ich das Gefühl, dass mein Blog ab 2022 etwas weniger medien-lastig wurde. Ich widmete mich lifestyligeren Themen, Beziehungsthemen und Interior-Themen, weil ich ganz einfach ... Lust darauf hatte. Ich hatte Jahre meines Lebens damit zugebracht, den Journalismus und seine Strukturen zu kritisieren, da ist es nur verständlich, dass ich endlich meine Meinung zu Renovierungs-Videos auf Youtube abgeben wollte! Und welchen Druck sie mir regelmäßig machen, wenn ich mit offenen Augen durch meine mittelmäßig-sanierte Altbauwohnung laufe.

SCHÖNHEITSIDEALE FÜR ZUHAUSE: DIE OBSESSION MIT DEN EIGENEN VIER WÄNDEN

02.01.2022

Unrealistische Body Goals sind schlecht für die Psyche. Ein Fakt, der inzwischen auch den letzten Influencern bekannt sein müsste. Dass Schönheitsnormen auch abseits des eigenen Körperbilds existieren, wird *seltener* kritisch diskutiert. Schön ist, wer schön lebt – und sich stilvoll einrichten kann.

Wann wird die Obsession mit den eigenen vier Wänden *krankhaft?* Und wer kann sich den Interior-Hustle eigentlich leisten?

Das Gute an meinem Gehirn: Es kann sich für (fast) alles begeistern.

Das *Schlechte* an meinem Gehirn: Es kann dementsprechend über (fast) alles obsessen. Für die einen ist es der perfekte Körper, für mich aktuell: die *perfekte* Wohnung.

Es hat eigentlich ganz unschuldig beim „erneut Einziehen" angefangen. Mit ein paar kleinen Dingen, die ich verändern wollte. Und ist dann binnen weniger Wochen zum Side-Hustle eskaliert. Das Motto lautet: „Ja, aber nach dem Wohnzimmer und dem Hochbett mache ich dann unbedingt das Badezimmer!"

Der meistbenutzte Gegenstand in der Wohnung ist der Zollstock. UND WEHE DER LIEGT NICHT AM SELBEN ORT WIE GESTERN.

Das Ding ist: *Nichts* liegt in der Regel wie gestern, weil ich ständig dabei bin, umzuräumen. Der Wunsch nach einer schöneren Wohnung avancierte zu einer Neurose, die mich lange nach Feierabend wie Hühner ohne Kopf im Kreis rennen ließ. Es gibt *immer* etwas, das besser, schöner, gerader sein könnte. Ist es nicht der Nasenrücken, ist es eben die ungeschliffene Ecke des selbstgebauten Regals.

Ich versuche mir das perfekte Arbeitszimmer zu manifestieren, in dem ich ganz lange auf (noch) leere Wände starre. Gefeiert wird nicht das Wochenende, sondern der Mensch, der den ausrangierten Beistelltisch haben wollte.

Renovierung habe ich immer damit verbunden, Küchen rauszureißen und Wände einzuziehen. *Große* Dinge eben. Seit ich mich 24/7 zwischen herumliegenden Brettern und gerade getrockneten Tapeten bewege, muss ich meine Definition noch einmal überarbeiten. Denn hier passiert gerade etwas, das über „Ich bestelle mal ein paar Möbel" und meine persönlichen Befindlichkeiten hinausgeht.

Plötzlich sehe ich jeden Winkel der Wohnung mit Architekten-Augen. Es beginnt bei Dingen wie dem ohnehin nicht besonders schönen XXL-Kleiderschrank im Eck – und endet beim zwei Jahre alten Schreibtisch, den man zuvor eigentlich noch *okay* fand. Jetzt ist er: zu glänzend. Zu schäbig. Zu weiß. Zu kindisch, zu verspielt, zu klein.

Besonders tricky: Sobald man eine Sache gerichtet hat (z.B. das Hochbett im Wohnzimmer, 20 h Aufwand insgesamt aber *WHO IS COUNTING*), wirkt das angrenzende Zimmer – das vorher immer als das SCHÖNE ZIM-

MER galt – wie eine rattige Abstellkammer. Das Licht? Katastrophe! Und was in Gottes Namen ist dieser ausgewaschene, völlig verzogene Teppich? Steigt der Standard in einem Raum, fällt einem erst so richtig auf, wie man vorher lebte. Mehr als nur einmal griff ich mir beim manischen „Abendspaziergang" durch die Wohnung an den Kopf und fragte mich: „Wie hast du das nur ausgehalten?" und „Kein Wunder wolltest du Berlin verlassen."

War es wirklich so schlimm?

Ich würde sagen: Ja, *doch*. Schon. Aber ich stecke gerade auch mittendrin in dieser *Phase der Veränderung*. Der Konsum von Interior-Blogs, das Surfen auf Einrichtungs-Webseiten und Besuche bei IKEA taten ihr Übriges. Überall zog ich mir den „toxischen" Beauty-Standard rein, als ob mir damit geholfen wäre.

Nein, im Ernst. *Ich kann nicht mehr.* Immer öfters frage ich mich, seit wann ich mir meine Freizeit von dem Druck nehmen lasse, endlich alles richtig zu machen.

Während es 2017 reichte, ein paar heruntergesetzte Möbel von Home24 oder vom Flohmarkt zu haben, müssen die 2022er-Stücke schön, hochwertig und FUNKTIONAL sein. Am besten selbst geplant und verbaut.

Weil wer heute noch *nicht* handwerkt, der hat sowieso alles falsch gemacht!

T-Shirts müssen gerollt und in die richtigen Storage-Units gepackt werden. Dank Marie Kondo haben wir gelernt, dass *jeder* ordentlich sein kann. Und wenn jeder ordentlich sein kann, warum bin ich es dann nicht?

Is it just me, oder sind die Ansprüche an unsere Innenräume in die Höhe geschossen?
Statt mich auf meine Prüfungen zu konzentrieren, schaue ich stundenlang Youtube-Kanäle wie *The Sorry Girls* oder *Lone Fox*[10] und lerne, wie man Hairpin Legs auf IKEA Stockholm 2017 Untersetzer klebt.

Einerseits ist es inspirierend, dass sich Frauen wie Becky und Kelsey (The Sorry Girls) selbst ans Werkzeug machen und ihre eigenen TikTok-inspired Kachel-Tische bauen. Andererseits setzt es mich unter Druck, noch eine weitere Fähigkeit erlernen zu müssen. Nur, um mich beim Umbau nicht wie „eine typische Frau" zu verhalten.

Versteht mich nicht falsch: Ich lerne gerne. Aber ich habe auch fünfzehnhundert andere Dinge auf meiner To-Do-Liste, die vor dem Skill *Stichsäge wie ein Profi bedienen* und *Trennwand designen* kommen.

Ich frage mich: Ist die Obsession mit der eigenen Wohnung sowas wie ein Kontrollverlust-Bewältigungsmechanismus?
Ist es der uns irgendwie *doch* noch drohende Lockdown? Oder habe ich mich den Anforderungen meines Internet-Umfelds ergeben, das mir unterschwellig suggeriert, ich könne sogar die Klimakrise überleben, wenn ich nur *endlich* richtig Fliesenlegen lerne?

Apropos Endzeitstimmung: In Skandinavien ist „Cozy Living" auch deshalb so ein großes Thema, weil der Winter lange und dunkel ist. Wer es da zuhause *nicht* schön hat, wird doppelt bestraft. Perfektes Wohnen gilt im hohen Norden als offenes Geheimrezept gegen Winter-Blues. Siehe auch: Svalbard Cabin Tour.[11]

Die grassierende Renovierungsobsession erinnert mich an den Beauty-OP-Diskurs. Nur, dass dieser inzwischen zumindest kritisch rezipiert[12] wird. Wer hingegen mit seiner Wohnung obsessed ist, der hat es eben gerne „schön" und „gemütlich". Es ist vorbildlich, sich Gedanken um den perfekten Wäschestauraum zu machen – nicht verzweifelt.

Innerhalb der eigenen vier Wände darf der Interior-Schönheitswahn krankhafte Ausmaße annehmen. Keiner wird sagen: *„Uh, hier ist es aber schon etwas ZU sauber"*, während es bestimmt Menschen gibt, die etwas an deinen aufgespritzten Lippen auszusetzen hätten.

Wer kann sich die Interior-„OP" überhaupt leisten?

Eins darf man nicht vergessen: Die (eigene) Wohnung umzubauen, muss man sich erst mal leisten können. Selbst ein Low-Budget-Hochbett, das vergangenes Wochenende mit Hilfe von zwei tollen Freunden in meinem Wohnzimmer eingebaut wurde, verschlingt Rohmaterialkosten im Wert von 500 Euro. Vom Zeitaufwand, das Ding zu planen (*8 Stunden*) und tatsächlich aufzubauen (*10 Stunden*) gar nicht anzufangen. Es sind viele, viele Wochenenden, die draufgehen, damit man „es schön hat". Dass es auch Wochenenden sind, die man nie wieder zurückbekommt und völlig übermüdet beendet: geschenkt.

DIY-Vlogger haben aus ihrer *Passion* ein Business gemacht und investieren hunderte von Stunden, ja, ganze Jahre in die ordentliche Planung von Room-Makeovers –

während unsereins damit beruflich nichts am Hut hat und gleichzeitig trotzdem versucht, *mitzuhalten*.

Beim Betrachten der wunderschönen Thumbnails darf man eins also nicht vergessen, dass professionelle YouTuber entweder bereits *davor* oder spätestens nach dem internationalen Kanal-Erfolg genug finanzielle Mittel haben, um ihre eigenen Immobilien zu kaufen, die sie im Anschluss massenmedial renovieren. Ein DIY-Vlogger mit 1 Million Abonnenten und 52 Videos pro Jahr verdient um die 57.200 Dollar durch YouTube alleine.[13]

Sowohl Becky als auch Kelsey und Drew hatten – durch welche Finanzströme *auch immer* – jeweils bereits mit Ende Zwanzig ihre eigenen Spaces. Auch das macht einen Unterschied: Habe ich eine Mietwohnung, die ich irgendwann relativ unbeschadet zurückgeben muss? Oder kann ich Wände einreißen, Badezimmer neu fliesen und mich lange Zeit über das Ergebnis freuen?

Jetzt erinnere ich mich wieder daran, warum ich bei meinem Einzug vor fünf Jahren so viele „lose“ Möbel gekauft habe: Für den Fall, dass ich wieder umziehen muss. Ich hatte außerdem auch keine Lust, unzählige Euro in eine neue Dusche zu investieren – und stehe deshalb noch fünf Jahre nach dem Einzug morgens im Schimmel.

Wann wird der Gedanke an die eigene *un-perfekte* Wohnung zur Bürde? Vermutlich dann, wenn sie einem zur Last fällt. Keinen *joy* mehr sparked, oder so.

Vergangenen Donnerstag war es soweit. Ich habe mit Essen um mich geworfen (!), weil der Farbrest „Novembernebel“ nicht mehr reichte, um das neue Ess-Eck unter dem Hochbett auszumalen. Ich kam mir vor, *nein,*

ich verhielt mich wie eine Fünfjährige. Als ob mein LEBEN von dieser Wand abhing. Als ob es einen Unterschied gemacht hätte, ob sie leichte Flecken hat. In diesem Moment realisierte ich, dass ich zu weit gegangen war. Ich opferte die temporäre Zufriedenheit meiner Beziehung für ein paar Zentimeter deckender Farbe.
Hat sich mein Selbstwertgefühl auf die eigenen vier Wände ausgebreitet? Vermutlich.
Bin ich dann ein guter Mensch, wenn ich endlich schön gestrichen habe?
Vermutlich nicht.
Was it wenigstens worth it?
So leid es mir tut: Irgendwie schon, ja.
Es geht einfach *nichts* über den Moment, in seine exzessiv optimierte Altbauwohnung zu treten und die Lichterketten unter dem Hochbett leuchten zu sehen, während sie das Gemälde an der frisch gestrichenen grauen Wand ausleuchten.

Fuck me. I love it.

THIRTY EVERYTHING: JUNGE MÄNNER DATEN

25.05.2022

Achtung: Diese Kolumne ist mit einer gewaltigen Portion Ironie und Humor zu lesen. Bitte stellt euch diesen Text nicht als bierernste, 100 % ernstgemeinte Abhandlung vor, sondern als Text, der andere Hetero-Frauen zum Lachen bringen soll.

Tief in mir drinnen wusste ich schon immer, dass ich später jüngere Männer daten würde. Ich habe es schon als 23-Jährige nicht verstanden, warum ich mich auf Männer einlassen sollte, die gerade in ihrer zweiten Scheidung stecken und sich am Wochenende am liebsten siebzehn Stunden auf ein Rennrad setzen. Einfach nein! Wenn Freundinnen von Kollegen Anfang vierzig schwärmten, *rollten* sich meine Eileiter zusammen.

Warum tut sich das eine an? Wegen der grauen Schläfen und dem hässlichen Mercedes?

Nach *Jahrhunderten,* in denen es normal war, 60-jährige Männer mit neunzehnjährigen Schulmädchen zu verheiraten, ist es heute lediglich fair, dass sich Frauen ü30 die Rosinen aus dem Kuchen picken. Trotzdem werden sie dafür *gejudged.* Als ob es irgendeinen rationalen Grund dagegen gäbe.

Ich bin der Meinung: Jede Frau, die allen Ernstes behauptet, surfende Mittzwanziger seien ihr „zu jung“, lügt.

Oder hat Daddy-Issues. Oder steckt noch mitten in den patriarchalen Vorstellungen einer Beziehung, in der der ältere Mann den Versorger spielt. Der Mann ... *überhaupt* den Versorger spielt.

Wahrscheinlich bin ich zu privilegiert, um das nachzuvollziehen. Ich verdiene mein eigenes Geld, habe mich noch nie auf einen Urlaub einladen lassen und möchte auch keine teure Unterwäsche zum Valentinstag geschenkt bekommen.

Statt mich mit Bierbauch und Doppelkinn *(#nooffense, all bodies are beautiful! ;)* zufrieden zu geben, kann ich jeden Abend hotte 25-Jährige treffen, die mit schnellen Geräten umgehen können. Kitesurfen? *Windsurfen?* Drifting in Japan? Yes, please. Noch nie hatte ich ein schlechtes Gewissen, wenn ich mir den Adrenalinkick außerhalb meiner Generation suchte.

Warum auch?

Der Altersunterschied zwischen einem 24-Jährigen und mir ist *lächerlich*. Fünfeinhalb Jahre, um genau zu sein. Wäre die Kombi umgekehrt – es gäbe *garantiert* keine Kolumne dazu. Was sollte auch drin stehen?

> *„Yo, ich als erfolgreicher 30-jähriger CEO irgendeines Berliner Start-Ups habe eine richtig nice 24-Jährige abbekommen! Sie hat weder Bauchfett noch graue Haare, kannst du dir das vorstellen? LECKER!“*

Oma und Tanten gratulieren schon.

Dabei geht es gar nicht nur um Oberflächlichkeiten. Nicht, dass wir uns *falsch* verstehen. Die männlichen Mittzwanziger sind einfach … *witziger!* Und entspannter drauf. Sie machen wunderschöne Liebeserklärungen und können großartig küssen, während sie mit ihren seidenglatten Händen über deinen Rücken streicheln. Das ganze Ambiente ist *fast* so hibbelig und aufregend wie damals am Schulklo.

Statt sich über das Wechselmodell mit der Ex Gedanken zu machen, wollen sie nur das eine. Achso, das wollten die anderen doch auch, oder? Na denn! Kann ich mich auch ruhig mit dem remote arbeitenden Coder mit den süßen Grübchen unterhalten, der gerade darüber nachdenkt, nach Portugal auszuwandern. Oder mit dem hübschen 26-Jährigen, dessen Nasolabialfalten noch gar nicht *existieren.* Anders als Männer meines Alters sind sie weniger *verbittert!* Die haben noch echte Hoffnung in das Leben!

Jahrgang 1997, who cares?

Taugen die jungen Männer auch für mehr? Was soll ich euch sagen, kommt auf die eigene Schmerzgrenze an. So spaßig es auch sein kann, Cider in einem Schlauchboot auf der Ostsee zu süffeln, während er seine BWL-Lernunterlagen unter Wasser setzt – irgendwann setzt trotz steigendem Hormonpegel die Realität ein. Und der Dude, der eventuell doch ganz bald nach Portugal auswandern möchte, wird anstrengend. Weil er sich nicht entscheiden kann, weil er noch alles vor sich hat, weil er noch nicht weiß, wie viel die Anschaffung einer *neuen Waschmaschi-*

ne kostet, und er die billige IKEA-Couch mit einer Matratze verwechselt.

Spätestens, wenn du nach dem Sex nicht mehr gehen kannst (weil du in der Ritze gelegen hast), weißt du: *Fuck*. Ich vermisse meine 1.200 Euro Tempur-Matratze. Auch das mit dem Energie-Level kann manchmal ein Problem sein. Manchmal muss man die jungen Ritter ziehen lassen, sie mit Zelt und Campingsessel ausgestattet im Van verabschieden und hoffen, dass sie sich nicht weh tun oder an einer Überdosis Ketamin verrecken.

Oh, klingt latent nach einer Mutter-Kind-Beziehung? *Ach wo!* Als Frauen sind wir es einfach gewohnt, zu *caren*. Egal, ob wir 21, 22, 23 oder 75 sind. (ACHTUNG, IRONIE111!!)

Deshalb suchen sich Männer ja auch so gerne Jüngere. Selber menschlicher Qualitätsstandard, shiny Verpackung. Während ich bei den Männern, die ich gedated habe, nicht unbedingt dieselbe Aussage treffen würde. Vielmehr ist es so, dass Männer jeden Alters Trash sind. Sie können 45 sein und noch immer nicht wissen, wie man ein Rezept beim Arzt kriegt. Frauen zwei Generationen über mir erzählen mir immer wieder, wie sie ihren Männern wochenweise Gerichte vorkochen, damit diese in Zeiten der weiblichen Abwesenheit nicht vor Hunger versterben.

Also, was soll ich euch sagen? Letzten Endes macht es wahrscheinlich doch gar keinen so großen Unterschied.

Junge Männer sind wie alte Männer.

Nur eben ... *hotter*.

WARUM WIR UNSEREN FREUNDEN ECHTE BEZIEHUNGSARBEIT SCHULDEN

22.12.2022

Mein Wunsch, *nicht* amatonormativ zu leben, existiert schon länger. So richtig „leben" tue ich das Konzept allerdings erst seit ungefähr zwei Jahren. Am Anfang war es ungewohnt, sich gegenüber Menschen zu öffnen, mit denen man nicht sein Bett teilt. Aus heutiger Perspektive muss ich sagen: Es war eine große Chance, zu heilen.

Dieser Text handelt davon, wie es im Alltag aussieht, *nicht* amatonormativ zu leben, wie viel Zeit ich täglich in Gespräche investiere – und warum ich finde, dass Beziehungsarbeit nicht beim Partner aufhören sollte, wenn wir echte Freundschaften erwarten.

Meine Freundschaften und meine intimen Partnerschaften sind mir das Wichtigste. Nicht Arbeit. Nicht Partys. Nicht Reisen. Ich sage bewusst nicht „Nicht Familie" – denn es erscheint mir albern, meine Herkunftsfamilie in meinem Alter in dieser Hinsicht als Referenzpunkt heranzuziehen. Family can look like *different* for everyone, aber das wäre ein anderes Essay.

So, meine Freundschaften und meine intimen Partnerschaften sind mir also das Wichtigste. Sagt sich so leicht, schreibt sich so leicht. Kann jeder behaupten. Aber was bedeutet das im Alltag, nicht amatonormativ zu leben? Für alle, die's vergessen haben: *Amatonormativität ist die bewusste Bevorzugung der Liebesbeziehung in allen Aspekten des Lebens.* Es wird davon ausgegangen, dass alle Menschen in einer romantischen Beziehung oder einer Ehe sein wollen und dass romantische Beziehungen wichtiger als Freundschaften sind.

Und es macht ja auch auf den ersten Blick Sinn: In einer Liebesbeziehung sind wir bereit, gewisse Aspekte des Lebens zu verhandeln, über schwierige Themen zu sprechen, ja, Beziehungsarbeit zu leisten. Freundschaften hingegen sollen irgendwie daneben existieren und am besten so einfach und oberflächlich wie möglich verlaufen. Ja nicht zu viel Effort, bitte!

Schon als Teenager hat man in der *Bravo* gelernt, dass es Freundinnen für verschiedene Lebenslagen gibt. Die Freundin zum Shoppen, die Freundin zum Ausweinen, die Freundin fürs Komasaufen. Freundschaften wurden als „Nice to have"-Asset in unseren Kosmos eingeführt, bagatellisiert und dabei als etwas geframed, das es gegenüber einer romantischen Liebesbeziehung hintenanzustellen gilt. Sich nicht bei seinen Freunden zu melden, sobald man in einer Beziehung war, galt in meiner Schulzeit als Standard. Niemand hat das hinterfragt.

Ich finde das: unmenschlich. Unmenschlich unseren Freunden gegenüber, mit denen wir ja genauso BEZIEHUNGEN führen wie mit unseren Partnern. Eine Beziehung ist eine Verbindung zwischen zwei Menschen und muss nicht immer sexueller Natur sein. Trotzdem scheint die Sexualität für viele der ausschlaggebende Punkt zu sein, um wirklich Zeit, Geduld und Emotional Labour in jemanden, ja ich sage das grausige Wort, zu investieren.

Ich denke da sofort an eine entfernte Bekannte von mir, die – immer, wenn wir uns sehen – irgendeinen neuen Dude von Tinder am Start hat, mit dem sie ununterbrochen schreibt, während sie das Weinglas beim Einschenken verfehlt. Sofort bekomme ich das Gefühl, für sie *disposable* zu sein. Und: *Bin* ich auch. Ich weiß, dass sie niemals für mich nach Berlin kommen würde, aber für ihren Typen schon fünf Mal da war.

Obwohl wir uns grundsätzlich gut verstehen und zusammen lachen können, reicht mir das nicht. (Hoffentlich) nicht, weil ich so eine unglaubliche Narzisstin bin und bei jeder Person an erster Stelle stehen muss, sondern, weil es mir zeigt: Diese Freundschaft wird nie über sporadische Treffen und Second-Choices hinausgehen – weil sie: amatonormativ denkt und lebt. Sie hat andere Werte als ich. Sie ist nicht gewillt, mehr zu geben als notwendig ist, und lebt Freundschaften auf diesem oberflächlichen Level, das ich noch aus der *Bravo* kenne. Ich kann schon jetzt voraussehen, wie ihr Leben in fünf Jahren aussehen wird. Sie wird heiraten, Kinder bekommen und sich ein „Live, laugh, love"-Poster ins Schlafzimmer hängen. Okay. Das mit dem Poster stimmt sehr wahrscheinlich nicht, aber *you get the picture*.

Zurück zum Thema. Anti-amatonormativ leben also. Was bedeutet das in der Praxis? Erst gestern hatte ich zwei Situationen, in denen ich früher vor Panik schreiend davongelaufen wäre. Beide haben mit Freunden stattgefunden. Einmal mit meinem besten Freund und einmal mit einer meiner besten Freundinnen. Mein BFF hat etwas extrem Verletzendes gesagt, meine Freundin hat sich über etwas aufgeregt, das – aus meiner Perspektive – unberechtigt erschien. Um was es genau ging, ist letztlich irrelevant. Viel interessanter ist, wie wir die Situation gehandhabt haben. Oder, auch: Dass es überhaupt dazu gekommen ist. Da ich mit beiden Personen sehr close bin, haben wir natürlich andere Konversationen und Jokes, als mit Personen, die ich 1 × pro Jahr sehe, wenn der Boyfriend gerade out of town ist. Wir kennen uns, wirklich. Meine Freunde wissen, wo ich herkomme, was mich geprägt hat, wie meine Traumata mein Kommunikationsverhalten beeinflussen und dass ich manchmal echt grumpy sein kann – und umgekehrt. Wir lassen alles raus, auch die hässlichen Gedanken und einer dieser hässlichen Gedanken hat mich eben: getroffen.

Was habe ich getan? Ich habe es angesprochen – in beiden Fällen. Und wir haben uns ausgesprochen. Keiner hat den anderen beschimpft, geghosted oder Dinge geschrieben wie „Whatever". Because we matter, to us. Wir haben die jeweiligen Themen genauso ausdiskutiert wie ich das mit einem romantischen Partner getan hätte, da gibt es für mich keinen Unterschied. Ich habe meine Gefühle erklärt, er hat seinen Standpunkt erklärt, sie hat ihre Gedanken erläutert.

Ob das mühsam ist? Ja, auf jeden Fall. Nicht-amatonormativ zu leben, heißt, sehr viel mehr Beziehungsarbeit zu leisten.

Ich hänge sicherlich jeden Tag zwei Stunden in WhatsApp-Konversationen, Telefonaten oder zu beantwortenden Voice-Messages. Weil ich eben in gewisser

Weise Beziehungen mit mehreren Personen führe. Doch ich finde: Es lohnt sich.

Ich komme aus einer Kernfamilie, in der es unmöglich ist, Probleme anzusprechen oder Konflikte zu lösen. Es ist ein „Circle of Denial", der sich abspielt, sobald ein Glied der Kette versucht, Bedenken zu äußern. Wer sich nicht fügt, fliegt. Deshalb musste ich all das in meinen Freundschaften lernen und nachholen. Probleme ansprechen, Verhaltensweisen aufzeigen (ohne verletzend zu werden), Entschuldigungen aussprechen und annehmen. Ich bin heute dankbar dafür, dass ich das alles mit meinen Freunden lernen darf. Dass ich gehört werde und mir zugehört wird, dass ich mich entschuldigen darf und Entschuldigungen zu hören bekomme. Ich wünschte natürlich, dass ich dieses Defizit nicht hätte, dass ich seit jeher über diese sozialen Skills verfügen könnte. Aber es ist eben, wie es ist – und manches lernen wir erst später im Leben. Mit den Menschen, die wir selbst ausgewählt haben und denen wir vertrauen. Und ja, das muss nicht immer nur der Partner sein.

Ich weiß: Viele von uns glauben, dass sie sich nur in den „wirklich intimen" Beziehungen verletzlich zeigen dürfen, nur da ihre „schlechte Seite" rauslassen und sich auch mal danebenbenehmen dürfen. Dabei nehmen sie sich die Chance auf tiefe Verbundenheit mit mehr als einer Person. Sie nehmen sich, natürlich alles aus meinem POV, die Chance, Beziehungen außerhalb ihrer Kernfamilie zu etablieren, zu stabilisieren und so ein *diverseres* Umfeld für das eigene Dasein und Denken zu erschaffen. So bleibt alles, wie es immer schon war, Kommunikationsweisen werden unreflektiert von einer Generation zur nächsten übertragen und die wahren Probleme bleiben schön in der Familie.

Mein Wunsch, nicht amatonormativ zu leben, existiert schon länger. So richtig leben tue ich das Konzept allerdings erst seit ungefähr zwei Jahren. Am Anfang war es ungewohnt, sich gegenüber „Fremden" zu öffnen. Aus heutiger Perspektive muss ich sagen: Es war eine große Chance, zu heilen. Ich habe Verständnis und Liebe in diesen neu-intensivierten Beziehungen erfahren, die ich sonst nur aus amatonormativen Konstrukten kannte.

Ich habe allerdings auch gemerkt, dass sehr, sehr viele Menschen nicht bereit sind, die Art von Gesprächen zu führen, die essentiell ist, um einander auch auf platonische Weise näher zu kommen. Dass es als seltsam und „too much" empfunden wird, diese Art von Gesprächen mit Freunden zu führen. Ja, manch eine ist eventuell auch schon vor lauter Commitment-Phobie geflohen. Passiert. *That's not my people.*

Anti-Amatonormativität ist für mich eine Haltung. Ein Mindset, ein Way of Living, ein Versuch, connected zu bleiben und gemeinsam schöne Momente zu erleben. Gemeinschaft zu erschaffen, in der sich jede und jeder willkommen fühlt, der auch Lust auf Community fernab der Partnerschaft hat.

Was nicht heißt, dass unsere Partner gar keine Rolle mehr spielen: Ich denke, dass man auch in einer Beziehung nicht-amatonormativ leben und seine Freunde mit dem Respekt behandeln kann, den sie verdienen.

2021: 30

An dieser Stelle stand einmal ein anderer Text. Ich wollte das Jahr 2021 überspringen, weil es eines der schmerzhaftesten, wenn nicht das schmerzhafteste Jahr überhaupt für mich war. Aber das ist *die Groschenphilosophin,* also möchte, also muss ich auch an dieser Stelle ehrlich mit euch sein.

Denn 2021 war das Jahr, in dem ich das Schreiben so gut wie aufgegeben hatte.

Der Blog wurde von drei klugen, jungen Frauen bespielt, während ich alleine in Sachsen saß und Immaterialgüterrecht studierte. Ich hatte mir vorgenommen, die toxischen Strukturen des Journalismus hinter mir zu lassen, nur, um in einer noch viel toxischeren und vor allem konservativeren Branche (Jura) Fuß zu fassen. Ich wollte endlich raus aus dem künstlerischen Prekariat und hinein in die *vermeintlich* sichere Stabilität irgendeiner Corporate Identity. So steht es auch in meinem Buch *Potenziell furchtbare Tage* über Anti-Work, das im Sommer 2024 erschienen ist.

Worüber ich jedoch noch nie gesprochen habe, ist der Grund, warum ich mit dem beruflichen Schreiben aufhören wollte. Oder sollte ich sagen: *Musste?* Mein erstes Buch bei einem „richtigen Verlag“ ist 2018 erschienen. Inzwischen schrieben wir 2021 und ich hatte noch immer keinen Folge-Deal an Land gezogen. Ich hatte einige Buchideen eingereicht, sogar mit einer Agentin zusammengearbeitet – aber ohne Erfolg. Wisst ihr, es gibt nur so viel Zeit, die zwischen dem Release und dem Folge-Deal vergehen darf, um für die Verlagsbranche nicht als One-Hit-Wonder zu gelten. Und diese Zeit war: *verstrichen*. Ich hatte keinen Vorschuss, von dem ich leben konnte. Keine meiner Ideen hatte sich am Markt durchgesetzt. Und jeder, der diese Branche kennt, wusste es, verdammt noch mal. Scheitern ist so schon schlimm genug, aber wenn deine Branche auf öffentlich einsehbaren Followerzahlen und Buchdeals beruht, brauchst du keine dicke Haut, sondern einen Neoprenanzug, um darin zu überleben.

Drei Jahre nach dem Debüt nichts Neues vorweisen zu können, erfüllte mich mit großer Scham. Ich hatte: versagt. Nicht nur im Journalismus, sondern auch noch beim *Buchschreiben*. Ich war abgeschrieben, bevor ich überhaupt richtig als Autorin angefangen hatte. Ich war erst 29 und es fühlte sich jeden Tag im sächsischen Exil so an, als ob ich *nie wieder* etwas veröffentlichen dürfte, als ob es für alle Zeit nur ein einziges „richtiges" Buch von mir geben würde. Eines, das ich mit 26 geschrieben hatte, quasi direkt nach meinem Journo-Exit. Ein Buch, hinter dem ich heute nicht mehr stehe.

Das hier soll keine „Aufstiegs-Story" mit Happy End werden. Nur, weil ihr jetzt mein viertes Buch in den Händen haltet, heißt das noch nicht, dass das *jede* schaffen kann, die einmal ein Produkt (denn oft ist es nichts anderes, als das) bei einem großen Verlag veröffentlicht hat.

Und genau mit diesem Umstand haderte ich sehr. Ich hatte das Gefühl, verbraucht worden zu sein, das Beste bereits in meinen Zwanzigern hinter mir gelassen zu haben. Ich hatte in der kurzen Zeit im Rampenlicht nicht *genug* Prestige, nicht genug Kontakte gesammelt, um darauf aufbauen zu können. Nicht genug genug genug genug.

Niemand spricht über diese ganz *spezielle* Art des Scheiterns. Ein Scheitern, das für andere nach außen trotzdem als Erfolg interpretiert werden kann, denn wir stehen ja nicht mehr ganz am Anfang unserer Karriere und es ist schon *irgendetwas* da. Aber der große Durchbruch, der Folge-Deal oder ein fixes Engagement: bleibt aus. Das ist der wahre Grund, warum ich 2021 kaum etwas gebloggt habe und mich in mein Studium stürzte. Weil ich dachte, ich habe keine *Alternative* mehr.

Ich hatte das Schreiben definitiv nicht freiwillig aufgegeben, ich konnte es mir schlichtweg nicht mehr leisten, für wenig Geld zu bloggen und an Exposés zu sitzen, die keiner kauft. Könnt ihr euch vorstellen, wie frustrierend das war? Ich hasste mein Studium und konnte trotzdem nicht mehr zurück. Was hätte ich tun sollen, noch mehr Exposés einreichen und auf Absagen warten? Sogar meine Agentin kündigte irgendwann die Zusammenarbeit mit mir. Witzigerweise nur ein knappes halbes Jahr, bevor ich schließlich doch noch einen Buchvertrag bei meinem heutigen Haus-Verlag in Innsbruck bekam. Dieser Vertrag war ein Rettungsring, der mich erreichte, bevor ich die Chance hatte, mich in die Juristerei zu stürzen. Also: genau rechtzeitig.

Warum doch noch alles anders gekommen ist? Es muss eine Mischung aus Zufall, Glück und meiner niemals gänzlich abklingenden Hingabe zum Schreiben gewesen sein. Ich habe trotz vieler Rückschläge nämlich *nicht* aufgehört zu schreiben. Durch Zufall habe ich 2022 schließlich meine heutige Lektorin bei Haymon kennengelernt, die sofort von meinen Ideen und meiner Schreibe überzeugt war. Und auch Anne, Verlegerin bei Palomaa Publishing, hat mir einen großen Vertrauensvorschuss gegeben, obwohl wir uns vorher überhaupt nicht kannten.

Ich bin absolut nicht esoterisch, aber manchmal kommen die exakt richtigen Personen in dein Leben, wenn du es am wenigsten erwartest. Ich war ganz einfach: bereit. Ja, auch bereit, meinen kurzen Ausflug in die Jura-Welt hinter mir zu lassen und mich geistig wieder voll darauf einzustellen, Autorin zu sein – und dieses Mal auch wirklich zu *bleiben*.

Fazit gefällig? Egal, wie gut du schreibst. Es braucht eine ganze Menge an Menschen, die an dich glauben, deine Ideen fördern, sich mit dir austauschen, dich publizieren, lektorieren, korrigieren und natürlich auch: lesen. Es braucht eine konstante, interessante Social-Media-Präsenz. Es braucht das Wissen darum, dass man nichts auf der Welt lieber machen würde – und deshalb gar nicht anders kann, als zu schreiben, schreiben, schreiben. Ob mit Publikum oder ohne. Schreiben ist und bleibt die Tätigkeit, bei der ich fliege.

Was ist sonst noch passiert, 2021? Noch bevor ich mir zu viele Gedanken darüber machen konnte, entschloss die Öffentlichkeit, dass Millennials (Jahrgang 1980 bis 1995) offiziell alt sind. Nach uns folgte eine neue, bessere Generation, die anders als wir verstanden hat, worauf es im Leben wirklich ankommt! Tolle Freunde, Mental Health und die Umwelt. Wait a second! Das sind doch genau die Themen, die Millennials die letzten zehn Jahre medial beackert haben, oder etwa nicht? Hm. Könnte es sein, dass der Journalismus nach jahrelangem Millennial-Snowflake-Bashing endlich draufgekommen ist, dass die Jugend vielleicht doch nicht so scheiße ist und man ihr zuhören sollte?

Der Text *Gen Z: Die bessere Generation* lag mir jedenfalls auf der Zunge, und auch heute, beim Wiederlesen, überkommt mich ein bisschen der Ekel, wenn ich daran denke, wie heftig meine schreibenden Kolleginnen und ich im Internet misshandelt wurden, weil wir Gerechtigkeit, faire Arbeitsbedingungen und mehr Verständnis für unsere mentale Gesundheit forderten.

Was war 2021 sonst so los? Achso, ja, die Pandemie. Die ist heute genauso vorbei wie Millennials. Deshalb spare ich mir an dieser Stelle das Gejammer über vergammelte Tage im Home-Office und übergebe gleich an meine drei liebsten Texte des Jahres.

MACHTMISSBRAUCH: WIE DU NARZISSTISCHE WUTBRIEFE ERKENNST UND ENTSCHLÜSSELST

11.01.2021

Beinahe *jede*r* kennt sie: Jene Ohnmacht, die einen bei einer hässlichen E-Mail überkommt wie eine Druckwelle. Man wundert sich über die Heftigkeit der Reaktion seines Vorgesetzten und steht gleichzeitig unter Schock – schließlich hat man nur auf einen Sachverhalt hingewiesen, ein persönliches Anliegen vorgetragen oder auf sein Recht bestanden.

Das letzte Mal, als ich so eine narzisstische Wutmail bekam, triefte ihr Inhalt nur so vor falschen Anschuldigungen, Rechtfertigungen und Forderungen im Befehlston. Ich wunderte mich, wie die Absenderin darauf kam, dass *ich* mich falsch verhalten hatte. Später fand ich durch Kontakt mit anderen Mitarbeitern heraus, dass sie versuchte, mir absichtlich einen ihrer Fehler unterzujubeln. Und als ich „Dummerchen“ besagte Frau eben (zurecht) darauf hinwies, forderte sie mich lieber auf, mich im Ton zu mäßigen #tonepolicing – statt ihren Fehler zu benennen oder gar *einzugestehen*.

Es war einfach nur absurd. Ich kündigte daraufhin die Mitarbeit.

Situationen wie diese *scheinen* nicht nur aussichtslos, sie *sind* meiner Erfahrung nach auch genau das. Warum?

Das konnte ich ganz lange nicht in Worte fassen. Die Ohnmacht über meine eigene Machtlosigkeit in Arbeitsverhältnissen vernebelte kurzzeitig meine analytischen Fähigkeiten. Ich wusste meinem Bauchgefühl nach zu urteilen nur, dass etwas falsch lief. Aber was? *Das* erklärt die Autorin Petra Morsbach in ihrem Buch über Machtmissbrauch und Widerstand. Oder: *Der Elefant im Zimmer.*

„Entgleister Machthunger ist suchtartige, brachiale Selbstaufwertung auf Kosten anderer." Petra Morsbach

Doch was geht eigentlich in einem Menschen vor, der aufgrund seiner „wichtigen Position" nicht auf berechtigte Vorwürfe eingehen möchte? Wenn ein berechtigter Vorwurf Stress auslöst, bedeutet das, dass die Vertuschung – und somit der Missstand selbst – für den Selbstwert des Betroffenen elementar geworden ist. Die Psychologie spricht hier von „narzisstischer Wut". Die Raserei in Form von Mails, Briefen oder anderen Attacken schützt kurzfristig vor dem Zusammenbruch der Identität.

„Jeder, der solche Leute herausfordert, muss mit ihr rechnen", schreibt Morsbach. Das erklärt auch, warum ich nach brenzligen Gesprächen immer so ein flaues Gefühl im Magen habe. Weil ich es meist schon *vermute,* dass ich jemandem gewaltig auf den narzisstischen Schlips getreten bin. Weil ich bei Narzissten eben nicht mit Unterwerfung, Schmeichelei und Co-Abhängigkeit reagiere.

Anders als ein Schreianfall, der beim Bebrüllten realen physischen Stress auslöst und nur von geübten, resilienten Kämpfer*innen zu meistern ist, frieren Wutbriefe gewissermaßen den Affekt ein. Die gute Nachricht: „Wer sie mit kaltem Auge liest, erhält höchst wertvolles Material", so Morsbach.

Die rhetorischen Mittel des Wutbriefs sind:

- Autoritärer Stil
- Gestus der moralischen Entrüstung
- Gekränkte Unschuld (der Beschuldigte als Opfer)
- Züchtigungston (aggressiv, mit Ausrufen, Aufrufen, rhetorischen Fragen)
- Drohgebärden, ohne dass eine direkte Drohung ausgesprochen wird
- Generalisierungen
- Bezug zur Sachebene nur scheinbar vorhanden

Bingo. Auch in meinem Fall hatte die Boss eine rhetorische Frage genutzt, um die Hierarchie ein für alle Mal klarzustellen.

Sie oben, ich unten.

Im Extremfall tritt Kontrollverlust (Beschimpfungen, nachweisbare Lügen, Verleumdung) ein. Das gilt für einfache Wutbriefe, die sich nur von einer Person – also 1:1 – an eine andere richten. Wenn der Konflikt jedoch eskaliert, wird eine zweite Stufe gezündet.

- Erweiterter Verteiler (größerer Adressatenkreis bis hin zur Öffentlichkeit)

- Etablierung einer Antithese *Kritiker versus Institution,* wobei der Machtmissbraucher die eigenen Interessen mit denen der Institution gleichsetzt (praktisch!)

Stufe zwei ist also die nächste Stufe einer Machtdemonstration. Sie dient weder der Aufklärung noch der Verständigung, sondern verhindert beides vorsätzlich, in der Absicht, den Missstand aufrechtzuerhalten. Der heikle Sachverhalt wird nicht mal angedeutet, sondern in allgemeine Begriffe (Inhalt und Gestalt) aufgelöst, gerne unter der Rubrik *Diffamierungen, vernichtende Kritik* im Handstreich entwertet und im selben Atemzug zurückgewiesen.

Na, habt ihr schon das wütende Geschreibsel machtgeiler Männer vor dem geistigen Auge?

Man muss sich nur einen der vielen Fake-News-Schreie von Trump ansehen. Er legt einen Gestus der moralischen Entrüstung an den Tag (check), er schreibt in einem autoritären Stil (check), er benutzt Ausrufezeichen (check), er generalisiert (check) und in weiteren Tweets droht er auch immer wieder damit, Mainstream-Medien zu verklagen oder Dienste wie Twitter schließen zu lassen.

Donald J. Trump auf Twitter:

> *„A very big part of the Anger we see today in our society is caused by the purposely false and inaccurate reporting of the Mainstream Media that I refer to as Fake News. It has gotten so bad and hateful that it is beyond description. Mainstream Media must clean up its act, FAST!"* @realDonaldTrump, 6:18 AM – 25 Oct 2018

Dadurch, dass seine Botschaft via Twitter der ganzen Welt zugespielt wird, nutzt er Stufe zwei einer Machtdemonstration (erweiterter Verteiler).

In öffentliche Reaktionen auf Vorwürfe werden laut Morsbach auch gerne Kriegsvokabeln gepackt wie: „*Auf breiter Front, massiv, gesteigert, Attacken.*“ Der präzise Vorwurf hingegen wird rhetorisch in ein diffuses Schlachtengemälde verwandelt. Die Öffentlichkeit soll ruhig verwirrt werden.

Auch interessant: Der erweiterte Verteiler stimuliert die Solidarität gleichrangiger Funktionäre und beeindruckt die Untergeordneten sowie die kleinere oder größere Öffentlichkeit, die – wenn es nicht gerade um den Bald-Ex-Präsidenten der USA geht – nicht *genau* wissen kann, worum es geht, und es aus dem Wutbrief auch nicht erfährt. Sie wird dem Machtmissbraucher dennoch instinktiv eher zustimmen, da Hierarchien immer auch die Funktion haben, Aggressionen zu bannen, und ein Machtwort geordnete Verhältnisse suggeriert. Deshalb halten sich auch problematische Chefredakteure von österreichischen Prestige-Blättern seit Jahren an der Spitze. Ich habe selbst eine Mail von einem wichtigen Herrn in meinem Postfach, die er sicherheitshalber gleich an den gesamten Redaktionsverteiler inklusive Anwalt sandte, um mir *ja* zu zeigen, wer hier die Hosen anhat. Damit ich mich ja nicht traue, ihn öffentlich auf seine Fehler hinzuweisen. Die Mitarbeiter der Zeitung? Schweigen und halten bis heute zu ihm.

Warum ich nicht an die Öffentlichkeit gegangen bin? Tja.

„Die Worte des Kritikers haben keinen annähernden Aplomb; sie werden seltener gelesen und weniger ernst genommen." Petra Morsbach

Nach Morsbach zeigt Erfahrung, dass ein pauschaler Angriff – so nachvollziehbar er sein mag – meist erfolglos ist, denn er stellt das System infrage, in dem sich *alle* eingerichtet haben. Das menschliche Bedürfnis nach Sicherheit ist so groß, dass Menschen grundsätzliche Kritik nur schwer aufnehmen können, aus Angst, die Strukturen würden gefährdet.

Wie *traurig,* wenn ihr mich fragt. Kein Wunder, bleiben so viele Menschen frustriert in Arbeitsverhältnissen hängen, die sie längst hinter sich lassen wollten. Kein Wunder, gibt es so oft keine Solidarität am Arbeitsplatz.

Die Antithese verstärkt diesen Effekt noch. Es erfordert nämlich psychische Energie, die Fehlbarkeit einer Institution zu verarbeiten, die man *eigentlich* verehrt. Lieber verdrängt man die unbequeme Information.

TL;DR: Wer Machtmissbraucher mit Vorwürfen und heiklen Interna herausfordert, *muss* mit narzisstischen Briefen (und im schlimmsten Fall auch Anzeigen) rechnen. Wutbriefe sollen einschüchtern, beleidigen und diffamieren.

Petra Morsbach rät: „Lesen Sie den Inhalt, Wort für Wort, und Sie erkennen Feigheit und Bluff – die Attacke verbirgt nackte Argumentationsnot. Bewahren Sie diese Briefe auf wie Schuldscheine. Die Absender haben gegen geltendes Recht verstoßen, und sie wissen es."

Ich rate: Sobald sich drei oder mehr Menschen zusammentun, um Vorgesetzte herauszufordern, handelt es sich bereits um eine Gruppe, die deutlich emanzipierter auftreten kann als der Einzelne. Auch aus diesem Grund gibt es Betriebsräte und Gewerkschaften, die sich für mehr Arbeitnehmer*innenrechte einsetzen.

Sprecht miteinander! Vernetzt euch! Sucht gemeinsame Gespräche mit le boss und bleibt in euren Mails *immer* freundlich. Das könnte später relevant werden, falls ihr doch vor Gericht zieht. Und trotzdem: Der Kampf von unten nach oben ist nicht zu unterschätzen.

Es hilft zu wissen, dass Machtmissbrauch strukturell in unserer Gesellschaft – und ja, auch in unserer Demokratie – verankert ist. Wann ein Fall „durchbricht", kann im Vorhinein nicht gesagt werden: „Keiner weiß, *warum* plötzlich etwas hochkocht, das jahrzehnte-, vielleicht sogar jahrhunderte- oder jahrtausendelang hingenommen wurde."

Sicher ist nur: Ohne eine kritische Öffentlichkeit geht nichts weiter.

MEN WHO DON'T READ

25.04.2021

Ganz ehrlich, wie viele Männer kennst du, die lesen? Einen, *zwei?* Den besten Freund deiner Schwester, der zufällig Journalist ist? Deinen Bekannten David, der gerade sein Doktorat macht? Okay.

Und jetzt zähl doch bitte mal durch, wie viele von denen, die dir gerade durch den Kopf schwirrten, feministische Literatur lesen? Sagen wir, Werke von literarisch oder aktivistisch tätigen Frauen*, die sich mit Sexismus, Rassismus, Care-Arbeit, Mutterschaft, Erziehung oder politischer Revolution beschäftigen?

Ich für meinen Fall gehe auf Dates, seit ich 15 bin – und doch habe ich bisher nur zwei Männer länger getroffen, die so etwas wie eine Literatursammlung pflegten. Der eine war ein klassisches, verwöhntes Akademiker-Kind und hielt mir regelmäßig Klassiker wie Dostojewski, Sartre, Houellebecq, Habermas und Derrida ins Gesicht, um damit anzugeben. Die des anderen bestand aus neoliberalen Ratgebern wie *Rich Dad, Poor Dad* und der Nike Biografie. Wow.

Obwohl ich all das (theoretisch) schon länger weiß, ist mir der Gipfel dieser männlichen Ignoranz erst vor Kurzem wieder wie Schuppen von den Augen gefallen. Beim Spazieren knallte mir S. einen Satz entgegen, den ich so nur in einem schlechten Hollywood-Film erwartet hätte. Ich erzählte ihm gerade von einer neuen Buchidee und wollte sein ehrliches Feedback. Er sagte: „Puh, ich glaube, ich kann mit deiner Perspektive nicht wirklich relaten."

„Wie meinst du das?", antwortete ich verdutzt. Schließlich las ich selbst seit meinem zwölften Lebensjahr irgendwelche Dudes aus dem Mittelalter für den Deutschunterricht und fühlte mich noch Jahre später dazu verpflichtet, meine vermeintlichen literarischen Wissenslücken auszubessern. „Naja", sagte er. „Ich bin eben keine *Frau*. Keine Ahnung, ich kann das dann einfach nicht so gut nachvollziehen."

Bäm. Ich wurde kurz richtig wütend, atmete ein paar Mal tief ein, bevor ich doch wieder in den Dialog ging. „Wieso kannst du keine Bücher von Frauen lesen? Wir Mädchen haben doch auch unser ganzes Leben lang ständig die Perspektiven irgendwelcher alter, weißer Männer vorgesetzt bekommen." Und da lag sie auch schon, die Antwort auf dem matschbraunen Gehweg vor mir. Weil wir Frauen* es *gewohnt* sind, male only „Kanonliteratur" vorgesetzt zu bekommen.

Doch wir sind nicht mehr in der Schule. Und ich lasse dieses Argument, diese faule Ausrede von privilegierten, *weißen* Männern aus dem städtischen Großraum mit genügend Freizeit, einfach nicht mehr durchgehen.

Ich denke sofort an die vielen hübsch aufbereiteten Buch-Accounts auf Instagram. An all die Stunden, die Frauen* damit zubringen, sich über aktuelle, gesellschaftliche Themen zu informieren, die über klassische Hard-Facts-Innenpolitik hinausgehen. Wie wir uns oft noch nach Feierabend Wissen zu Ableism, Rechten von Trans-Personen oder gewaltfreier Geburt anlesen; wie wir Lesekreise gründen, um uns über neue Denkansätze eigene Gedanken zu machen; wie wir stets *so* bemüht sind, alles richtig zu lernen – oder auch mal zu *ver*lernen, während jeder x-beliebige, dahergelaufene Dude einfach erwartet, dass man ihm dieses Wissen vorgekaut und säuberlich aufbereitet wiedergibt. Damit er sich wohlfühlt, mit uns. Damit er das Gefühl hat, auch ein bisschen was für die Geschlechtergerechtigkeit getan zu haben. Sodass er „auch was dazulernen kann". Natürlich, *ohne* sich die Mühe zu machen, selbst zu lesen, selbst zu recherchieren, oder mal ein Buch von der Freundin auszuborgen.

Ich bin es *so* leid, Männern einerseits ständig das feministische 1×1 wiederzukäuen, andererseits keinerlei Bereitschaft zu erkennen, meine Literaturvorschläge auch mal an- oder ernstzunehmen. Als ob Feminismus, Elternschaft, Lohnarbeit und das Funktionieren einer heterosexuellen Paarbeziehung irgendwie meine Themengebiete alleine wären.

Statt sich wochenlang in basic Self-Help-Literature à la *The subtle art of not giving a fuck* zu verkriechen und später den Einsteiger-Kurs in EFT-Investments zu absolvieren, könnten die Herren der Schöpfung auch mal Audre Lorde, bell hooks, Rebecca Solnit, Jia Tolentino, Alice Hasters, Reyhan Sahin, Magda Albrecht, ja, von mir aus sogar Sophie Passmanns alte, weiße Männer lesen. Sie könnten *Eure Heimat ist unser Alptraum* aufschlagen oder einen Blick in andere Anthologien von nicht-*weißen* Männern werfen.

Aber sie tun es nicht, oder zumindest *noch* nicht. Weil sie damit davonkommen. Weil sie glauben, es reicht, „mal kurz davon gehört zu haben". Weil die meisten von ihnen keine Personal Brand kuratieren, die sich davon speist, besonders gut in feministischen Debatten zu performen. Weil sie ganz einfach, ... Zeit für andere Dinge haben. Die „wirklich wichtigen" Dinge, eh klar.

Sie recherchieren zur Polizei, zu Seehofer, zu Corona-Maßnahmen und zur Implementierung von EU-Recht. Jahre, nachdem es uns bewusst wurde, dass Frauen* eben die vermeintlich unwichtigeren Themen des Feuilletons beackern müssen, sind sie immer noch fleißig dabei, ihre Karrieren zu etablieren – ohne sich dabei in ihrer Rolle als, Beispiel, geschiedener Vater von drei Kindern zu suhlen.

Das Private ist immer noch weiblich, und dadurch auch die Beschäftigung damit. Und ja: Die Männer, die ich gedated habe, *haben* Zeit, zu lesen. Sie entscheiden sich nur meistens nicht für „unsere" Literatur, weil sie ihnen fremd, brutal, anstrengend vorkommt. Weil sie dann ihre eigene Perspektive von der Welt challengen müssten. Sie würden unseren Schmerz kennen und sich auch mal für eigenes Fehlverhalten in der Vergangenheit entschuldigen müssen. Kurz: Sie bekämen Verantwortung.

Die Frage ist: Was machen? Nur noch „Feministen" daten, die sich die wichtigsten Bestseller brav ins Regal gestellt haben? Erstmal ein paar Basics abchecken, bevor man den Typen ins Bett lässt? Aussortieren, anhand der *Literacy* des Gegenübers? Ich weiß nicht, wie es euch geht, aber wenn ich meine Männer danach ausgesucht hätte, was und wie viel sie lesen, hätte ich in meinem Leben keine einzige Beziehung gehabt. Und ich sage das als

Person, die sich in Großstädten wie London, Hamburg, Berlin und Wien auf Dates begeben hat.

Ich habe noch keine finale Antwort zu diesem Problem gefunden. Was ich weiß, ist, dass ich über manche Themen einfach nicht mehr mit Männern sprechen werde, solange sie nicht bereit sind, selbst Literatur zu lesen. Bis sie das tun, bleiben wir Frauen* in unseren Bubbles unter uns, rezensieren dort ähnliche Bücher für beinahe identische Communities und dürfen uns weiter wundern, warum es immer noch Typen gibt, die Pick-Up-Artists für moderne Zauberkünstler halten, und noch nie etwas von Consent-Culture gehört haben.

Schade, eigentlich.

DIE BESSERE GENERATION

01.07.2021

Die Wünsche, Ängste und Probleme der 1996+ Geborenen werden medial gesehen, akzeptiert und ja, auch im Feuilleton *respektiert* – während die Kinder der frühen Neunziger immer noch auf narzisstische Selbstdarstellung, unreflektierten Konsum, Travel-Pics, Tokio Hotel und Avocado-Toast reduziert werden.

Ich weiß gar nicht genau, *wo* anfangen – schließlich begibt man sich mit jedem Generationen-Text auf sehr, *sehr* dünnes Eis. Und doch kann ich meine Beobachtung nicht mehr länger durch Wegklicken im Keim ersticken, denn die Evidenz begegnet mir überall, wo ich lese.

Gen Z – so scheint es – ist die *bessere Generation,* auf die alle gewartet haben. Eine sensible, umweltbewusste Generation voller reflektierter Individuen, denen Millennials mit ihren peinlichen Harry-Potter-Anekdoten auf keinen Fall das Wasser reichen können.

Neidisch? Sure.

Erst letztens wieder geschehen, als eine Journalistin im *Spiegel* folgenden Vergleich zog:

> *„Millennials aus reichen Ländern posten in den sozialen Medien Impfselfies, während Staaten in Lateinamerika und Asien erneut mit schweren Ausbrüchen kämpfen."*[14]

Easy! Lass wieder die Millennials shamen, denn der legere Seitenhieb ist gesellschaftlich zumindest genauso akzeptiert wie Thomas Gottschalks Ego. Wenn man genauer hinsieht, erinnern Millennial-Witze fast ein bisschen an Blondinenwitze im fernen „Damals". Wir sind Sündenbock und Egomanen zugleich, die Menschen in Lateinamerika die Impfungen wegnehmen. Als ob die 30-Jährigen nicht auch hierzulande lange genug auf eine Impfung gewartet hätten – oder teilweise *immer* noch warten. Als ob wir persönlich an der global unfairen Verteilung der patentierten Impfstoffe schuld wären.

Wer traut sich schon, die gesunden und fröhlich-geimpften Frühpensionisten zu shamen, die ihren staatlich abgesicherten Lebensabend im Gasthaus versaufen, während die Zukunft der Gen Z – und ja, *auch* der Gen Y – den Bach runtergeht? Eben: *niemand.*

Obwohl zwischen späten Millennials (Jahrgang 1993) und älteren Zoomern (Jahrgang +-1997) nur wenige Jahre liegen, tut das Feuilleton gerne so, als ob die Forderungen nach fairen Arbeitsbedingungen, der Anerkennung psychischer Krankheiten und der Verwirklichung fernab der Karriere irgendwie ... neu wären.

Ein bisschen enttäuschend, wenn auch nicht unbedingt überraschend, wem dieser Kampfgeist jetzt zugeschrieben wird. Ist ja nicht so, als ob ich ein ganzes Buch zur Verteidigung meiner Generation geschrieben hätte, dessen Reviews – naja, sagen wir mal elegant – *gemischt* ausgefallen sind.

> *„Die Generation Z steht für Fridays for Future, für Aufbruch, für Kompromisslosigkeit. Wie gut passt das in eine Arbeitswelt, in der vor allem Ältere arbeiten und andere Konventionen gelten?"*[15] Marcel Laskus, Jetzt.de

Ja klar, man könnte jetzt entgegnen: „Aber die Klimakrise und Corona sind neu, das hat jetzt wirklich die Jüngsten besonders hart getroffen!" Stimmt – *einerseits*. Andererseits haben natürlich nicht nur die 20-Jährigen zuhause in Einsamkeit gelitten und in ihr Smartphone geweint, sondern auch die 27-, 28-Jährigen und 29-Jährigen, die Jobs verloren haben oder gar nicht erst antreten konnten. Auch diese Phase des Lebens ist „bedeutend" – zum Beispiel für serious Dating oder die Familiengründung, zu der eine gewisse Planungssicherheit im Leben dazugehört. Auch einige Spätzwanziger sind noch am Studieren, orientieren sich wirtschaftskrisenbedingt gerade neu oder müssen bei ihren Eltern einziehen, weil das Geld nicht mehr für eine Bude in der Stadt reicht.

Toll für den Selbstwert.

Statt die Bedürfnisse und vermeintlichen Charakteristika junger Menschen in beschissenen Zeiten wie diesen gegeneinander auszuspielen und einen toxischen Generationenvergleich herbeizuschreiben, könnten Journalisten auch an realpolitischen Lösungen schreiben, die *allen* jungen Bürgern etwas nützen. Ob 17, 21 oder 30 Jahre alt.

Apropos Realpolitik: Ja, auch die fünf bis zehn Jahre älteren Millennials werden die Folgen eines immer heißer werdenden Planeten direkt miterleben. OOPSI!?!

„Mehr Sein als Schein", das könnte ein Kennzeichen dieser Generation sein, sagt Martin Klaffke, Professor für Betriebswirtschaftslehre an der HTW Berlin. „Außerdem bringt die Generation Z noch andere Dinge mit: neben oftmals höheren Bildungsabschlüssen mehr Vielfalt, stärkerer Fokus auf Lebensqualität, mehr Miteinander als aggressiv die Ellenbogen rauszufahren – das sind Trends, die sich auch gesamtgesellschaftlich zeigen."[16]

Naaaja. Auf die Gefahr hin, dass ich gleich als missgünstig gelte: Vertreterinnen „meiner" Generation haben schon vor zehn Jahren über ein Leben mit Depressionen geschrieben und sich gegen unbezahlte Überstunden und Ellbogen im Erwerbsleben gewehrt. Sie mussten deswegen um ihre Jobs fürchten und konnten damit den Weg für all jene ebnen, die sich heute mit überholten Tabus auf Instagram profilieren. Und doch ist das Game für Millennials irgendwie gelaufen. Fast wie die letzte Fußball-Weltmeisterschaft für Deutschland. Kannste nix machen.

Zoomer: VOLL ARM SIE WERDEN DIE KLIMAKRISE AUSBADEN UND FINDEN KEINE FAIR BEZAHLTEN GREEN JOBS OBWOHL SIE SICH SOOO FÜR FFF EIn-SETZEN!??!

Millennials: Machen dumme Selfies, fahren Ellbogen aus, essen Avocado-Toast und sind narzisstische Mimi-Opfer.

Als Millennials *super-jung* waren (2010–2016), hat es irgendwie keinen interessiert, dass wir in vielen Branchen lediglich befristete Arbeitsverträge bekommen, sozial absteigen und psychisch erkranken. Wir waren einfach „Selbst Schuld!“. Wir hätten was Ordentliches studieren müssen und sollten uns ein dickeres Fell wachsen lassen. Wenn wir als Teenager sexuell belästigt wurden, dann hatten wir einfach zu kurze Röcke an und der Onkel, der uns immer zum Lächeln zwingen wollte, hatte doch „gar keine böse Absicht“. Don't get me wrong: Ich gönne es der „neuen“ Generation allemal, dass sie öffentlich traurig sein kann, ohne dafür ausgelacht zu werden. Dass sie sich künstlerisch so frei entfalten kann wie vielleicht keine Generation zuvor. Die Sensibilisierung färbt auf alle Generationen ab, die heute noch am Diskurs teilhaben.

Ich finde es super, dass die Gen Z vielleicht die erste Generation ist, die sich nicht mehr von den 40- bis 100-Jährigen bevormunden, unterdrücken, bemitleiden und veräppeln lässt. Aber den Grundstein dafür haben auch Autorinnen, Künstlerinnen und Promis der Vorgänger-Generation gelegt, die am eigenen Leib erfahren mussten, was es bedeutet, medial verunglimpft und herabgewürdigt zu werden. Nein, ich will kein Lob dafür. Aber verdammt nochmal auch keine Schelte. „Dass Zoomers heute derartig selbstbewusst sind, haben sie mit Sicherheit zum Teil auch uns Millennials und dem Kampfgeist, den wir kollektiv entwickelt haben, zu verdanken“, schreibt Johanna Warda auf *AmazedMag*[17] „Millennials haben innerhalb der letzten 10 Jahre mühsam gelernt, nervig und laut zu sein und Dinge einzufordern – und wir mussten deswegen viel Spott einstecken: Gutmenschen, Snowflakes, Feminazis – man kennt die Wörter.“

Klar kann eine Billie Eilish oder Chloe Moriondo jetzt tun und lassen, was sie will. Ob mit Haut zeigen oder ohne. Aber wäre das auch möglich gewesen, wenn Taylor Swift, Jahrgang 1989, nicht so offen über ihren eigenen, schweren Weg in der Musikindustrie gesprochen hätte? Wenn Lady Gaga sich nicht hätte dokumentarisch begleiten lassen? Wenn Amy Winehouse nicht gestorben wäre?

Ich erlebe es gerade selbst mit, wie meine Gen-Z-Freunde IRL, *away from keyboard* und fernab der medialen Good-Vibes struggeln. Dass Alkohol und Drogen nach wie vor existieren und genutzt werden, um sich zu betäuben. Es ist sogar *noch* normaler geworden, Pillen zu nehmen, als in den mittleren 00er-Jahren. Zumindest, wenn ihr mich fragt (oder die Doku über Lil Peep auf *Netflix* anseht). Kein Wunder, schließlich sind die Probleme der Millennials nicht über Nacht verschwunden:

- Die Angst, nicht genug zu sein
- Die Angst vor der Klimakatastrophe
- Die Angst, beruflich nicht voranzukommen
- Die Angst vor der unsicheren Zukunft
- Die Angst, die finanzielle Selbstständigkeit nicht zu stemmen und im Prekariat zu landen
- Die Angst, es sich nicht leisten zu können, eine Familie zu gründen

Oh Wunder, oh Wunder. Schließlich wurde auch der Kapitalismus nicht abgeschafft, sondern stattdessen lieber oberflächlich wieder ein bisschen ver-menschlicht. Stichwort: Akzeptanz dicker Oberschenkel und so.

Gänzlich unpopulistisch würde ich zum Abschluss gerne schreiben, dass keine der beiden „jungen Generationen" besser ist als die andere, sondern jedes Individuum auch als solches gesehen und wertgeschätzt werden sollte.

Ich kenne Zoomer, die so reich aufgewachsen sind, dass sie sich niemals darum sorgen werden, was mit ihrer Zukunft oder dem Klima ist; und Millennials, die seit Jahren in der Politik aktiv sind, um die Welt zum Besseren zu verändern.

Ich kenne 1986 geborene Menschen, die seit 10 Jahren nicht mehr fliegen, und Gen Z-ler, die gerade auf den Malediven Urlaub machen. Kein erfundenes Beispiel.

Deshalb nervt es mich umso mehr, wenn die medialen Stereotype, die sich *irgendwie, irgendwo* im deutschsprachigen Feuilleton etabliert haben, die Klassen- und Lebensunterschiede der jungen Menschen, über die sie urteilen, so gar nicht berücksichtigen. Dass meist von einem *weißen,* Second-Hand-Mode tragenden Tween in Psychotherapie ausgegangen wird, dessen Eltern studiert und „die richtigen Werte" vermittelt haben. Dass es nur *das eine Bild* eines Zoomers und nur *das eine Bild* eines Millennials geben darf. Schwarz-weiß, as usual.

Danke für nichts, Journalismus.

2020: INSTAGRAM AKTIVISMUS

Als *Meta* kürzlich erklärte, dass der Konzern bei Threads, Instagram und später auch bei Facebook politischen Inhalte die Reichweite nehmen möchte[18], musste ich zweimal schlucken. Einerseits, weil das gravierende Auswirkungen auf meinen eigenen Account und den vieler anderer Autorinnen haben könnte. Andererseits, weil ich vor vier Jahren einen Artikel mit dem Titel *Sind wir alle dafür gemacht, Insta-Aktivist*innen zu sein?* geschrieben habe, in dem ich mich beschwere, dass jetzt jede x-beliebige Influencerin auf politisch tut. Ihr wisst schon: die Sorte privilegierte Influencer, die noch vor zwei Jahren ihre gesamte Winterkollektion bei Primark gekauft haben und mich jetzt in einer Story aus ihrem Loft anschreien, ich soll gefälligst Zero Waste produzieren.

Bevor ich den Text in diesem Manuskript wieder gelesen habe, war ich also skeptisch: Werde ich inhaltlich überhaupt noch mitgehen oder mir für das Geschriebene mit der flachen Hand an den Kopf klatschen? Turns out: Ich finde es nach wie vor interessant, was ich geschrieben habe. Und auch die Fragen, die ich in dem Text stelle, sind definitiv diskussionswürdig:

- Ist jede*r auf Instagram dafür geeignet, politische Aufklärungsarbeit zu betreiben?
- Kann es ein „zu Viel“ an pseudo-journalistischer Bildungsarbeit geben?

- Wann verkommt Aktivismus zum Trend – und wer profitiert am Ende davon? Die Gesellschaft oder das sich inszenierende Individuum?

Don't get me wrong: Natürlich heiße ich es *nicht* gut, dass *Meta* ausgerechnet jetzt, wo autoritäre Bewegungen in westlichen Demokratien auf dem Vormarsch sind, politische Inhalte auf Insta einschränken will. Und doch muss ich an dieser Stelle zugeben: Ich habe oft selbst keinen Bock, nach einem anstrengenden Arbeitstag mit schwierigen Themen vollgeballert zu werden, die ich mir auch auf anderen Plattformen und Streaming-Diensten holen kann, wenn ich das möchte. So, jetzt habe ich es ausgesprochen.

Ich habe mich schon länger nach einer Plattform gesehnt, wo das Internet wieder das Internet ist, mit dem ich *großgeworden* bin. Ein Ort, an dem es um private Belanglosigkeiten und schöne Fotos geht. „Aus dem Feedback von Nutzer*innen wissen wir, dass sie weniger politische Inhalte sehen möchten. Deshalb haben wir die letzten Jahre damit verbracht, unseren Ansatz, die Anzahl der politischen Inhalte zu reduzieren, zu verfeinern", so eine *Meta*-Sprecherin zum *Tagesspiegel*.[19] Scheinbar war ich mit meinem *Feeling* nicht alleine. Aber: Aufklärungsarbeit ist nicht gleich Aufklärungsarbeit.

Ob mir Instagram ganz ohne politische Inhalte gefallen würde? Vermutlich nicht, nein. Ich denke da an meine Lieblings-Accounts, @healingfromhealing oder @the_political_compass. Ob ich auf die nächste, trockene Aufklärungs-Arbeit einer *weißen*, able-bodied Person aus dem

Seminar zu Vergleichender Politikwissenschaft verzichten kann? Wahrscheinlich. Trotzdem: Nur weil ich mit vier Studienabschlüssen auf instagram'sche Bildungsinhalte verzichten kann, heißt das nicht, dass das andere können. Ich sag nur: Medienkompetenz und Fake-News.

Wo wir schon bei Instagram, Aktivismus und Fake-News sind: Könnt ihr euch eigentlich noch an den CBD-Hype erinnern? Ihr wisst schon, diese komischen Fläschchen, die wie Nasentropfen aussehen und angeblich gegen Depressionen, Anxiety, Krebs und Magengeschwüre helfen ;)? 2020 habe ich einen gravierenden „Fehler" begangen und einen – in meinen Augen – ziemlich witzigen Text über meinen CBD-Selbstversuch onlinegestellt, der mir unfassbar viel Gegenwind aus einer gewissen Berliner Bubble bescherte. Wie könne ich nur das heilende Potential von CBD in den Dreck ziehen? Wie um Himmels Willen traue ich mich zu behaupten, dass die Wirkung nicht über den Placebo-Effekt hinausgeht? Die DMs stapelten sich. Mein Artikel ging auf Insta viral und wurde hundertfach geteilt, bis er sogar Ober-Feministin Margarete Stokowski in den Feed gespült wurde, die damals – Funfact – aktiv mit Rabattcodes für einen CBD-Shop (oder war es eine Brand?) warb. Ja, richtig gelesen. Ausgerechnet DAS feministische *Spiegel*-Aushängeschild war 2020 zur CBD-Influencerin geworden. Sie behauptete felsenfest, dass ihr das teure Mittelchen bei Migräne helfe. Ich kann mich nicht mehr hundertprozentig an die genaue Reihenfolge erinnern, aber ich weiß noch, dass sie meinen Take scheiße fand, mich in einer Non-Mention outgecallt und später blockiert hat.

Das, liebe Leute, ist Internet-Gossip, wie ihn nur echter Instagram-Aktivismus produzieren kann. Übrigens: Gut vernetzt wie ich noch aus Journo-Tagen bin, habe ich das Thema brandheiß einem Kollegen in der Böhmi-Redaktion gesteckt, die die Wirkung von CBD schließlich für eine Sendung recherchierten.[20]

Das Ergebnis? Könnt ihr euch denken.

SIND WIR ALLE DAFÜR GEMACHT, INSTA-AKTIVIST*INNEN ZU SEIN?

20.10.2020

Ich habe diesen Text seit fünf Wochen vor mir liegen und stolpere immer wieder über eine Frage: Was *ist* überhaupt Aktivismus? Reicht es, Bücher und ein paar hundert Artikel geschrieben zu haben? Oder ist man erst *dann* Aktivistin, wenn sich die innere Haltung in Form von sichtbaren, konkreten politischen Handlungen manifestiert?

Die Debatte darüber, wie aktivistisch Journalist*innen sein müssen, ist seit dem offenen Brief von Sara Schurmann[21] in aller Munde. Wie laut muss jede*r von uns schreien, um die Welt zu einem besseren Ort zu machen? Oder, groschenphilosophisch gefragt: Muss das überhaupt wirklich *jede*r? Zu jedem* Preis?

Ich persönlich bezeichne mich bewusst nicht als Aktivistin oder Sinnfluencerin. Warum sollte ich auch? Schließlich rufe ich nicht zum Wählen auf, nehme niemanden „mit in den Bundestag", konsumiere weiterhin fleißig tierische Produkte, engagiere mich nicht in der Nachbarschaft und gehe selten auf Demos. Aber um mich (oder den Journalismus) soll es in diesem Text heute eigentlich auch gar nicht weiter gehen. Vielmehr möchte ich einen genauen Blick auf jene generalisierten Forderungen werfen, die inzwischen von jeder zweiten Frauenzeitschrift prangen: „Sei grün! Mach mit! Hilf mit! Spende! Unterschreibe hier und da und zeig es deinen Freund*innen."

Auch auf Instagram – der Plattform, auf die man einst vor Twitter flüchtete – gibt es inzwischen hunderttausende Accounts, die mit ihren Social Cards aktivistisch-motivierte „Aufklärung“ betreiben. Ich schreibe „Aufklärung“, weil ich die vielen Accounts, die das Feminismus- oder Nachhaltigkeits-1×1 in Endlosschleife reproduzieren, nicht mehr zählen kann. Wie oft ich inzwischen schon entabonniert habe, weil mir jemand auf passiv aggressive Weise erklären wollte, was *Slutshaming* ist. Oder *Klassismus*. Oder *Narzissmus*. Oder die EU.

Don't get me wrong: Ich möchte niemanden dafür shamen, noch nicht „weiter“ zu sein und deshalb erstmal Basics aufzuarbeiten. Und trotzdem frage ich mich beim Scrollen:

- Ist jede*r auf Instagram dafür geeignet, politische Aufklärungsarbeit zu betreiben?
- Kann es ein „zu Viel“ an pseudo-journalistischer Bildungsarbeit geben?
- Wann verkommt Aktivismus zum Trend – und wer profitiert am Ende davon? Die Gesellschaft oder das sich inszenierende Individuum?

Ein Think-Piece über die Grundprobleme des Instagram-Erklärbär-Aktivismus, die sich mir in unzähligen Stunden vor dem Bildschirm gestellt haben – wie immer *ohne* Anspruch auf Vollständigkeit.

1. Die (oftmals) fehlende Kompetenz

Witzigerweise schreien alle Fake News, wenn es um Rechte geht – selbst prüfen ihre Quellen aber die Wenigsten. Vermutlich klinge ich jetzt wahnsinnig elitär, wenn ich sage, dass ich mich bei meinen Sources doch lieber auf Wissenschaftler*innen oder Fachexpert*innen verlasse als auf Vollzeitmütter mit Canva-Access.

Warum? Lest folgendes Zitat auf *Reddit*, das das Problem zusammenfasst.

> *„For people that ‚research' stuff on youtube*
> *Please stop saying you ‚researched' it, You didn't research anything and its highly probable that you dont even know how to do so. Did you compile a literature review and write abstracts on each article? Or better yet, did you collect a random sample of sources and perform independent probability statistics on the reported results? No? Did you at least take each article, one by one and look into the source (that would be the author, publisher and funder), then critique the writing for logical fallacies, cognitive distortions and plain inaccuracies. Did you ask yourself why this source might publish these particular results? Did you follow the trail of references and apply the same source of scrutiny to them?*
> *No? Then you didnt fucking research anything.*
> *You read or watched a video, most likely with little to no objectivity. You came across something in your algorithm manipulated feed, something that lived with your implicit biases and served your confirmation bias, and*

subconsciously applied your emotional filters and called it proof. Scary.“ Posted by u/KapJ1coH 5 months ago

Jede*r mit einem Smartphone in der Hosentasche kann sich heute Abend hinsetzen und um Mitternacht von sich behaupten, etwas „recherchiert“ zu haben. Worin das im Worst-Case führt, hat Journalistin Anne Dittmann unlängst in ihrem Artikel *Rechte Ideologie auf Instagram: Sie treffen Mütter da, wo es ihnen weh tut*[22] festgehalten. Dort beschreibt sie, wie große Mütter-Accounts misogyne und rechte Inhalte ungeprüft mit ihrer Community teilen, die wiederum von anderen Müttern weitergeteilt werden. Ein Schneeballeffekt, wie er auch in jeder anderen Insta-Community auftreten kann. Die falsch informierten User? Überprüfen die Fakten natürlich nicht, weil sie sich ja von ihren Lieblings-Influencern gut informiert fühlen.

Wenn Laien, AKA aktivistisch ambitionierte Influencer, die ein Thema gerade erst für sich entdecken, seriöse Quellen zitieren und diese auf ihren Profilen aufarbeiten: fair enough. Aber halbgare „So rettest DU jetzt XY“-Beiträge stoßen bei mir inzwischen nur noch auf *Resistenz*. Auch, weil ich vielen Accounts ihre Kompetenz nicht abnehme. Entweder, weil ich sie nicht herauslesen, nachvollziehen oder heraushören kann. Oder weil ich mich von den „aufgearbeiteten“ Social Cards *veräppelt* fühle. Here we go again, Basics-Spreading.

Wie kann mir eine Person, die selbst gerade erst mit der „Recherche“ anfängt und ihr erstes Buch zum Thema liest, irgendetwas befehlen?

Btw: Der Trend-Barometer eines Themas lässt sich ganz gut an den Ressorts ablesen, die das Jugendmedium *ze.tt* auflistet. Vor zwei Jahren gab es die Kategorien *Nachhaltigkeit* und *Black Lives Matter* jedenfalls noch nicht. *Hust.*

2. Die Präpotenz[23]

Ich habe großen Respekt vor Menschen, die sich – wie man so schön sagt – politisch engagieren und nach Karl Popper eine Abneigung gegen jede Haltung des passiven Hinnehmens kultivieren. Aber privilegierte Influencer, die noch vor zwei Jahren ihre gesamte Winterkollektion bei Primark gekauft haben und mich jetzt in einer Story aus ihrem Loft anschreien, ich soll gefälligst Zero Waste produzieren? I don't know.

Ist das schon Aktivismus, oder ist das einfach nur … Präpotenz?

Oftmals scheint es so, als ob der Aktivismus nicht wegen des Aktivismus als solchem gelebt wird, sondern weil es sich jetzt schickt, politisch zu tun (man denke einfach an ein paar Größen der Branche, …). Geld verdienen mit Modedesign, aber dann in der Freizeit einen auf „buy less" tun – wir haben dem Spätkapitalismus viele Dilemmata wie dieses zu verdanken.

Lifestyle-Aktivismus ist Content, der sich gut auf Magazine drucken lässt. Er ist keine Widerstandsgeste, weil er noch immer sauber, inhaltlich oberflächlich und außen schön verpackt ist. Eco-friendly und mit einem Lächeln. Manchmal auch mit böse erhobenem Zeigefinger, weil sich inzwischen auch nicht mehr lächelnde Frauen, die schön aussehen, verkaufen lassen.

Wie viel ist Show, wie viel ist Inszenierung? Ich werde es nie erfahren, sofern ich nicht als Personal Assistent anfange und einen Blick hinter die Kulissen werfe.

Ein weiteres Präpotenz-Problem vieler *weißer* Influencer ist, dass sie Themen von marginalisierten Personen klauen und diese als ihre eigenen ausgeben. Ohne Credits, sei dazu gesagt. Sie eignen sich das Wissen an, das sie in Subcommunities entdeckt haben, und geben es in white-washed Form an ihre eigene Community weiter. Fame und Likes inklusive.

Tja. Inzwischen haben wir Herbst und ich warte schon sehnsüchtig auf den Anti-Rassismus 2.0 von Elisabeth und Mona. Ob er wohl kommen wird?

3. Der Glaube, zeitliche und mentale Ressourcen = unbegrenzt

Es gibt immer einen Awareness-Day – im Journalismus auch „Jahrestagsjournalismus" genannt – den man zum Spreaden seiner Message nutzen kann. Fragt sich nur, wer all die halbgaren Posts zu Bisexualität, Polyamorie-Acceptance, Mental-Health-Awareness und Earth-Overshoot-Day am Ende lesen soll.

Funfact: Ich bin's nicht.

Wir könnten jetzt natürlich argumentieren, dass es wichtig sei, diese Informationen so lange zu wiederholen, bis es auch „die Letzten" checken. Nur bin ich leider der Ansicht, dass wir uns in unseren privilegierten Safe-Spaces und Insta-Bubbles vorwiegend um uns selbst drehen und mit der wiedergekäuten Meinung der anderen im Nacken nicht gar so viel „zum Nachdenken anregen“ wie wir glauben. Beispiel: Marie-Luise, die fleißig gegen rechts postet, aber beim Abendessen mit Opa Wilhelm brav die Fresse hält, wenn dieser Nazireden schwingt.

Zudem gibt es auch Menschen, die sind krank, ausgebrannt, alleinerziehend, haben mehrere Kinder und/oder kümmern sich um pflegebedürftige Angehörige. Wenn das Geld nicht reicht, um eine ordentliche Mahlzeit auf den Tisch zu stellen, wie soll die verbleibende Energie dann in – Beispiel – Aufklärungsarbeit über die Identitäre Bewegung gesteckt werden?

Es hat nicht jeder die zeitlichen Ressourcen, sich weiterzubilden, eine „Message“ zu spreaden oder sich politisch zu engagieren. Auch hier wären wir wieder bei der Frage, was Aktivismus in seinen Grundfesten ausmacht. Ist die Person, die einen schwer kranken Menschen pflegt, nicht auch aktivistisch, weil sie sich um von der Gesellschaft nicht beachtete Menschen kümmert und ihnen minimale Teilhabe ermöglicht?

Die ständige Forderung nach einer Auseinandersetzung mit dem „Zustand der Welt“ ist eine privilegierte. Sie geht davon aus, dass jede*r dafür Kraft, Zeit, Energie und noch nicht aufgebrauchte Sitzungen bei der*dem Therapeut*in hat und richtet sich oftmals an diejenigen, die sich ohnehin schon schlecht fühlen. Und nicht an Machthabende, die den Forderungssteller*innen ohnehin nie folgen würden (*#nonmention*). Sie lässt auch außen vor, dass es Menschen gibt, die aufgrund ihrer Persönlichkeit oder ihrer mentalen Verfassung nicht Aktivist*innen sein *können* oder *wollen*. Trotzdem werden diese Menschen nicht von Forderungen wie „Schweigst du, bist du Mittäter*in“ ausgenommen. Denn: Bist du nicht politisch engagiert, bist du sicherlich … rechts. Oder einfach nur … faul. Dass aktivistische Arbeit tatsächlich nicht selten in einem Burn-Out endet und eine konsistente Selbstfürsorge in vielen Fällen ausschließt, habe ich in meinem eigenen Umfeld beobachten können. Auch mir ging es nie schlechter, als in Zeiten, in denen ich mich täglich für andere aufgerieben und über Missstände berichtet habe. Halt, stop! Fordere ich jetzt etwa einen unpolitischen Freifahrtschein zum Nichtstun? Nein. Ich plädiere lediglich dafür, dass sich jede*r seinen Ressourcen entsprechend so engagieren sollte, wie er*sie das möchte. Wer jeden Tag auf die Zwölf hauen mag? Gerne. Wem die eigene Gesundheit im Spätkapitalismus wichtiger ist, sollte dafür nicht geshamed werden.

Because if you don't have mental health, you literally got nothing.

4. Impact des „More of the same“-Onlinegedöns

Jetzt, wo plötzlich jede*r angefangen hat, seine Meinung für sich zu entdecken, mangelt es Instagram wahrlich nicht mehr an provokanten Statements, verkürzten Aussagen und Information-Overload. Das liegt natürlich auch daran, dass der Druck der Öffentlichkeit auf Prominente jeden Kalibers größer geworden ist. Wer heute keine politische Meinung zeigt, ist schnell abgehängt. Führt halt dazu, dass wir uns dann auch die Meinung von Sophia Thomalla, Frauke Ludowig, Cathy Hummels und wie sie nicht alle heißen reinziehen müssen. Oft habe ich mich gefragt, was mich *konkret* an Instagram abturnt. Turns out: Ich lerne intellektuell nur wenig dazu, werde aber ständig daran erinnert, dass ich etwas lernen sollte. Wie schon in Punkt eins erwähnt, lerne ich langfristig durch Fach- oder Sachbücher. Nicht durch verkürzte Social-Cards von Marie-Luise, die sich einen Nachmittag hinsetzt und Zitate rausschreibt. So wie Marie-Luise machen das auch alle ihre Kommilitoninnen und klopfen sich dann am Ende des Tages auf die Schulter, weil sie ja jetzt „Aktivismus und Education“ auf Instagram betreiben.

Jia Tolentino schreibt in *Trick Mirror*: „Die Annahme, dass Sprache eine Wirkung hat, dass sie so etwas ist wie eine Handlung; die Annahme, dass es gut oder hilfreich oder sogar ideal ist, ständig aufzuschreiben, was man denkt, ist nicht verifiziert.“

Ich gehe inzwischen auf Instagram, um mich zu entspannen und Bilder von schönen Wohnungen anzusehen. That irony …

Fazit

Ich will nicht leugnen, dass das Internet Menschen vernetzt, aber manchmal zweifle ich an der Transferleistung von Online-Aktivismus ins echte Leben. Die Diskussion um Offline- vs. Online-Aktivismus hat einen Bart, deshalb kurz: Klar kann ein erstes Online-Interesse auch dazu führen, dass Ideen offline umgesetzt werden. Dennoch: Parteien, Vereine und Initiativen fragen seit Jahren, wo die Jungen bleiben und suchen händeringend nach Nachwuchs.

Das DJI-Survey *Aufwachsen in Deutschland* hat 2018 dazu ergeben, dass Jugendliche für ihr politisches Engagement auf „punktuelle, themenspezifische oder andere informelle Aktionen außerhalb von Parteien ausweichen", die eher „expressiv und protestorientiert" sind und auch im Internet stattfinden können.

Tja, da hätten wir also eine Begründung: Pics or it didn't happen. Dabei kann Aktivismus so viel mehr sein als ein Insta- oder Twitter-Feed. Es ist der Kommentar auf Arbeit. Das Aufmucken im Bus. Das Pflegen von Angehörigen. Die Erziehung von Kindern.

Ich bleib dabei: Statt den nächsten „Ich erklärbäre dir die Welt"-Account aufzumachen – *der im Übrigen auch gerne mal 20 bis 50 Stunden pro Woche in Anspruch nehmen kann* – könnte eins auch einen Stammtisch initiieren, Gewerkschaftsarbeit betreiben, ein Passion Project starten, einen Nähkurs belegen, in die Politik gehen, Oma besuchen und sich den 08/15 Educational-Bullshit online sparen. Ihn den Profis überlassen. Oder selbst einer werden.

Viel Erfolg beim neuen Job!

KATJA KRASAVICES *BITCH BIBEL* ENTHÄLT MEHR EMPOWERMENT ALS JEDES 08/15-FEMINISMUS-GLOSSAR

26.10.2020

Denke ich an Katja Krasavice, schießen mir die unterschiedlichsten Bilder in den Kopf. Wie sie zum Beispiel in Overknees im Tiroler Schnee tanzt oder einem alten Mann die Glatze leckt. Ich denke an ihre markante Prä-OP-Nase, die zierliche Figur und großen Lippen. Ich denke an *Bravo*-Cover, Jugendzimmer-Masturbation und Paris Hilton meets Kader Loth. An ihre starren, blauen Augen in einem operierten Gesicht, an meine Vorstellung von Ästhetik und die Definition von Empowerment. Woran ich bis vor Kurzem *nicht* gedacht habe, wenn der Name Krasavice fiel: Intellekt, Warmherzigkeit und Sensibilität. Wenn ich ehrlich bin, habe ich *überhaupt* nicht viel über die 23-Jährige Youtuberin nachgedacht, weil ich a) kaum YouTube schaue b) ein spießiger Millennial bin und c) ... einfach keine allzu große Freude beim Sex-Talk anderer Menschen empfinde. Eher durch Zufall als durch wahrhaftiges Interesse wurde ich diesen Herbst schließlich doch neugierig auf Katjas Tracks. Glücklicherweise verklickte ich mich und blieb bei dem kostenlos auf Apple Music verfügbarem Audiobook zu *Bitch Bibel* hängen. Ich drehte ohne Erwartungen auf und verliebte mich schon in den ersten drei Kapiteln in Katjas *Realness*.

Außen fake, innen real

Gleich zu Beginn macht Katja klar, warum sie dieses Buch gemacht hat. Sie wollte ihr bisheriges Leben nacherzählen und endlich mit all den Missverständnissen und Lügen aufräumen, die seit einem knappen Jahrzehnt im Umlauf sind. Es braucht schon eine Karriere wie Katjas, um *überhaupt* in so eine Situation zu kommen, aber wie das Schicksal es wollte, konnten weder Fans noch Hater je genug von ihrer Persona bekommen.

Während Katja in den ersten Kapiteln über ihre Heimat Teplice spricht, kann ich die Plattenbauten vor mir sehen. In meiner Vorstellung von CZ ist es immer kalt. Der Wind zieht durch die Siedlungen, wo die Daunenjacken nicht über die Hintern ihrer Trägerinnen reichen. Durch das detaillierte, packende Storytelling werde ich in das Tschechien der späten 90er entführt, in das Leben von Katjas Mama und ihren älteren Brüdern.

Ich nehme meine Umgebung kaum noch wahr, so angefixt bin ich von Katjas Interpretation ihrer eigenen Worte. Ich möchte immer mehr, immer *schneller* zum Kern ihrer Persönlichkeit vordringen. Mir Details erhaschen, die sonst nur engen Vertrauten zustehen, aber durch diese heikle Publikation eben doch irgendwo: *allen*.

Meine Gedanken rasen zwischen Ehrfurcht, Ekel und Voyeurismus. Ich kann mich nicht erinnern, *wann* ein Promi das letzte Mal so heftig ausgepackt hat – ohne dass die Aktion einen traurigen PR-Anschein machte und einzig dem Zweck diente, wieder Cash zu machen. Siehe Nadja Abd El Farrag oder Stefan Effenberg & Co.

Also nicht, dass ich diesen Schund gelesen hätte. Ich sag's nur.

Aber zurück zu Mrs. Schönheit. Ja, *Krasavice* heißt auf Tschechisch und übrigens auch auf Slowakisch *Schönheit*. Ich selbst habe in meinen frühen Facebook-Tagen ein paar Visuals mit dem Schriftzug hochgeladen, weil ich ihn sprachlich einfach gut fand. Dass mit Katja endlich eine Deutsche mit tschechischen Wurzeln in der Öffentlichkeit steht, um diesem Kosenamen alle Ehre zu machen, finde ich aus persönlicher Betroffenheit natürlich gut.

Es gab nur wenige Stellen im Buch, bei denen ich Katja inhaltlich widersprechen wollte.

Katjas Meinung ist eben ihre Meinung und die lasse ich ihr. Und wenn sie heute nur auf reiche Dudes mit Pferdeschwanz steht, dann ist das ihr gutes Recht. Sie hatte ihren fair amount of sloppy douchebags, mit denen sie nur schlief, um sich ihres Selbstwerts zu versichern. *Next.*

Wer sich jetzt fragt, was eine verschlossene Jankovska von einer exzentrischen Krasavice lernt, dem kann ich einige Antworten geben. Denn Katja verlangt in keinster Weise, dass ihre Fans genauso werden wie sie. Katja ist ungemein reflektiert und ist sich zu jedem Zeitpunkt über ihre Außenwirkung bewusst. Ja, sie *zelebriert* diese surreale Aufmerksamkeit sogar.

Katja weiß nicht nur, dass sie von anderen sexualisiert wird – sie sexualisiert sich bewusst *selbst* und macht mit ihrer Vorliebe schonungslos Cash. Sie weiß, was bedeutungsloser Sex ist – und nimmt ihn sich dann, wenn sie in *trotzdem* will. Sie hat am eigenen Leib erfahren, was Hass anrichten kann, und versucht anderen Frauen deshalb so wenig Schaden wie möglich zuzufügen. Und wenn sie einen Fehler macht, versucht sie diesen nicht zu verstecken, sondern widmet ihm ein ganzes Kapitel. Das heißt dann *Eine Bitch schämt sich für nichts!*, *Niemand stirbt keusch, das Leben fickt uns alle!* oder *Wie der Wille zum Erfolg mein Leben veränderte*.

Als Leserin erfahre ich alles und mehr, als ich mich je zu fragen getraut hätte. Ich weiß jetzt, wie Katjas erste sexuelle Erfahrung abgelaufen ist (und musste danach erstmal kurz ... durchatmen); ich war quasi „live mit dabei", als ihre Brüder starben und ich konnte sehr gut nachvollziehen, wie sie sich die erste Woche im Krankenhaus quälte, als ihre Nase zum zweiten Mal operiert wurde. Mandel-OP sei Dank weiß ich nämlich, wie es ist, vor Schmerzen nicht schlafen zu können und die ganze Zeit psychisch am Rande des Wahnsinns zu „leben".

Apropos Psyche: Katja macht kein Hehl aus ihren Macken. Sie reflektiert klar und nachvollziehbar, dass sie früher von einer Beziehung in die nächste hüpfte, weil sie nicht allein sein konnte. Sie spricht über die größte Enttäuschung ihres Lebens – den aussortierten Vater –, der junge Mädchen sexuell belästigte und deshalb nie als Vorbild fungierte. Sie spricht über Monogamie, über Selbsthass, über das Kardashian'sche Privileg optischen Tunings und Eitelkeit.

Aber das vielleicht Coolste ist Katjas Disziplin.
Du kannst nicht singen? Mit Gesangsunterricht wird das schon! *Du kannst keine Lyrics schreiben?* Geht schon, beleg' einen Workshop. Du weißt nicht, was gerade hinter deinem Rücken mit deinen Einnahmen passiert? Hol dir deine Vollmachten zurück und sei deine eigene Boss Bitch.

Katja wurde nichts geschenkt – und sie hat auch nicht vor, ihr Geld an schlechte „Manager", falsche Freund*innen oder lahme Kiffer zu verschwenden. Stattdessen hat sie sich schon mit 23 damit abgefunden, dass Fame nicht für immer hält – und eine GmbH gegründet (!). Sie weiß, womit sie klarkommt, womit nicht und hat es mit diesem Buch tatsächlich geschafft, mich zu motivieren. Mich dazu zu animieren, wieder mehr an meine eigenen Fähigkeiten zu glauben.

Kritiker*innen finden es vermutlich paradox, wie eine derart künstliche Figur anderen Frauen ein Vorbild sein kann. Aber das ist gerade das Schöne am Feminismus 4.0 (oder wo auch immer wir gerade stehen): Du kannst so sein, wie *du* willst, und deine Freundin kann sein, wie *sie* will.

Katja kann lange Nägel tragen, ich kann Buzzcut tragen. Katja kann sich „50 Kilo Make-Up in die Fresse schmieren" (wie sie selbst sagt), ich kann mein Make-Up wegschmeißen.

Katja betont immer wieder, dass es darum geht, sich selbst zu lieben. Warum mich dieser Spruch bei Katja, anders als so oft, nicht *anwidert?* Weil ich Katjas echte Geschichte kenne. Weil sie nichts *ausgelassen*, nichts *weg-*

gelassen hat, um zu beschönigen. Weil sie sprichwörtlich den fucking Minirock runtergezogen und allen ihre Vulva und – nur mal so nebenbei – auch ihre wunderschöne Persönlichkeit gezeigt hat.

Spätestens mit diesem Buch hat Katja ihre Würde zurückerlangt und sogar im Mainstream Platz gefunden. Sie hat hunderttausende von Menschen mit ihren Worten zum Weinen gebracht, ohne irgendwas von „Du schaffst das schon"-Bullshit zu labern. Sie hat sich aus prekären Umständen mit eigener Kraft hochgefickt, sich nach jedem Fall mit offener Kniewunde neu aufgerichtet und den Mund abgewischt. Sie hat all ihre Ängste, Sorgen, Fehler, Siegeszüge, E-Mails an die großen Tech-Player im Silicon Valley in dieses Buch gepackt und einfach drauf geschissen, was die anderen sagen werden. *Trotz der Angst. Trotz der Missgunst. Trotz der Verluste.*

Ein Grund, warum das Buch so gut funktioniert, ist, dass es nicht aus dem Grund (gemeinsam mit Katjas Ghostwriterin Johanna Völkel) geschrieben wurde, sich gut zu *verkaufen*. Sondern, weil es Katja ein Anliegen war, über all den Missbrauch, den Hass und die Torturen einer Internet-Karriere 3.0 zu sprechen. Es ist so geschrieben, wie Katja spricht, und kommt ohne nervigem Akademiker-Jargon und Zitaten anderer aus. Es ist *raw*, es ist echt, es kommt nicht wie viele Feminismus 1×1-Bücher von „oben-herab", sondern im Gegenteil: Von ganz unten, aus Tschechien und Ostdeutschlands Peripherien, wo Väter in Garagen trinken und kleine Mädchen missbrauchen und Mütter um ihre drogenabhängigen Söhne weinen.

Ich bin sicher, dass wir noch viel von Katja hören werden – *wenn* sie das will. Wer weiß: Vielleicht macht sie noch ein paar Millionen und zieht sich dann mit 28 zurück, um Hausfrau und Mutter zu werden. Voraussetzung, wie sie selbst sagt, ist dazu ein Mann auf Augenhöhe. Einer, der sie wie eine Prinzessin behandelt, und trotzdem frei wie eine Bitch sein lässt.

Fazit: Wer Katja Krasavice nach dieser Selbstoffenbarung immer noch nicht mag, hat einfach kein Herz. Fünf von fünf Krönchen. *I stan.*

CBD IST ELITÄR & SCHMECKT NACH TOTEM HAMSTER

27.11.2020

Endlich mal wieder ein Artikel, auf den das Internet gewartet hat. Schon mal der Disclaimer für alle vorab, die sich gleich persönlich angesprochen fühlen könnten: Das hier ist ein subjektiver, meinungslastiger Rant über die *fancy-word-lastige* Vermarktung von CBD-Öl. Schrille Vergleiche und hartes Wording gehören dazu. Eine investigative Recherche zu der Wirksamkeit von CBD-Öl *nicht*.

Das erste Mal von CBD gehört habe ich vor ein paar Jahren durch den Insta Post einer Bekannten aus Wien, die ich grundsätzlich eher mit einem nachhaltigen Koksproblem als mit einer achtsamen Lebensweise verbinde. Sie stand in kecker Pose halbnackt vor dem Spiegel und machte ein Selfie, darunter schrieb sie irgendetwas von der beruhigenden Wirkung der Cannabidiole auf ihre Psyche und dass man sich dafür das Zeug mehrmals täglich unter die Zunge tropfen solle. Ganz wichtig auch der Hinweis: *ALLES TOTAL LEGAL*. Damit auch niemand von ihren zigtausend Followern auf die Idee käme, sie nehme *echte, böse* Drogen.

„*HM*", dachte ich mir. „*Wenn's bloß wirklich so einfach wär, Lisi.*" Ich traute dem neuen Heilsbringer gegen Anxiety, Depressionen und Schlafstörungen nicht so ganz. Dafür war mir das Zeug eindeutig zu *gehyped*. Nach und nach gesellten sich immer mehr Neo-Nachhaltigkeits-

Girls aus zentral gelegenen Altbauwohnungen mit ihren Posts dazu. Sie posteten, als ob das Zeug verloren gegangene Gehirnzellen und Falco gleich mit zurück aus dem Grab bringen würde.

Naja. Aber darüber ranten, *ohne* es selbst ausprobiert zu haben? Ging irgendwie auch nicht. Also bestellte ich mir meinen eigenen *Stuff*. So richtig offiziell. Ohne Dealer. Im Internet. Nicht im Darkweb, sondern in einem userfreundlichen Interface. Ich hatte nicht mal Angst, meinen vollen Namen plus Adresse anzugeben.

Und siehe da, die Legalität hatte ihren Preis.

Das 10 ml Bio CBD Öl kostet auf der von mir aufgesuchten Seite saure 59 Euro; wer 30 ml haben möchte, blecht gleich 149 (!!!) Euro. Dafür kaufe ich ansonsten einen Monat lang Lebensmittel. Nicht gerade ein probates Mittel für die ökonomisch Schwächeren, aber sei's drum. Berghain-Brigitte und Koks-Karin werden es sich schon leisten können, jetzt, wo sie endlich Senior Social Media Manager bei diesem tollen neuen Start-Up geworden sind und auf ihre Mental-Health achten!!111 Der Pöbel? Soll eben weiterhin Weed rauchen und sich seine Lungenkapazität versauen.

Aber noch kurz zu den Inhaltsstoffen des tollen CBD-Oils: Die Basis bildet der „full spectrum-Extrakt" der Hanfpflanzen – was auch immer das sein soll. Klingt fancy und reicht sicher erstmal fürs erste Marketing. Durch ein „innovatives Verfahren", so steht es auf der Website, „extrahieren wir die Inhaltsstoffe besonders schonend, wodurch sie in der maximal bioverfügbaren Form erhalten bleiben."

Sind wir schon beim Homöopathie-Regal angekommen, oder klingt's nur so? Ich muss sofort an Böhmermanns letzten Aufdecker-Coup denken und den vielzitierten Satz: „Wirkt nicht über den Placebo-Effekt hinaus."

Ah, jetzt lese ich weiter!

„Das Öl enthält das volle Cannabinoid-Spektrum, auch full spectrum genannt. Somit erzielen wir den Entourage-Effekt." Das heißt einfach erklärt: „Das Ganze ist mehr als die Summe seiner Teile." Entourage-Effekt, also. *Aha*. Mehr als „die Summe seiner Teile". Auch wieder große Worte für etwas, das beim ersten Eintröpfeln in meinem Mund nach totem Hamster schmeckt. Auch die Einnahme erinnert mich an Globuli. Zuerst schütteln und dann 10 Tropfen ganz laaaangsam auf die Unterseite der Zunge tröpfeln lassen. *Brr!*

Dann doch lieber ordentlich einen am Fenster durchziehen, als diesen Scheiß 3 × täglich über sich ergehen zu lassen. Der, *Funfact,* erst nach 30 Tagen seine volle Wirkung entfaltet. Angeblich. Ratet mal, wie lange so eine 10 ml Flasche hält? Richtig, 25 Portionen. Also weniger als einen Monat. Was steht nun im Vordergrund? Das Wohlbefinden oder der Geldbeutel der Proband*innen?

Achso. Was *genau* soll das Ganze eigentlich laut Website der CBD-Brand bringen? „CBD aktiviert das körpereigene Endocannabinoid-System. Kund*innen berichten von einem entspannteren Nervenkleid und einem gesteigerten Wohlbefinden. So fällt das Abschalten nach einem langen Tag gleich viel leichter!"

Zeig mir dein Nervenkleid, und ich sag dir, wer du bist. Oder auf Deutsch: Das CBD-Öl dockt angeblich irgendwo an den körpereigenen Cannabinoid-Rezeptoren an – genauso wie THC auch. Nur, dass man von THC im Gegensatz zu CBD auch sofort etwas spürt. Ich möchte hier wirklich niemandem zu nahe treten und auch keine persönlichen Heilsgeschichten per DM zugesandt bekommen. Wenn's jemandem hilft – *fein*.

Was mich jedoch *persönlich* so triggert, ist der hohe Preis der Ware für einen – zumindest meiner Erfahrung nach – *nicht* spürbaren Effekt. Ich zahl doch nicht eine horrende Summe für etwas, das dezidiert *nicht* psychoaktiv wirkt LOL? Ich habe in der Zeit, als ich CBD probiert habe, schon seit Monaten nicht mehr gekifft, und trotzdem *absolut* nichts gespürt. Auch Gütesiegel helfen nichts, wenn sie lediglich für „höchste phytomedizinale Qualität" stehen. Denn phytomedizinal heißt nichts weiter als: Wissenschaft von kranken Pflanzen und Pflanzenkrankheiten. Psychiater Kurosch Yazdi, Leiter der Suchtabteilung am Kepler Uni-Klinikum Linz, erklärt auf *ZEIT Online*[24], warum: „Die etwa in Hanfshops erhältlichen CBD-Produkte seien fast immer so niedrig dosiert, dass sie keine Wirkung hätten." Und er sagt weiter: „Die angedichteten Wirkungen sind reine Geschäftemacherei." Dass CBD-Konsumenten von Schmerzlinderung berichten, ist Yazdi zufolge „ziemlich sicher mit dem Placebo-Effekt" zu erklären.

„Die Menschen sehnen sich eben nach einem Wundermittel, das keine Nebenwirkungen hat." Kurosch Yazdi

Auch ich habe das Thema kurz anrecherchiert, aber bis dato *keine einzige* Studie finden können, die seriös, wissenschaftlich unabhängig und fundiert nachweist, dass CBD gegen Angststörungen hilft. Dafür bin ich sogar über Berichte gestolpert, in denen Menschen behaupten, CBD helfe gegen Krebs. Tatsächlich als Arznei zugelassen ist CBD lediglich für die Therapie von zwei schweren und seltenen Epilepsie-Formen bei Kindern.

CBD spielt ähnlich wie homöopathische Mittelchen mit der Angst und Gutgläubigkeit der Menschen. Illegale Drogen werden seit Jahrzehnten automatisch als böse gelabeled, aber das legale Cannabidiol? Das ist so gut und so rein und *sooo* harmlos, man darf es sogar seinen Tieren geben!

Auch Pferdebesitzer*innen berichten von positiven Erfahrungen.

Wie auch *immer* sie das Nervenkostüm ihrer Pferde messen konnten. Immerhin: ganz unten auf der Website ein kleines Eingeständnis: „Nahrungsergänzungsmittel dienen nicht als Ersatz für eine ausgewogene und abwechslungsreiche Ernährung."

Ich *bleib* dabei: CBD-Fetischist*innen scheinen eine für mich andere Sprache zu sprechen. Sie huldigen dem neuen legalen Mittelchen, als sei es mehr als ein ranziger Heuballen, der einem im Hals stecken bleibt.

CBD-Öl? Ich sag: *Ciao.*

In dem Sinne, blaze it 420.

Nachtrag, 30.11.2020

Aufgrund der vielen Nachfragen habe ich noch ein wenig weiterrecherchiert und bleibe bei meiner Vermutung: In der Form, in der CBD-Öl momentan im Handel zu kaufen ist, stellt CBD vermutlich nicht mehr als ein teures Lifestyle-Produkt dar. Es stimmt zwar, dass es jede Menge Hinweise darauf gibt, dass CBD tatsächlich über pharmakologisches Potenzial verfügt. Für die allermeisten Indikationen ist die Studienlage jedoch dünn, die Forschung steckt quasi noch in den Kinderschuhen.

Zudem weisen die meisten handelsüblichen CBD-Öle gegen Stress oder Schlaflosigkeit in aller Regel sehr geringe Mengen CBD auf, die pharmakologisch vermutlich nicht relevant sind.

Beispiel: So enthalten drei Tropfen eines zehnprozentigen Hanföls nur etwa 15 Milligramm CBD. Das liegt zum Teil weit unter den in Studien getesteten Mengen. Ob die Produkte – selbst unter der Prämisse, dass Cannabidiol grundsätzlich gegen Schlafprobleme, Schmerzen und Ängste hilft – überhaupt eine Wirkung entfalten, ist deshalb unklar.

Patienten mit Schizophrenie bekamen z.B. in einer Studie eine tägliche Dosis von 800 mg. „Da helfen nicht nur ein paar Tropfen", sagt Allgemeinmediziner Franjo Grotenhermen. Viele Patienten können sich CBD somit nicht in der erforderlichen Dosis leisten. Die Krankenkassen übernehmen die Kosten von rund 120 Euro pro 1.000 mg meist nicht – aber das wäre ein anderes Thema. Den Freizeit-Konsum von CBD sieht Grotenhermen ambivalent: „Firmen verdienen damit viel Geld und möchten natürlich, dass CBD ein Lifestyle-Produkt ist.“[25]

In dieser *Spektrum*-Recherche[26] werden auch die Studien aus dem WHO-Bericht genau beleuchtet.

2019: I HATE THE PUBLISHING INDUSTRY

2019 war das letzte Jahr vor der Pandemie, und ich habe es damit verbracht, für meine Rechte als Autorin zu kämpfen. Damals – kurz nach meinem Journalismus-Exit – hat es mich wirklich wahnsinnig getriggert, wenn Medienhäuser meine alten Texte einfach mit einem #repeat versehen auf Social Media posteten – ohne dafür auch nur einen Cent zu zahlen. Für mich kam das einer Zweitveröffentlichung gleich, schließlich wurde mein alter Text aus dem Jahr 2016 oder 2017 wieder zigtausenden Menschen in die Timeline gespült, die daraufhin auf mein Profil strömten und mir seltsame DMs oder E-Mails schrieben. So als ob der Text gestern erschienen wäre. Jedes Mal, wenn ich einen meiner alten Texte auf Facebook sah, überkam mich ein leichter Schauer, weil ich mich oft nicht mehr mit dem Geschriebenen identifizieren konnte und längst an einem anderen Punkt in meinem Leben war.

Im Artikel *Selbst Schuld, wenn du das teilst!* arbeite ich meine gescheiterte Unterlassungserklärung an einen großen deutschen Verlag auf und argumentiere für ein neues, einfaches Nutzungsrecht, das zugunsten von uns Autorinnen ausfällt.

Apropos Frust. Was mir nach dem Erscheinen meines ersten Buchs auch wichtig war: der Öffentlichkeit vorzurechnen, wie viel eine Autorin am verkauften Buch wirklich verdient. Spoiler: in den meisten Fällen nämlich gar nichts. Huch? Wie kann das denn sein? Lest selbst, und macht euch auf etwas gefasst, wenn ihr in diesem Leben noch Buchautorin werden wollt. Es gibt nämlich wenig Einsameres und wenig Unlukrativeres, als sein Leben als „durchschnittliche" Buchautorin zu bestreiten. Klar, es gibt Ausnahmen und theoretisch haben alle die Chance, Bestseller-Autorin zu werden (genauso, wie theoretisch jeder Millionär werden kann lol). In der Realität liegt es hingegen oft am Timing, dem verlagsinternen Marketing und der Social-Media-Reach einer Autorin, ob aus dem Manuskript etwas Großes wird, oder ob es später auf den Grabbeltischen Neuköllns strandet.

Und da wären wir inhaltlich auch schon bei Jia Tolentinos Buch *Trick Mirror,* das mich 2019 in meiner Internet-Lethargie vermutlich wie kein anderes abholte. Für eine Frau, die selbst beinahe ihre gesamten Zwanziger damit verbrachte, eine Art „Ich" in diesem Internet zu kultivieren und von jener Ökonomie der narzisstischen Selbstverblendung sozial und finanziell profitierte, war Tolentinos Essayband ein ordentlicher Schlag in die Magengrube. Schließlich geht es um die Verwert- und Vermarktbarkeit der eigenen Persona (check), die Redundanz und Unzuverlässigkeit der eigenen Gedanken (check) und das zunehmend stärker werdende Gefühl, nicht mehr Herrin seiner eigenen Aufmerksamkeit zu sein (double-check).

2019 war vermutlich das Jahr, in dem meine jugendliche Naivität, mit dem Schreiben die Welt zu verändern, endete. Das Jahr, in dem ich erkannte, dass mir das Internet nicht gut tut und ich andere Kanäle brauche, um meinen Selbstwert zu stabilisieren.

Wer war ich ohne das Internet? Und wer war dieses Internet ohne mich?

WARUM DEINE HIPPE SECONDHAND-WARDROBE MEHR MIT PRIVILEGIEN ALS MIT KLIMASCHUTZ ZU TUN HAT

23.08.2019

Am 25. August ist in den USA wieder nationaler „Secondhand Wardrobe Day", der uns alle daran erinnern soll, öfter aus zweiter Hand zu kaufen. Ein Anstoß gegen die Wegwerfmentalität, der auf den ersten Blick natürlich zu begrüßen ist. Schließlich kaufen auch die Deutschen im Jahr rund 60 neue Teile und tragen sie dann nur viermal, bis sie wieder aussortiert werden.

Auf den zweiten Blick allerdings offenbart sich hinter der klimafreundlich propagierten Vintage-Liebe nicht selten Klassismus, Greenwashing und Privilegien-Blindheit. Vor allem, wenn Frauenmagazine wie die *Grazia* mit „günstigen It-Pieces unter 100 Dollar" (!) die Welt retten möchten.

Oberschichten-Gewissen, das

Wenn beispielsweise Modeunternehmerin Leandra Medine interessierten Leserinnen verrät, dass sie ihre Manolo-Blahnik-Heels „am liebsten secondhand kauft" oder fröhlich verkündet wird, dass die berühmte Birkin-Bag von Hermès in den letzten 35 Jahren eine Wertsteigerung von 500 Prozent erzielte, hat das mehr mit Börsenmentalität als mit wahrhaftigem Interesse am Erhalt unseres Planeten gemein. Oder, knifflige Frage: Warum sonst werden nur die oberen 1% angesprochen?

Solange hippe (!) Secondhand-Kleidung immer noch als schwer dekodierbare Nische für Mode-Expertinnen verstanden wird, die in erster Linie den eigenen Look aufmöbeln soll („*Retro-Teile sind kultig, persönlich und einzigartig*"), und nicht als etwas, das tatsächlich *allen* – unabhängig von Budget, Fashion-Studium oder Körper – zugänglich sein soll, haben wir ein Problem. Surprise: Wenn gebrauchte Kleidung mehr kostet als neue, werden sich Erstere meist nur jene Menschen leisten, die fleißig dabei sind, ihre Selbstverwirklichung auf der Fashion Week Kopenhagen auszuleben.

Wenn Secondhand nur eine Option von vielen ist, kann von *Konsequenz* keine Rede sein.

Es ist absurd, einerseits zeigefingerwedelnd ein Ende der Wegwerfmentalität zu fordern, andererseits aber Preise für Sondereditionen aus den Siebzigern zu verlangen, die um ein Fünffaches über dem ursprünglichen Wert liegen.

Wer schon einmal selbst versucht hat, sich ein schönes (!) Outfit in einem typischen Berliner, Wiener oder Hamburger Secondhand-Laden zusammenzushoppen, weiß, was am Ende auf der Rechnung steht. Nicht selten zahlt man selbst für No-Name Shorts 30 Euro, für Dr. Martens nochmal 60 Euro und die Jeansjacke kommt auch selten für unter 20 Euro daher – Ausnahmen wie Secondhand-Flohmärkte oder Läden wie *Think Twice*[27] in Antwerpen einmal ausgenommen. Ein ähnliches Outfit findet man bei H&M oder Primark schneller, und für weniger Geld – facts will be facts. Mal abgesehen vom „Einwurf", den wohl nun die eine oder andere Fashion-Bloggerin machen wird, „dass man ja auch mal länger suchen könnte!": Nein!

Denn Menschen, die schlechtbezahlte Jobs in ausbeuterischen Verhältnissen machen, um den fröhlich Herumspazierenden ihr Fast-Food zu servieren, haben eben *keine* Zeit, am Sonntag im Mauerpark zu stöbern. Das Gelaber um „Machbarkeit" und „fehlenden Willen" zeigt einmal mehr, in welch unterschiedlichen Welten Modemagazinmacherinnen, Influencerinnen und die regulär 9-to-7 arbeitende Bevölkerungsschicht leben. Für Letztere hat Secondhand übrigens oftmals schon seit Kindheitstagen einen komischen Beigeschmack (vom Geruch ganz abgesehen!), wenn früher die Klamottenlieferung von den reichen Verwandten aus der Schweiz ankam und alles dankbar abgenommen wurde, was nicht mehr als drei Nummern zu groß war. Frei nach dem Motto: „Esprit? Tolle Marke!" Kinder, die nie Neues, sondern stets die Klamotten der drei älteren Geschwister auftragen mussten, wussten relativ schnell und ohne große Worte, was es bedeutet, arm zu sein. Die Klamotten waren fernab vom Laufsteg/Lookbook-Setting weder „stylisch", noch „einzigartig" – sondern einfach nur ausgewaschen und hässlich. Sonst hätte sie ja niemand weggegeben! Über Mobbing-Geschichten aufgrund von „falscher" Klamotten könnten ganze Bücher geschrieben werden. Wenn man zufällig kein Model ist, das diese gerade zweitverwertet, versteht sich!

Durch optische Täuschung, AKA Class-Appropriation, gelingt es heute nämlich auch überprivilegierten Akademiker*innen-Kindern, ziemlich fertig zu wirken. Auf

Zeit natürlich, und ohne tatsächlich Diskriminierungserfahrungen im Repertoire zu haben.

Für die einen „Nostalgie-Pieces", für die anderen Schulhof-Trauma

Die *Grazia* schreibt: „Es macht sogar schon was aus, wenn man die Lebensdauer eines Kleidungsstücks von einem Jahr auf zwei Jahre verlängert, CO2-Emissionen würden dadurch spürbar verringert", und empfiehlt hinterher ein US-Unternehmen für Designer-Schnäppchen, das inzwischen sogar schon an der Börse *„megaerfolgreich"* sei.

Wer die „Designer-Schnäppchen" für wie viele CO2-Emissionen wohin verschippt und ausliefert? Fließt natürlich nicht in die „Good Vibes"-Rechnung ein. Hauptsache, man begreift Mode wieder als Investment, um sich später – also 2055, wenn die Hermès-Tasche siebzehn Mal so viel wert sein wird wie heute – bereichern zu können. Ist das Kapitalismus in seiner Reinform, oder habe ich etwas überlesen?

„Gebrauchte Mode ist längst nicht mehr nur was für Ökos und Sparfüchse, sondern auch für Fashionistas." – LG von irgendjemandem, der glaubt, dass Sparen Spaß macht.

Armen Menschen („Sparfuchs" = toller Euphemismus) vorzuschreiben, wo sie bitte *nicht* einkaufen sollen, grenzt nach solchen überheblichen Abgrenzungen in bekannter „Wir gegen Die"-Manier an Beleidigung. Ich wünsche der *Grazia*-Redaktion viel Erfolg im Caritas-Store!

Noch einmal zum Mitschreiben also. Nein, liebe Vintage-Fashionblogger-Models-Pioniere: Wenn ihr mit euren „günstigen“ Flohmarktschätzen auf Instagram prahlt, hat das weniger mit eurem „Umweltbewusstsein“ und mehr mit der freien Zeit zu tun, die ihr zur Verfügung hattet, um die Brosche im Omma-Look zu finden. Und wer „süße Bags“ sammelt, hat am Ende auch wieder: mehr statt weniger „It-Pieces“, die dann nur in der Garderobe rumlungern. Auch Secondhand-Konsum ist *Konsum*. Wer ständig auf der Suche nach neuen, *alten* Teilen ist und selbst Profit durch den Weiterverkauf erwirtschaftet, ist Teil der Modeindustrie – und keine heilige Ausnahme.

Ich finde: Wir sollten tauschen oder leihen statt verkaufen – und (Achtung, radikale Idee!) eine Preisobergrenze für alte Kleidung egal welchen Labels einführen, sodass ausnahmsweise einmal tatsächlich Ressourcenschonung im Fokus steht und nicht die Kaufkraft und der Profit des Individuums.

Solange sich die meisten Menschen eher das Ende des Planeten als das Ende des Kapitalismus vorstellen können, habe ich allerdings wenig Hoffnung – und kaufe einen Großteil meiner Klamotten weiterhin bei Billigtextilherstellern, wenn sie kaputt gehen.

Shame on me!

JIA TOLENTINOS ABRECHNUNG MIT UNSERER DIGITALEN NAIVITÄT

17.10.2019

Die Schmetterlinge im Bauch sind längst weg, wenn Jia Tolentino an das Internet ihrer Jugend denkt. Die Stunden, die sie wissbegierig davor saß, um ihre eigene Baukastenhomepage einzurichten. Eine Zeit, in der Persönliches anonym in Foren besprochen und nicht in Form von pseudo-tiefgründigen Essays durch Facebooks Algorithmus an ein fremdes Publikum ausgespielt wurde. Eine Welt, fernab von Klicks und Likes und Instant-Gratification.

Heute ist Tolentino *(Jezebel, The Awl, The New Yorker)* 30 Jahre alt, wird als die „neue Rebecca Solnit" gefeiert und schreibt in ihrem nihilistischen Essayband über *The I (Ich) in the Internet,* Teenager in Reality-TV-Formaten und die mediale Rezeption „schwieriger" Frauen. Ehrlich und brutal hält sie uns die Negativa einer durchkommerzialisierten Medienöffentlichkeit vor, die – wenig überraschend – auch nicht vor dem Feminismus Halt machte.

Für eine Frau, die selbst beinahe ihre gesamten Zwanziger damit verbrachte, eine Art „Ich" in diesem Internet zu kultivieren und von jener Ökonomie der narzisstischen Selbstverblendung sozial und finanziell profitierte, ist Jia Tolentinos Essayband *Trick Mirror* ein fester Schlag in die Magengrube. Eine auf Papier gespuckte Erinnerung an das, was man im 24/7-Strudel des Medienbetriebs an grauenhaften Headlines produzierte, um Anerkennung im Außen zu finden (Die, Spoiler: nie kam.). Ein Schütteln an beiden Schultern von der netten Kollegin, das man ein paar Jahre früher gebraucht hätte. 2014 zum Beispiel, als in Deutschland noch alles danach aussah, dass es für immer so weitergehen könnte mit den euphorisierenden Shares, Virals und Kommentaren, ohne dass Individuen dabei gesundheitlichen Schaden nehmen und ihren Verstand verlieren würden.

> „*Where we had once been free to be ourselves online, we were now chained to ourselves online, and this made us self-conscious. Platforms that promised connection began inducing mass alienation. The freedom promised by the internet started to seem like something whose greatest potential lay in the realm of misuse.*“ Jia Tolentino

Tolentino ist eine messerscharfe Beobachterin des Verfalls der Selbstbeweihräucherungsmaschinerie und schneidet damit uns alle, die jemals an das Gute im Web 2.0 geglaubt haben, mit den digital-induzierten Irrtümern des neuen Jahrtausends, die davon geprägt waren, seinen Gemütszustand in Facebook-Statusmeldungen zu verpacken und dabei das Gefühl zu haben, etwas für die Gesellschaft zu leisten. So lange, bis wir an unserem Mitleid verbluten.

„To try to write online, more specifically, is to operate on a set of assumptions that are already dubious when limited to writers and even more questionable when turned into a categorical imperative for everyone on the internet; the assumption that speech has an impact, that it's something like action; the assumption that it's fine or helpful or even ideal to be constantly writing down what you think." – Es sind Sätze wie diese, nach denen man sich kurz fragt: „Ist diese Tolentino jetzt zu weit gegangen? So schlecht war es dann ja doch nicht!!11!", bis man ihr schließlich angesichts von Entwicklungen wie Fake-News, Wählermanipulation und Social Media Burn-Out gegenargumentarm zunicken muss. In präziser, wohlüberlegter Sprache verpackt Tolentino persönliche Beweggründe für oder gegen eine gewisse Praxis mit gründlich recherchierten Fakten zu neuen innovativen Nachdenkwerken, die jedes einzeln und gemeinsam für sich stehen.

„But it can also feel like a shunt diverting our energy away from action, leaving the real-world sphere to the people who already control it, keeping us busy figuring out the precisely correct way of explaining our lives." Jia Tolentino

Das, was mich als Autorin seit den frühesten Tagen meiner Internetkarriere stört – die Verwert- und Vermarktbarkeit der eigenen Persona, die Redundanz und Unzuverlässigkeit der eigenen Gedanken, das ständige Gefühl, nicht mehr Herrin meiner eigenen Aufmerksamkeit zu sein – fasst Tolentino in *The I in the Internet* so treffend zusammen, dass ich beinahe neidisch werde, dieses Essay nicht selbst geschrieben, sondern – wenn überhaupt – höchstens partiell in meinem Kopf mitgetragen zu tragen.

Aber wozu gibt es sonst Autorinnen, wenn nicht, um uns Lesenden einen neuen Blick auf das Alltägliche und bereits im Privaten Erzählte zu geben. Obwohl Tolentino niemals schreiben würde, dass es „dieses Real Life ist, das zählt“, meint sie beim genaueren Hinfühlen doch genau das.

> *„Barring that, we've got nothing except our small attempts to retain our humanity, to act on a model of actual selfhood, one that embraces culpability, inconsistency, and insignificance. We would have to think very carefully about what we're getting from the internet, and how much we're giving in return.“* Jia Tolentino

Statt einen weiteren „Empowerment“-Ratgeber in die Welt zu setzen, zerlegt Tolentino die blinden Flecken des Mainstream-Feminismus, den sie allerdings leider nicht immer als solchen markiert, weswegen es an manchen Stellen schwer fällt, zwischen den förderlichen und schädlichen Bestrebungen einer durchaus gespaltenen und diversen Bewegung zu unterscheiden.

Besonders im Kapitel *The Cult of The Difficult Women* scheint es stellenweise so, als ob Tolentino diesen Feminismus bereits für überflüssig hält, wenn sie von einer US-amerikanischen Medienzukunft schreibt, in der eine feministische (also: *faire*) Berichterstattung gegenüber Frauen bereits an der Tagesordnung steht. Einer Zukunft, in der wir die Geschichten von Frauen nicht mehr richtigstellen müssen und niemand den typischen Bash nach sexistischer Promi-Medienberichterstattung braucht.

„Slutshaming went from a popular practice in the early 2000s to a hard cultural taboo in 2018“
Die Folge, so Tolentino: eine unendlich langweilige, amateurhafte Aneinanderreihung von pseudo-feministischen Interpretationen auf Nachrichtenseiten all over the interwebz („Take a beloved cultural pastime and lend it progressive political import“), die uns Frauen ja ... irgendwie auch nicht weiter bringt. Weil wir so doch wieder nur auf unsere „Schwierigkeit“, Fehltritte und Analysen von Fehltritten reduziert werden. Und nicht auf das, was wir sind. Menschen mit Charakter und Individualität.

„It's true, of course, that women who become famous for pushing social boundaries do the work of demonstrating how outdated these boundaries are. But what happens once it becomes common knowledge that these boundaries are outdated?“ Jia Tolentino

Dass es einen Grund gibt, warum Frauen nicht „einfach als Menschen“ wahrgenommen, sondern für „die dominanten Männer, die unterschiedliche Arten von moralischer Unterstützung, Bewunderung, Aufmerksamkeit bei ihnen suchen, zu gebenden Menschen werden“ (Kate Manne via Stokowski[28]), blendet Tolentino gänzlich aus. Obwohl Tolentino viele Artikel zitiert, lässt sie Studien zu geschlechtsspezifischem Onlinehass komplett außen vor. Frei nach der „I don't see color“-Analogie, die davon ausgeht, dass man die Hautfarbe eines Menschen einfach ausblenden, ergo „nicht wahrnehmen“, kann, geht Tolentino stellenweise davon aus, dass Gender als Kategorie überholt wäre.

Hol den inneren Troll aus dem Keller!

Ich weiß nicht, in welcher Welt sie lebt („I'd venture that our reality is not actually one in which the most beautiful, lucky, successful women are being turned in deformed idiot hags"), aber Slutshaming, Frauenhass und misogyne Berichterstattung sind auch in den USA nicht gerade ausgestorben, wenn man einen aktuellen Blick auf die Berichterstattung über Alexandra Ocasio-Cortez oder Serena Williams wirft.

Manch grenzwertige Frage bleibt dennoch hängen. Insbesondere jene, die Frauen in Trumps konservativer Regierung betreffen. Kann harsche Kritik tatsächlich nichts mit Sexismus zu tun haben – selbst, wenn die Frau aufs Heftigste abwertend beleidigt wird? Ist der oder die Kritikerin dann einfach Menschenfeind? Tolentino stört, dass sich die Rechte populärfeministischer Verteidigungsmechanismen annimmt („The trump women have been defended and rewritten along difficult-women lines"). Aber das heißt doch nicht automatisch, dass rechte Frauen keinem Sexismus ausgesetzt sein und diesen kritisieren können?

> *„Because of the feminist cultural reflex to protect women from criticism that invokes their bodies or choices or personal presentation in any way, the Trump administration was also able to rely on liberal women to defend them."* Jia Tolentino

Vielleicht bin ich auch einfach nur so eine verblendete Mainstream-Feministin mit zu dünner Haut. Die sich mit allem gemein macht, was nur im Entferntesten nach einem unlikeable, female role model riecht. Selbst, wenn es sich dabei um Kim Kardashian handelt. (Wobei hier der Vollständigkeit halber noch einmal ein Unterschied zwischen der klassisch-politischen und der Celebrity-Sphäre gezogen werden muss. Während Politikerinnen aktiv Reproduktionsrechte beschneiden können, sind Promis dann doch näher dran, ihren eigenen Popo zu fotografieren.)

„Kim has benefited from the feminist tendency to frame female courage as maximally subversive, when, just as often, it's minimally so." Jia Tolentino

Tolentino prangert weiter an, dass wir uns als Feministinnen zu schnell mit der negativ-geframten oder als „schwierig" geltenden Frau solidarisieren *(„Unabhängig davon, was sie wirklich getan hat!")*. Gleichzeitig fragt sie, was wir sonst tun sollen, um eine „force, as old as patriarchy" zu zerschlagen.

Soll ich anfangen, jede Frau, die sich und ihren Körper zum Kapital gemacht hat, zu shamen? Oder soll ich sie einfach nur nicht *„schwierig"* nennen, weil das ein Narrativ ist, das erworben werden muss? Und wäre nicht genau das anti-feministisch, weil es wieder nur „die guten" Frauen als feministisch durchgehen lassen würde? Die, die sich an Regeln halten (kein Merch, kein Arsch, kein Lächeln, keine Strategie), die es ja angeblich gar nicht braucht? Am Ende kommt bei Tolentino keine Art von Frau gut weg. Nicht die Konservativen, nicht die Lena-Dunham-Verschnitte, nicht die „Good Wifeys" à la Gwyneth Paltrow und Jessica Alba – obwohl ich ihr im Grunde zustimmen muss.

Ja, es ist fatal, wenn Frauen Anti-Frauen-Politik machen unter dem Vorwand des Empowerments und am Ende wieder nur sich selbst bereichern und Webinare für 1.500 Euro verkaufen. Und ja, das Internet beziehungsweise der Spätkapitalismus ist schuld daran. Ja, ja, ja. Verdammt! Wir sind inzwischen historisch an einem Punkt, an dem wir klar sagen können, wer von diesem Internet profitiert hat. Und nein, es sind nicht gerade die linksradikalen Kommunistinnen.

> *„The problem is that it is so easy today for a woman to seize upon an ideology she believes in and then exploit it, or deploy it in a way that actually runs counter to that ideology.“* Jia Tolentino

Tolentino sieht sich bei all der Kritik trotzdem als Teil des Problems. „I know this“, schreibt sie, „because my own career has depended to some significant extent on feminism being monetizable. As a result, I live very close to this scam category, perhaps even inside it – attempting to stay on the ethical side, if there is one.“

Wenn es nach Tolentino, aber auch nach mir ginge, könnten wir das Internet jetzt abschalten – so vorhersehbar ist es geworden. In seiner Belohnung. In seiner Haptik. In seiner Funktion. In seinen Headlines. Ja, selbst aus feministischer Perspektive.

Nur: Warum sind wir immer noch da?
Vermutlich weil wir, wie Tolentino schreibt, doch auch Teil davon sind. Vom Schreiben und Lesen leben. Vom Kritisieren. Nichts anderes gelernt haben, das uns wieder in die analoge Arbeitswelt befördern könnte, as if there's such a thing.

Es ist angenehm, dass die Autorin nicht zwanghaft versucht, etwas „Positives" in der von uns heraufbeschworenen Connection-Hölle zu suchen. Dass sie gar nicht erst versucht, so zu tun, als ob wir, ja, als ob Medien und Influencer weitermachen könnten wie bisher. Bis auf ein paar wenige Berufszweige leiden inzwischen alle unter dem Druck, der mit einem Leben als Avatar im Spätkapitalismus einhergeht.

Anders als Zadie Smith hat mich dieses Buch leider nicht mit Hoffnung gefüllt. Es hat mir (gezeigt, dass mein Englisch schlechter ist, als gedacht) einige Tatsachen als kommentierte Zusammenfassung von Geschehnissen vor Augen geführt, über die ich längst Bescheid wusste (Fyre Festival Fail, #Girlboss in: *The Story of a Generation in Seven Scams*, das ambivalente Thema Hochzeit in: *I Thee Dread*), andere wiederum in neuer Verpackung (*Reality TV Me*) vor die Füße geknallt, während ich eigentlich dachte, mich auf einem guten Weg zu befinden.

Zwei Essays habe ich ausgelassen, *Ecstasy* und *We Come From Old Virginia*, weil sie mich nicht angesprochen haben und außerdem thematisch nicht wirklich zu den anderen passten. Zumindest auf den ersten Blick und ist der nicht das, was zählt?

Wie ich schon sagte, *Trick Mirror* ist keine leichte Kost. Es ist weder leicht zu lesen, noch leicht zu verstehen, noch leicht zu verdauen und auszuscheiden. Das ist sogar mein zweiter Versuch einer Review – und ich mache das nicht erst seit gestern.

Als Leserin muss man sich im Sturm des Diskurses befinden und womöglich schon selbst über den Social-Media-Selbstmord nachgedacht haben, um die Gedankenstränge Tolentions nachzuverfolgen und sie hinterher bei einem Spaziergang erfolgreich weiterzuspinnen.

Lohnen tut sich die Reflexion über das, was man so im Internet veranstaltet, am Ende allemal.

Den Rest regelt hoffentlich bald das Gesetz.

WIE MEDIENHÄUSER NOCH JAHRE SPÄTER MIT UNSERER VERLETZLICHKEIT GELD VERDIENEN

28.10.2019

Stell dir vor, du hast im Rahmen der #Metoo-Dossiers einen persönlichen Text über deine Vergewaltigung an ein großes Medium verkauft. Oder damals, als #regrettingmotherhood groß war, öffentlich über die Ohnmachtsgefühle als alleinerziehende Mutter geschrieben. Über eine Fehlgeburt oder den Selbstmord deines Vaters. Du dachtest, dass du der Gesellschaft damit einen Gefallen tust, dass du etwas in dieser Welt bewirken kannst, und wenn es „nur" mit deinen Worten ist.

Heute, zwei oder drei Jahre später, stehst du im Leben ganz woanders. Dennoch bekommst du immer noch E-Mails, weil Menschen aufgrund der wiedergeposteten (#repeat) und SEO-rankenden Artikel hinterher nach deiner Mailadresse googlen. Manchmal schreiben die fremden Menschen aus dem Internet nette Dinge. Sie senden dir Zuspruch, für dein totes Baby. Oder wollen über ihre eigene Rolle als Mutter sprechen. Hin und wieder kommt auch eine Zurechtweisung in dein Postfach geflattert. Wie du es „wagen kannst", so über deine Familie zu schreiben. Deine Eltern. Deine Kinder. Deine Krankheit. Deine Gefühle. Dein Leben.

Du wirst beleidigt und persönlich angegriffen, weil du dich geöffnet hast.
Aber du wirst auch beleidigt und persönlich angegriffen, weil Medienhäuser deine intimsten Geständnisse und Erlebnisse auch noch Jahre später als *Kanonenfutter* verwenden, um Klicks zu generieren und ihre sinkenden IVW-Zahlen zu pimpen.

Damit die Werbeeinnahmen hinterher stimmen, wird schon mal darauf gepfiffen, wie es den Autor*innen damit geht, dass sie sich auch Jahre nach Veröffentlichung mit der eben beschriebenen Art von emotionaler Arbeit herumplagen müssen. Nicht nur mit den Nachrichten von Fremden, sondern auch jenen von Bekannten oder der Familie. Vielleicht sogar den Kindern, die inzwischen erwachsen sind und über die Depressionen ihrer Mutter im Internet nachlesen können. Als ob Meinungen und Gedanken unverrückbare Felsen wären.

Wenn man Medien darum bittet, diese Sorte Text, die zwischen 2013 und 2017 besonders populär war und so gut wie jeden Medienbetrieb und damit unsere Feeds flutete, herunterzunehmen, ist von den großen Gerechtigkeitsbestrebungen nicht mehr viel übrig. Statt auf persönlicher Ebene Verständnis zu bekommen, werden Anwälte eingeschaltet, die die Schuld in bekannter Victim-Blaming-Manier den Autor*innen zuschieben. Uns oft Geringverdienenden also, die naiverweise dachten, bei vermeintlich linken Medien gut aufgehoben zu sein. „Wer solche Texte schreibt, muss eben auch mit solchen Kommentaren rechnen. Wer so hinlangt wie Sie, muss das aushalten." Während anderswo Debatten um das Recht auf Vergessen existieren und Datenethikkommissionen Algorithmen nach ihrer Zumutbarkeit prüfen[29] (Hallo, Hoffnung), wird die vierte Gewalt bei der Erarbeitung ethischer Leitlinien „vergessen".

Ich frage: Wo ist die wertebasierte, menschenzentrierte und gemeinwohlorientierte digitale Zukunft, wenn Medienverlage immer noch in erster Linie an ihren Profit denken?

Solidarität my ass

Rechtlich ist die ganze Angelegenheit eine Grauzone. Ich habe beispielsweise bei keinem Medium, für das ich je geschrieben habe, Arbeitsrahmenverträge unterschrieben, in denen ich mein Nutzungsrecht für immer übertragen hätte. Meine Texte wurden in der Regel per Mail bestellt („Ich hätte gerne Pitch 1, 2 und 5") und hinterher onlinegestellt. Danach habe ich eine Honorarnote gesandt. Anderweitige Vereinbarungen sind nicht getroffen worden.

Das Recht, mit dem jetzt nach meiner Abmahnung und Unterlassungserklärung gegen ein großes deutsches Medium dennoch argumentiert wird, bezieht sich auf die Regelung des § 38 Abs. 1 UrhG[30]. Nach dieser Vorschrift erwirbt der Verleger oder Herausgeber im Zweifel ein ausschließliches Nutzungsrecht zur Vervielfältigung, Verbreitung und öffentlichen Zugänglichmachung, wenn ihm der Urheber die Aufnahme des Werkes in eine periodisch erscheinende Sammlung gestattet.

Inwiefern Jugendmedien wie *Vice, ze.tt, bento, jetzt* oder *watson* „periodisch erscheinende Sammlungen" sind, kann man als Medienwissenschaftlerin diskutieren.

Genauso, inwiefern es fair ist, Autorinnen und Autoren einmalig einen lächerlichen Betrag von 100 bis 400 Euro für zeitgeistige Debattenbeiträge zu bezahlen und hinterher mit den „selbst preisgegebenen personenbezogenen Daten zu journalistisch redaktionellen Zwecken“ für immer (!) machen zu dürfen, was man möchte.

In was für einer Medienwelt schreiben wir eigentlich?
In keiner anderen Industrie benachteiligen nicht vorhandene (!) Verträge die Urheber*innen oder Werkersteller*innen. In der VFX-Industrie (VFX = Visual Effects) unterschreiben Freelancer beispielsweise zwanzigseitige Verträge, damit deren Auftraggeber auf der sicheren Seite sind. Aber im Journalismus? Chaos und Verantwortungslosigkeit gegenüber den eigentlich Wertschaffenden, wohin man blickt. Nur ganz unten, im § 38, steht bei Absatz 4 folgender Zusatz: „Eine zum Nachteil des Urhebers abweichende Vereinbarung ist unwirksam.“

Mein Anwalt findet, dass nach § 31 Abs. 5 UrhG vielmehr von einer zeitlichen Beschränkung der eingeräumten Nutzungsrechte von einem Jahr auszugehen ist. Als freie Journalistin habe ich pro Artikel meist einen Betrag von 180 bis 220 EUR erhalten. Es kann also nicht angenommen werden, dass ich mit der Annahme eines solch lächerlichen Honorars mit irgendjemandem eine unbefristete Nutzung der Artikel vereinbart habe. Gemäß der „Übersicht über Vertragsbedingungen und Honorare für die Nutzung journalistischer Beiträge im Internet“ des DJV beträgt der übliche Nutzungszeitraum zwölf Monate. Ein darüber hinausgehender Zeitraum ist explizit zu vereinbaren. Die Darlegungs- und Beweislast über ein darüber hinausgehendes Recht zur Nutzung obliegt den Textnutzern – AKA Verlagen.

Besagtes Medium argumentierte hinterher, dass ich die Artikel ja auf meinem Blog nutze und verlinke (Willkommen im Internet!) und damit quasi meine Rechte „abgebe". Frei nach dem Motto: Schließlich habe ich 2017 einmal einen Link gesetzt!!1111

Dass alle (!) Journalist*innen ihre Blogs und Webseiten als Portfolios nutzen, hat nichts mit der automatischen Übertragung irgendeines Nutzungsrechts zu tun, sondern damit, dass es *branchenüblich* ist, seine neuesten Werke zu sammeln. Ich trage ja auch auf LinkedIn ein, mit wem ich mal gearbeitet habe, ohne dabei gleichzeitig meine gesamten Urheberrechte abzugeben.

Meine Ambition hat sich inzwischen übrigens rumgesprochen. Wenn die Rechtslage so klar ist, warum bekomme ich jetzt verspätete Verträge zugesandt, in denen ich mein Nutzungsrecht im Nachhinein abgeben soll?

Ich habe inzwischen in Gesprächen, Nachrichten und Mails viele Rückmeldungen bekommen, in denen mir Autor*innen genau das meldeten: Dass sie keine Lust darauf haben, Jahre später (!) mit Eintages-Texten über jugendliche Sauferlebnisse (*hust* *Vice*) konfrontiert zu werden. Sei es via Social-Media oder per Mail. Dass sie es falsch finden, dass Medien zuerst so tun, als ob sie Interesse an unseren intimsten Geständnissen hätten, mit diesen hinterher aber so sorgsam umgehen wie mit billigen Facebook-Ads. Vielleicht hatten sie ja mal tatsächlich Interesse dran – allerdings, leider, nur im kommerziellen

Sinne. Denn wirklich davon profitiert haben die meisten Autor*innen nicht. Eine junge Frau schrieb mir zum Beispiel, dass sie während ihres unbezahlten Praktikums dazu genötigt wurde, etwas zu schreiben, das „relatable" sei und sie dann mehr aus Zwang denn aus Lust aus dem Nähkästchen plauderte. Heute erscheint der Eintrag immer noch bei Google auf Page 1.

Mit jeder Online-Selbstentblößung entsteht so ein irreversibler Schaden an den eigenen Erinnerungen, die hinterher nicht mehr ganz die eigenen sind. Auch ein Grund, warum ich mit 26 aufgehört habe, mein Leben ins Internet zu stellen oder Gedanken darüber massenmedial zu teilen.

> *„They don't deserve your soul. Keep your art to yourself or share it with people who genuinely care."*
>
> unbekannt

Medienhäuser wissen über dieses Dilemma ganz genau Bescheid. Sie freuen sich über jede junge, aufstrebende Stimme, die gerne mal ein bisschen „polarisieren" möchte und kaufen dann nur noch das, weil alles andere ja nicht genug Aufmerksamkeit bringt. Dass wir mit unseren eigenen Texten on top Daten preisgeben, die hinterher gegen uns verwendet werden können – geschenkt. Ja, es kursieren genügend Texte da draußen zu den Themen ADHS, Depressionen, Multiple Sklerose – all that stuff.

Ich habe mal gegoogelt und hier eine schnelle Liste erstellt:

1. „Hallo Depressionen, ihr habt keine Macht mehr über mich!"
   Lena (25) schreibt mit Foto auf *Brigitte* über ihre Depressionen
2. „So fühlt sich mein Leben mit Depressionen an"
   Heike Pfenning auf *Edition F* (Community Beitrag, also vermutlich sogar unbezahlt)
3. „MS zu haben, ist echt das Letzte – aber die Krankheit gehört zu mir"
   Flavia Dottir, auch auf *Edition F* (Community)
4. „Ich habe abgetrieben"
   Andrea Fischer Schulthess im *Tagesanzeiger* Blog
5. „ADS-Patientin berichtet: „Habe die emotionale Stabilität einer Pusteblume"
   Gastautorin bei *Focus*, Mina Teichert

Was einerseits als Empowerment durchgehen kann, wirkt aus einer anderen Perspektive schnell wie Ausbeutung.[31] „Schreib über das Schlimmste, was dir passiert ist, und lass andere sich daran bereichern."

Die Honorare sind mickrig, der Backlash fallabhängig: groß.

Arbeitgeber können googeln und sich ihr eigenes Bild machen, das nicht selten weniger positiv ausfällt als die Rückmeldungen der „Crowd", die sich verstanden fühlt. Wer es nicht schafft, seine emotionalsten Momente für eine Followerschaft auf Instagram oder Facebook zu instrumentalisieren, schaut hinterher recht traurig drein.

Als Nicht-Juristin und Gerechtigkeitsfanatikerin frage ich mich: Gibt es da draußen *niemanden* in der gesamten deutschen Medien- und Urheberrechts-Branche, der sich mal dem einfachen Nutzungsrecht annehmen möchte, das in der aktuellen Fassung definitiv zugunsten der Verlage ausgelegt wird?

- Wo sind die Autor*innen, die genauso die Nase voll davon haben, dass auch noch Jahre später auf ihre Kosten Geld gemacht wird, das sie nie sehen?
- Dass Einmalzahlungen alles sind, was wir bekommen?
- Es kann nicht sein, dass wir dafür klagen müssen, unsere Texte wieder von Medien herunterzubekommen, mit deren Praxen wir nicht einverstanden sind, nur, weil es scheinbar keine starke Lobby für Autor*innenrechte gibt.

Ich fordere, dass das einfache Nutzungsrecht online auf ein Jahr beschränkt und alles darüber hinaus mit Lizenzverträgen geregelt wird – ähnlich wie bei Netflix. Dass wir an den mit Reposts generierten Umsätzen zumindest beteiligt oder nach Klicks in darauffolgenden Jahren bezahlt werden. (Und bitte kommt mir nicht mit den mickrigen Beträgen der VG Wort! Ich habe dieses Jahr trotz diverser Reposts auf Seiten wie *ze.tt* genau 70 Euro von dieser Institution bekommen.)

Ja, dass Verlage sich den *Zuspruch* vertraglich holen müssen, wie oft sie unsere Artikel hinterher auf Social

Media posten dürfen. Ein Printmedium darf deinen Text auch nicht anderthalb Jahre später nochmal hervorkramen und auf die Titelseite packen.

Ich hab es sowas von satt, dass selbst manche Autor*innen, mit denen ich sprach, nicht verstehen, wo „das Problem“ ist. Vielleicht liegt mein Problem ja auch darin, dass ich inzwischen sehe, wie viel besser es sich anfühlt, auf meiner eigenen Plattform zu publizieren und die Kontrolle darüber zu haben, was genau mit meinen Texten passiert. Dass ich selbst mit meinen Texten Geld verdiene und mich nicht mehr für die Reichweiten anderer prostituieren muss. Dass ich nicht einsehe, etwas von mir für immer herzugeben, wenn es dafür gar keine rechtlich eindeutige Grundlage gibt. Geschweige denn einen *Vertrag*.

Theoretisch müsste ich jetzt klagen. Ein Prozess ist teuer und – angesichts meiner aktuellen Erfahrungen mit deutschen Justizapparaten – vermutlich nicht zielführend. Deshalb plädiere ich jetzt an euch. Schreibt den Medien, die eure Texte munter weiterverwerten, dass sie das bitte unterlassen sollen. In meinem Fall hat es gewirkt. Oder schreibt am besten generell nicht mehr für Medien. Egal, ob sie euch Total-Buy-Out-Verträge zukommen lassen oder nicht. Das ist es nicht wert. Und meldet euch bei mir, wenn ihr Lust habt, gemeinsam weiterzukämpfen. Sei es in Form einer Sammelklage oder auf ganz anderem Wege.

Ob Autor*in, Journalist*in, bereits fertige oder gerade studierende Jurist*in (bitte auch Letztere!) – das Internet ist für uns alle „Neuland“.

Das heißt aber nicht, dass wir seine Gesetzeslage nicht an die Gegebenheiten anpassen können.

WARUM DIE ALLERMEISTEN AUTOR*INNEN NICHTS (!) AN IHREN VERKAUFTEN BÜCHERN VERDIENEN

08.10.2019

Idee haben, Buch schreiben, reich werden – so lautet die Vorstellung vieler Leserinnen und Leser. Dass unbekannte bis mittelbekannte Autorinnen und Autoren am Ende die sind, die finanziell am allerwenigsten von einem veröffentlichten Buch haben, wissen die wenigsten. Denn der Vorschuss muss erstmal „eingearbeitet" werden. Mit einer mickrigen Beteiligung von ca. 6 bis 8 Prozent pro verkauftem Exemplar.

Wie oft habe ich schon folgenden Satz gehört: „Ach, ich sollte echt ein Buch schreiben!" – meistens von Menschen, die in ihrem Leben noch nie einen längeren Text als das Bewerbungsschreiben verfasst haben und von der Illusion „Traumleben als Autorin" verblendet sind. Keine Sorge, ich versteh euch gut. Die eigene, in Buchform gebrachte Lebensgeschichte, das ist in der romantisierten Vorstellung etwas, das man bis zum Ende seines Lebens erledigt haben sollte.

Bei all der Euphorie erstmal eines gleich vorweg: Der Prozess bis zum gedruckten Exemplar ist mühsamer und langwieriger, als es die Grabbeltische dieser Welt erahnen lassen. Und hinterher kommt *nicht*, wie vom Umfeld vermutet, plötzlich das große Geld. Denn als stinknormale

Autorin oder Autor verdient man an seinen verkauften Exemplaren in der Regel: nichts. Keinen. einzigen. verdammten. Cent.

Ja, richtig gehört.

„Wie? Das kann doch gar nicht sein?“, mag sich jetzt der eine oder die andere Leserin denken. Joanne K. Rowling ist doch auch steinreich und schließlich hat man doch extra noch ein Exemplar von seinem Lieblingsbuch für die Tante Mitzi auf Amazon bestellt, um diese eine Autorin, die man so ein bisschen von Instagram kennt, persönlich zu unterstützen …

… oooooder legt seine Lieblingswerke als Buchhändlerin immer schön in die Auslage der eigenen Filiale, damit – *genau* – am Ende auch die Autorinnen ein bisschen davon profitieren.

Das ist sehr lieb gemeint, aber ich muss euch an dieser Stelle leider enttäuschen: Die Mühen sind umsonst. Was nämlich auch die meisten Autoren bis zum Buchvertrag und auch darüber hinaus nicht wissen: In den Standardverträgen der großen Verlage, die auch renommierte Autorinnen und Autoren unterschreiben und nicht nur Newbies, gibt es folgende Klausel:

„Die Autorin erhält für ihre Tätigkeit und als Gegenleistung für die in diesem Vertrag vorgenommenen Rechtseinräumungen eine Vorauszahlung von insgesamt XY EURO. Die mit allen Vergütungsansprüchen der Autorin aus dieser Vereinbarung verrechenbar, aber, eine ordnungsgemäße Vertragserfüllung vorausgesetzt, nicht zurückzahlbar ist.“

Was auf den ersten Blick erstmal verdächtig unverdächtig aussieht, bedeutet in der Realität, dass man die Summe seines Vorschusses als Autorin hinterher erstmal wieder einarbeiten muss. Wie? Naja, mit dem *mickrigen Satz von 5 bis 8 Prozent*, mit dem man an jedem verkauften Buch theoretisch finanziell beteiligt ist.

Ein kleines Rechenbeispiel zum Verständnis.

Die Autorin bekommt einen garantierten Vorschuss von 10.000 Euro, den sie immerhin nicht zurückzahlen muss. Ihr Buch kostet hinterher im Laden 10 Euro. Von jedem verkauften Exemplar bekommt die Autorin 6 Prozent des Netto-Ladenpreis – das sind 60 Cent pro Buch. Sie bekommt diese 60 Cent aber nicht ausbezahlt, denn ihre Einnahmen werden wie gesagt gegen den Vorschuss gerechnet. Sie muss also erst 16.666 Bücher verkaufen, um die 10.000 Euro des Vorschusses sozusagen wieder „zurückerwirtschaftet" zu haben. Erst danach verdient sie wieder am Buch. Also, 60 Cent pro verkauftem Exemplar. Da muss das gute Ding schon ein Bestseller oder Klassiker werden, um zum passiven Einkommen zu zählen.

Nur so zur Info: Die Erstauflage liegt bei vielen Newcomern zwischen 3.000 und 5.000 gedruckten Exemplaren. Aus Gründen – denn Bücher verkaufen sich nicht von selbst. Schon gar nicht bei der Konkurrenz am Markt. Im Buchjahr 2018 sind rund 71.500 Buchtitel auf dem deutschen Markt neu erschienen. Ca. 15.000 davon gehören in die Kategorie Belletristik. Durchschnittlich lesen die

Deutschen irgendwas zwischen ein bis acht Bücher im Jahr, je nachdem, welcher Statistik man glaubt. Das ist nicht gerade viel.

Und auch die Frage danach, ab wann ein Buch Bestseller ist, lässt sich nicht so einfach beantworten. Eine halbwegs zufriedenstellende Antwort auf meine Frage habe ich nach diversen nichtssagenden Artikeln auf dem Blog *liber-laetitia.de* gefunden, einer Plattform mit Tipps für Autoren. Dort schreibt Frauke Bitomsky: „Es ist egal, ob ein Buch seit seiner Veröffentlichung 30.000 oder 30 Millionen Mal verkauft wird, da es alleine auf die Verhältnismäßigkeit ankommt: Werden in einer Woche nur 10.000 Bücher verkauft, würde ein Autor mit 2.000 verkauften Exemplaren locker auf die Bestsellerliste kommen; während bei 10 Millionen verkauften Büchern 2.000 verkaufte Exemplare verschwindend wenig sind. Generell wird von 100.000 verkauften Exemplaren als Grenze gesprochen, die ein Bestseller überschreiten muss."

Viele Autorinnen und Autoren kommen also nie auf die Menge verkaufter Bücher, die es bräuchte, um mit tatsächlich verkauften Büchern Geld zu machen. Autorinnen bekommen also lediglich den Vorschuss sicher. Und wer hier denkt: WOW, also 10.000 Euro, damit kann man ja erstmal suuuper leben. Falsch gedacht. Der Vorschuss wird auf ein oder zwei Jahre aufgeteilt. Wer also ein Jahr ein Buch schreibt, kann sich leicht ausrechnen, wie viel Geld die Autorin so pro Monat von ihrem Buchvertrag zur Verfügung hat. Weniger als 1.000 Euro. Und das brutto. Damit ist das Autorinnendasein so ungefähr das Unlukrativste, das man sich freiwillig antun kann. Es ist nicht einmal ungewöhnlich, für das geschriebene Wort vorab gar nicht bezahlt zu werden.

Während ein Publikumsverlag wie *Rowohlt, Ullstein* oder *Aufbau* bei der Veröffentlichung eines Buchs immerhin das komplette unternehmerische Risiko trägt, also alle Kosten, die mit der Herstellung und dem Vertrieb zusammenhängen und Autoren mit Vorschüssen versorgt, beteiligt sich die Schriftstellerin bei „Autorenverlagen" – auch Selbstkostenverlage genannt – wie der Name schon verrät selbst an den Kosten der Veröffentlichung. Sie kauft also Leistungen ein, die sie sonst selbst machen müsste: Lektorat, Covergestaltung, eBook-Erstellung, Vertrieb, Satz und Werbung.

Der Preis variiert je nach Umfang, dafür hat die Autorin auch ein größeres Mitspracherecht bei der Gestaltung des Buchs und später eine höhere Beteiligung an den Einnahmen. Als Negativa wird bei Autorenverlagen meist genannt, dass man als Autorin alleinig für das Versenden von Leseexemplaren, das Erstellen von Werbemitteln und die Organisation von Lesungen verantwortlich ist. Da aber genau diese Leistungen inzwischen auch oft von großen Publikumsverlagen vernachlässigt werden, fällt dieser Nachteil meiner Meinung nach kaum noch ins Gewicht. Oder wusstet ihr etwa, dass eine organisierte Buchpremiere in Standardverträgen gar nicht inkludiert ist und sich Autorinnen auch bei großen Verlagen selbst darum kümmern müssen? Eben.

Während Autorenverlage also darauf bedacht sind, sich nach den Wünschen ihrer zahlenden Autoren zu richten, sind die großen Publikumsverlage – wie es schon der Name vermuten lässt – auf die Gunst und den Geschmack des Publikums angewiesen. „Schlechtlaufende" Bücher werden mit „gutlaufenden" Büchern finanziert und so ausgeglichen. Das erklärt auch, warum in renommierten Verlagen neben Klassikern und Werken großer literarischer Könnerinnen wie Connie Palmen auch Eso-Ratgeber und Blondinen-Witze veröffentlicht werden: Weil es scheinbar genügend Menschen auf dem umkämpften Buchmarkt gibt, die diesen Mist kaufen.

Um die Illusion also noch ein Stück mehr zu zerstören: In der Regel kauft ein Publikumsverlag eine Idee ein, von der er sich ein hohes Return on Investment erwartet. Sprich: Er möchte das, was er an Geld in Autorinnen hineinbuttert, auch wieder zurückbekommen. Doppelt, dreifach, vierfach. Ja, am besten hundertfach. Denn erst *dann* profitieren wirklich alle Beteiligten vom Lebenstraum Buch.

Noch ein gutgemeinter Tipp zum Schluss: Ich persönlich würde davon absehen, einer Autorin auf passiv aggressive Weise vorzuwerfen, dass „man sie ja mit einem Buchkauf persönlich finanziell unterstützt hätte." Das ist nicht nur – wie wir jetzt wissen – nicht korrekt, sondern kommt völlig falsch rüber – und suggeriert zudem eine gewisse Anspruchshaltung à la: „Sei doch dankbar, dass ICH dir mein hart verdientes Geld für dein luxuriöses Leben gegeben habe." Das im Wesentlichen daraus besteht, sich das Schreiben irgendwie quer zu finanzieren.

Wenn ihr eure Lieblingsautorinnen wirklich unterstützen wollt, fragt lieber nach deren IBAN.

2018: TSCHÜSS, LIEBE GATEKEEPER

Wow. Wenn ich die Artikel *Entschuldigung, aber was ist eigentlich aus diesem Feminismus geworden?* und *Darf's noch ein bisschen Macht sein?* lese, muss ich feststellen, dass ich 2018 schon sehr angepisst war von diesem Feminismus. Weitaus mehr, als ich das heute bin, um ehrlich zu sein. Es war die Zeit, in der plötzlich *alles*, das mit Frauen zu tun hatte, als feministisch gelabelt wurde – und dadurch letzten Endes an Aussagekraft verlor.

Wenn *alles* feministisch ist, ist schließlich *nichts* mehr feministisch. Oder?

Heute denke ich, dass wir uns zwischen 2017 und 2020 in einer Art Übergangsphase befanden, in der viele Redaktionen, Werbeagenturen und Labels erkannten, dass sie mit der Zeit gehen *müssen*, um nicht mit der Zeit zu gehen. Und das Ergebnis sah dementsprechend anfangs noch etwas unbeholfen aus. Als Person, die schon feministische Texte schrieb, als es noch „uncool" (und keineswegs lukrativ für die eigene Karriere) war, regte es mich sicherlich auch auf, dass mir so mein „unique twist" streitbar gemacht wurde. Sounds petty, war es sicherlich auch. Es ist sicherlich auch kein Zufall, dass ich mich im Jahr 2018 dafür entschied, meine Texte via der Plattform *Steady*[32] durch meine Community finanzieren zu lassen. Ich hatte das Machtungleichgewicht satt, das zwischen festen und freien Redakteurinnen herrschte, und es gab die eine oder andere #Girlboss in meinem beruflichen Leben, die ich nicht mehr auf Podien ertrug, während sie Hungerhonorare an ihre Freien zahlte und pampig auf E-Mails antwortete. Ich wollte nicht nur das Urheberrecht, sondern das ausschließliche Nutzungsrecht an meinen eigenen Texten besitzen und nicht mehr wöchentlich Pitches senden, die abgesegnet werden müssen. Ich wollte keine Gatekeeperin über mir haben, die mir sagt: „Ja, dieser Text ist relevant" – sondern selbst entscheiden, welche Themen ich setze, welche Aspekte ich behandle.

Der Text über Laura Malina Seiler ist bis heute der erfolgreichste auf *groschenphilosophin.at* und zählt knappe 30.000 Aufrufe. Ich war im Jahr 2018 mit Abstand die Erste, die die skurrilen Methoden und Praxen der Coachin kritisch analysierte und schätze, dass ungefähr 100 Personen ein Abo wegen dieses einen Textes abgeschlossen hatten.

Bis 2022 bekam ich immer wieder Anfragen von Journalisten, die Zugang zu meiner Recherche haben wollten – meist, ohne dafür zu zahlen. Irgendwann kamen eben auch die traditionellen Journos drauf, dass Laura Malina Seiler eventuell nicht ganz *koscher* ist: Auf *krautrepoter.de* erschien 2023 *Warum mich Laura Malina Seiler traurig und wütend macht*[33], *ARTE* veröffentlichte 2019 eine Doku namens *Re: Spiritualität 2.0 Der Traum vom optimierten Ich*[34], in der eine Veranstaltung von Seiler gefilmt und kritisch eingeordnet wurde. Na immerhin!

Was hat uns der Feminismus gelehrt? Uns für unsere Erfolge zu feiern und nicht absichtlich kleiner zu machen, wenn wir irgendwo die Ersten waren. Also sage ich es ganz schambefreit und stolz frei heraus: Ich habe mit diesem ersten kritischen Beitrag zu Laura Malina Seiler das Internet gebrochen und war definitiv meiner Zeit voraus. So ist es mir mit Groschenphilosophin übrigens immer wieder ergangen: Ich habe einen Take gebracht, sechs bis zwölf Monate später erblickte ich ihn auf einem traditionellen Medium. Zufall? Eher nicht, folgt mir doch ein Großteil der aktiven Journos auf Instagram, ohne je ein „Hallo" dazulassen. Inzwischen habe ich auch gar keine Angst mehr, kopiert zu werden. Eine Idee kann auf so viele unterschiedliche Arten exekutiert werden – meinen Schreibstil, meinen Ton, meine Analyse und mein Denken kann mir niemand nehmen.

Heute merke ich es kaum noch, wenn meine Ideen geklaut werden, weil ich keine traditionellen Medien (Print gar nicht, Online auch sehr selten) konsumiere, sondern meist auf YouTube oder auf amerikanischen Nischen-Insta-Accounts abhänge.

Dass ich mich 2018 für einen crowdfinanzierten Blog – und gegen den klassischen Journalismus – entschied, war übrigens eine meiner besten Entscheidungen überhaupt. Zu Höchstzeiten hatte ich 500 zahlende Mitglieder/Monat und verdiente 1.200 Euro netto nur durch die Texte und Podcasts auf *groschenphilosophin.at*. Das entspricht ungefähr einem Teilzeitgehalt bei einem großen Medienhaus, aber ohne die Stunden und lästigen Calls. Heute haben sich die Einnahmen leider halbiert, was sicherlich auch daran liegt, dass jeder Creator (im entferntesten Sinne) einen *Steady*- oder *Patreon*-Account hat und im Internet um zahlende User wirbt. Genauso, wie das Netflix, Disney+, Amazon Prime, Mubi und Hulu tun. Das Problem ist, obviously, dass nicht jeder Mensch das Geld für zehn verschiedene Abos hat, und somit definitiv *nicht* genug Kuchen für alle Creator da ist.

Wer etwas anderes behauptet, ist meiner Meinung nach naiv. Trotz der rückläufigen Zahlen bin ich unfassbar dankbar, dass es immer noch genug Menschen gibt, die mich supporten und mir so jeden Monat den Arsch retten, wenn es Freelance-technisch nichts abzuholen gibt. *Steady* ist eben: steady money, und gibt mir die Möglichkeit, frei über mein Schreiben zu entscheiden.

Ich weiß nicht, wie ich die letzten sechs Jahre ohne überlebt hätte.

ENTSCHULDIGUNG, ABER WAS IST EIGENTLICH AUS DIESEM FEMINISMUS GEWORDEN?

16.02.2018

Feminismus ist für mich inzwischen wie ein Tripadvisor-Pickerl: Auf jeder noch so schäbigen Butze drauf und damit komplett aussagelos. Ein bisschen so wie die gängigen Bio-Siegel: beruhigend von außen, aber intransparent von innen. Konzerne und auch so manche Influencer haben recht schnell erkannt, wie sie die neue, positive Lebenseinstellung möglichst gewinnbringend ausnehmen können.

Alles ist plötzlich feministisch. Das Business-Panel von Frauen für Frauen? Feministisch, weil da sind doch Frauen drauf?! Nacktfotos, die früher mit einem „Sex Sells"-Argument in der Chefredaktion abgenickt wurden? Selbstbestimmt und so gar nicht *male gaze,* auch wenn die damit erwirtschafteten Klicks und Werbeeinnahmen auf jemand anderes Konto landen. Die Kollegen haben vergessen, einen zum Meeting einzuladen? Macht nichts, mit einem Strauß Blumen ist das Ego mittels Self-Care (#selfcare zählt 4.431.561 Beiträge auf Insta) anders als die hierarchische Ordnung (#workersrights zählt 16.964 Beiträge auf Instagram) wieder hergestellt und die Aktion daher: *feministisch*. Und wenn eine „starke Businessfrau" abends noch ein nettes Foto von zwei sich anlächelnden, normschönen Frauen hochlädt und mit dem Text *„Cheers*

Mädels, auf uns! An alle, die zusammenhalten, sich gegenseitig pushen und gemeinsam die Welt erobern!" begleitet, ist das #femaleempowerment-Barometer für diesen Monat in den Orbit geschossen, ohne dass man dafür jemanden in der eigenen Firma pushen müsste und der Pseudo-Aktivismus auf der Bucket-List ist abgehakt. Ihre Follower? Die finden so viel Engagement für das Gute natürlich auch super und schreiben fröhlich Dankesreden. *Win, win, win.* Oder?

> *„Has feminism become a slippery buzzword that can be applied to any and all situations that involve the experience of women? Is it a term that by virtue of trying to include all meanings now includes none? Sure. Welcome to 2017."*[35] Katherine Gillespie

Jessa Crispin – übrigens Feministin durch und durch – hat ein Buch geschrieben, das den Titel *Why I am not a Feminist*[36] trägt. Dort kritisiert sie, wie Feminismus vom *Threat* zum *Wellness* verkommen ist. Der weichgespülte Mainstream-Feminismus mag ja durchaus seine Berechtigung haben, um eine erste Annäherung an das Thema zu gewähren, schreibt sie. Solange er sich aber davor drückt, die tatsächliche politische Arbeit zu leisten, bleibt von seiner ursprünglichen Intention nichts weiter übrig als die glitzernde, achselhaarefärbende Wir-haben-uns-alle-lieb-Kuschelattitüde, mit der im 20. Jahrhundert sicherlich kein Frauenwahlrecht erkämpft wurde.

Beispiel gefällig? Du hattest einen anstrengenden Tag? Dann gönn dir doch auch mal einen Kinobesuch alleine! Oder neue Unterwäsche! Es gibt zahlreiche Angebote wie diese. Egal, ob sich Frauen lieben oder hassen: Irgendwas kann man ihnen immer verkaufen. Wenn wir uns hassen, verkauft man uns Diätpillen; wenn wir uns lieben, Schokolade.

„The idea of self care was about taking care of yourself and make sure that you're healthy because the system is so fundamentally working against you. And somehow we've interpreted this as, ‚oh yeah, you should go get your nails done, that's so important.' Look, it's not self care if someone else is doing your nails. That's exploiting immigrant labour." Jessa Crispin in Vice[37]

Ja ja, ich weiß: Es is schön, dass es uns weißen (cis-) Frauen in Zentraleuropa heute besser geht als vor zehn Jahren, dass wir uns *gönnen* können und dass eine einmal radikale Bewegung mit ihren akademischen Schriften beim Volk angekommen ist. Nur leider hat der Mainstream ab einem gewissen Punkt für den Feminismus wie Weichspüler fungiert. Heilung, Body-Positivity und Self-Care sind wichtige Praxen, um die eigene psychische Gesundheit zu wahren – keine Frage. Deren Inszenierung allerdings ist gleichzeitig ein gutes Ablenkungsmanöver, um beschäftigt zu sein und still zu bleiben. Der Rückzug ins Private lockt an jeder Ecke. Denn wer regelmäßig heilt, seinen Körper liebt (*muss ich das?*), sich selbst bereichert (*mir reichen meine Klamotten, danke*) und ausgiebig samt Markenartikelverlinkung darüber postet, hat zwar nicht *gar* keine, aber gewiss weniger Zeit, um zu protestieren und sich Gedanken über komplexe politische Angelegenheiten zu machen. Weniger Zeit, die für kollektive feministische Arbeit bleibt – beispielsweise das Erkämpfen von Rechten für alleinerziehende Mütter. Das können bitteschön die anderen machen, ich muss erst noch zum Yoga. Ich kenne diese Falle selbst nur zu gut.

> *„I've read so many books by feminist writers from the past five to 10 years that say things like ‚oh, you don't really have to change your life to be a feminist. You don't have to do anything that's uncomfortable (…) You just have to call yourself a feminist.' It's led to us to this shallow place where just using this magic word is supposed to make change happen. The real work of feminism is still really unpopular and hard. It's much easier to put on a t-shirt than work with local government to create subsidised childcare."* Jessa Crispin in Vice[38]

Das Ding ist: Feminismus ist keine millennial-pinke Kuscheldecke, auch wenn er inzwischen so aussieht. Feminismus ist nichts, das man sich anzieht. Feminismus ist nicht kurze Stirnfransen, Tattoos, Highwaist-Hosen und Peelingmasken. Feminismus ist nicht so tun, als ob man „alle Körper schön findet" und dann über die „schwabbeligen Arme" einer Anderen lästern. Feminismus ist nicht einmal in sechs Monaten eine Kollegin per E-Mail weiterempfehlen. Dann, wenn man den Auftrag selbst nicht haben möchte. Die Kulissen des heutigen Mainstream-Feminismus sind so glatt wie die Vulva nicht rasiert sein müsste. Sie verschleiern mehr, als sie auf den ersten Blick offenbaren.

Dort, wo die meisten vor drei Jahren noch nicht einmal wussten, was Feminismus ist (fair enough, kann eins ja lernen), gedeihen pseudo-feministische Binsenweisheiten wie nachdenkliche Sprüche auf Facebook. Es kann dem Individuum gar nicht besonders verübelt werden, schließlich haben Magazine und Unternehmen den Schmäh für sich entdeckt. Gibt es überhaupt noch ein modernes Frauenmagazin, das seine Haltung *nicht* als feministisch bezeichnen würde? Und: Wie viel zählt der Stempel demnach überhaupt noch?

Kritiker*innen werden sagen: „HALT STOP! Das ist doch an sich eine super Sache!" Statt etwas mit Menschenverachtung („Sie hat 15 kg zugenommen!" oder „So funktioniert ein Deep-Throat – ganz ohne Würgen!") und Sexismus zu verkaufen (man erinnert sich an nackte Frauen, die für Schuhe werben), wird jetzt eben mit *Feminismus* verkauft. Haben die Medienmacher auch endlich wieder was Neues zu schreiben, nach Jahren, in denen die intelligente, feministische Aufklärung vermeintlichen Spaßbremser-Magazinen wie der *Missy* und der *Mädchenmannschaft* überlassen wurde.

Leider lassen sich Misogynie, Konkurrenzgetriebenheit und Neid nicht binnen zweier Jahre mit ein paar netten Captions auslöschen. Das zeigen Artikel wie: *Endlich Fast-Food, das nicht dick macht* neben Beiträgen von dicken Frauen, die sich selbst lieben. Auch ein Highlight: Die *Cosmopolitan* brachte einen Artikel, dessen Aufhänger lautete *Warum wir Feminismus jetzt cool finden*. An der Seite gab es eine Vergleichstabelle mit Feminismus früher und heute. Dort wurden dann tatsächlich einem Paar Birkenstocks (früher) ein Modell von Céline (heute) gegenübergestellt (zitiert aus: greenwashing in rosa[39]). Ein Paradox? Oder doch nur ein routinebedingtes Missverständnis im redaktionellen Getriebe, das ganz gut offenbart, wo wir als Gesellschaft *tatsächlich* und nicht in unserem Wunschdenken stehen. Über die Oberflächlichkeit des hippen Instagram-Feminismus sprechen die wenigsten. Bringt nicht so viele Likes, sich andere Fehler einzugestehen als die vermeintlich zu krumme Nase.

Es wird gerne so getan, als ob Feminismus eine Bewegung sei, die „allen hilft", dabei ist es in vielen erwähnten Beispielen eine ökonomische Bereicherung des weißen, ohnehin meist eher reichen Individuums. Sobald die heutzutage super klick- und likebare Selbstliebe, beispielsweise in Form von Strandfotos einer Frau mit Size 16 eine 25k-Followergrenze erreicht hat, folgt beinahe automatisch eine Corporate-Modelinie, die für mehr Körperakzeptanz und Selbstliebe wirbt.

Was ich an der Selbstliebe auszusetzen habe? Nichts. Ich freue mich, wenn Frauen ihren Körper genauso wie ihren Charakter schätzen und auch fernab von Größe 40 schöne Klamotten zum Anziehen haben. Ich lasse mir nur ungern etwas von einem Konzern verkaufen, der meine einst so geliebte Denkrichtung missbraucht, um Profit in die eigene Tasche zu wirtschaften und nicht jenen zukommen lässt, die die prekäre Vorarbeit geleistet haben.

Beispielsweise den Näherinnen in Bangladesch. Oder, etwas näher gedacht, den ambitionierten Initiator*innen des Frauenvolksbegehren[40]. Oder den Gewerkschaften für Arbeitnehmer*innenrechte.

Ein anderes Beispiel: Agiert jemand, der in seiner Bio „female empowerment" stehen hat, feministisch, wenn diese Person eine berühmte Designerin wie folgt zitiert: „Coco Chanel hat mal gesagt: Um unersetzbar zu werden, muss man anders sein. Sei verrückter, liebenswerter, professioneller und fleißiger als alle anderen da draußen. Wenn sie schlafen gehen, setzt Du Dich an den Schreibtisch. Wenn sie Angst haben, gehst Du Deinen nächsten Schritt." – 734 Leuten gefällt das.

Ich frage noch einmal: Ist das wirklich *female empowerment* – oder ist es 08/15 Einsteiger-BWL-Gequatsche? Accounts wie dieser haben mehr Follower als die besten (radikal feministischen) Autorinnen des Landes. Und das soll nicht *gefährlich* sein? Wenn das der Mainstream-Feminismus ist, den alle verteidigen und der stolz als humanistische Errungenschaft vor sich hergetragen wird, dann bin ich raus. Ein verwaschener, neoliberaler Feminismus wie dieser ist nicht *female empowerment,* er ist *self exploitation at its best.*

Niemand im Kapitalismus ist unersetzbar, wie lange muss ich das noch predigen? Mittels female empowerment altbekannte Muster des Kapitalismus zu promoten, grenzt an Lächerlichkeit. Selbst scheint die Schreibende es übrigens „geschafft" zu haben: Sie sitzt am Valentinstag mit Sekt im Hyatt Düsseldorf. Nicht mit ihren Freundinnen übrigens, sondern mit ihrem Freund

und wünscht sich sponsored Gesichtsmasken. Ist es das, was wir wollen? Dass uns weiße, privilegierte Frauen auf ihren Social Media Kanälen bis ins Letzte entintellektualisierte Floskeln für ein „erfolgreiches" Leben entgegenwerfen und das als *empowernd* bezeichnen, damit wir nicht mehr nachdenken müssen über die hässlichen Dinge? Frauen, die leider selbst wenig dafür können, weil sie auch Opfer des Spätkapitalismus sind und nie so weit gekommen sind, das System, in dem wir leben, zu hinterfragen, weil es inzwischen einfacher ist, Haltungen gefiltert weiterzutransportieren, als zu *ownen?* Weil es einfacher ist, mitzumachen, wenn es für einen selbst funktioniert?

> *„Feminist women want to be represented in every single traditionally male-dominated industry – we want to be the romantic leads in Hollywood movies, we want to make partner at the law firm, we want to be President. None of this, Crispin says, necessarily signifies progress."*[41] Katherine Gillespie in Vice

Ich werde mich künftig nicht mehr als Feministin bezeichnen, ohne dabei die Adjektive intersektional und marxistisch voranzustellen. Ich bin für einen Feminismus mit Haltung, der den Alltag und die Arbeit kritisch hinterfragt und in einem Kontext mit Machtstrukturen behandelt, und nicht den Großteil der Zeit dafür da ist, uns neue Produkte und Kurse anzudrehen, in denen wir uns gegenseitig beweihräuchern dürfen. Zumindest solange, bis der erste Konflikt entsteht.

Denn auch das ist Post-3rd-Wave Feminismus: ein Paradebeispiel an Schwarz-Weiß-Denken. Jemand, der Frauen kritisiert, ist nämlich laut diversen Sprüchlein und Bildchen automatisch „unsolidarisch", „negative" und „toxic" und gehört für immer aus dem eigenen rosafarbenen Wattepadleben verbannt, in dem die Bereitschaft fehlt, sich im real life miteinander auseinanderzusetzen. Als Menschen, nicht als Plüschtiere.

Es hätte ziemlich bereichernd werden können, wären wir uns nicht vor ein paar Monaten gegenseitig entfolgt.

WENN VOM #GIRLBOSS NICHTS ÜBRIG BLEIBT AUSSER ERNÜCHTERUNG

26.06.2018

Sonja Eismann hat etwas Kluges im *Missy-Magazine*[42] geschrieben. Macht würde zwar im Zuge der #MeToo-Debatten thematisiert werden, aber nur im Hinblick darauf, wie Frauen sich vor zu viel Macht schützen oder sich selbst mehr von dieser verschaffen könnten. Sie schreibt: „Ich glaube nicht, dass wir es mit einer Neu- oder Umverteilung lösen können, im Sinne von ‚Wir brauchen mehr Frauen in Machtpositionen' oder ‚Wir müssen nur alle Schwachen empowern'. Denn: Macht funktioniert nur dann als solche, wenn es auch Machtlose gibt."

Das, was die Autorin mutig beschreibt, ist genau jener Aspekt, der auch mir in der aktuellen Debatte rund um #femaleempowerment fehlt. Selbst, wenn mich daran etwas anderes triggert. Frauen, die sind heute für den Spätkapitalismus wie ADAC-Engel in frecheren Posen, die ihn stürzen oder zumindest verändern sollen und uns allen ein schöneres Arbeitsleben gestalten werden. Automatisch.

In Business-Talks und Debatten wird pauschal davon ausgegangen, dass Frauen die besseren Chefitäten wären, als ob die Hälfte der Weltbevölkerung quasi per Geburt mit niedlichen Charaktereigenschaften wie Einfühlungsvermögen, Kuschelbedürfnis und Güte gesegnet wäre und sich nicht auch mal danach sehnen würde, ordentlich auf den Putz zu hauen und sich durch die eigene Machtaneignung Privilegien zu verschaffen. Gestützt werden solche Vorannahmen von Studien wie jener der Norwegian Business School. Die Ergebnisse der Wissenschaftler*innen zeigten, dass Frauen klarer in ihrer Kommunikation, offener für Innovationen, gewissenhafter und besser darin seien, Mitarbeiter*innen zu unterstützen. Soweit, so okay. Aber sind sie denn auch zeitgleich gewillt, das System zu ändern, in dem sie sich hochgearbeitet haben?

Ich muss an ein Geschehnis denken, das mir vor Kurzem widerfahren ist. Während ich bei einem Netzwerk-Treffen an meinem Sekt nippe, frage ich die mir gegenübersitzende Chefin, warum sie Teamleiterin werden wollte. „Weil ich dann alles bestimmen kann", sagt sie lächelnd. Besagte Frau sitzt gerne als Feministin auf Podien und Veranstaltungen, um dort zu erzählen, wie *sehr* sie sich für die Förderung anderer Frauen einsetzen würde, und knallt dann einen Bummer nach dem anderen auf den Tisch. „Ja, ist doch schön, wenn ich aussuchen kann, was in diesem Laden geschieht? Wenn ich das alleinige Sagen habe." Zwinker, Zwinker. Flache Hierarchien? Mitbestimmung? Auch mal: Platz machen für andere? Fehlanzeige. Sofort muss ich an *Nasty-Gal*-Gründerin Sophia Amoruso (inzwischen pleite) denken, und ihre fragwürdige Business-Bibel mit dem Titel *#Girlboss*. Bis heute werden immer wieder Stimmen laut, die Amoruso vorwarfen, wahllos Leuten zu kündigen, weil diese sich nicht nach dem eigens konzipierten, selbstausbeuterischen Arbeitsethos verhielten und um 18 Uhr nach Hause gehen wollten. Oder ganz einfach: schwanger wurden.

Bei Anschuldigungen wie diesen werde ich schnell ein bisschen wütend. Vielleicht bist du kein weltverändernder, unterstützender #Girlboss, nur weil du es in deiner Insta-Bio stehen hast, vielleicht bist du schlicht und einfach ein #shitboss – wie der Typ vor dir, nur mit Vagina? Die, die gestern noch „Sexismus!!!“ riefen, bewegen sich schon morgen brav und angepasst im Chef*innensessel und agieren dort in erster Linie: kapitalistisch. Scheinbar kann man jeden Menschen – auch Feministinnen – mit Geld und Macht gefügig machen.

Eine gewisse Analogie besteht inzwischen wohl auch zum *weißen,* Club-Mate trinkenden Skinnyjeansträger an der Uni, der sich zwar für voll links hält, aber wenig bis keine politische Arbeit leistet und verkennt, Solidarität zu zeigen. Was ihn natürlich nicht daran hindert, linke Räume einzunehmen.

Es geht selten bis nie um die Armen, die Geringlohnarbeitenden, die Marginalisierten, die Praktikant*innen und freien Mitarbeiter*innen in den Business-Panels. Dort kommen sie gar nie an. Es geht nie darum, die vorhandene Macht gerechter unter allen Frauen zu verteilen. Auch nicht-*weißen* und behinderten.

Wenn Frauen an der Spitze ausbeuterische Strukturen zulassen und sich mit vormaligen politischen Feinden verbünden, nur, um endlich selbst zu profitieren, dann ist das zwar ökonomisch für die Frau als solches zu begrüßen, ansonsten allerdings scheinheilig. Nur weil man als *Frau* an der Spitze steht, hat das noch gar nichts zu bedeuten. Zumindest, wenn wir davon ausgehen, dass wir alle *total* gleich sind und das Geschlecht als solches gar keine Rolle mehr bei der Beurteilung von Taten, Talenten und Fähigkeiten spielen sollte. Ist es nicht das, was wir wollten?

Ich persönlich fühle mich als lohnarbeitende Frau nicht immer ausreichend „von meinen Schwestern" unterstützt, von den Promi-Feministinnen und VIP-Karrieristinnen. Sind es nicht dieselben, die einerseits diese tollen Best-of-Frauen-Listen veröffentlichen und andererseits im Anschluss zu geringe Honorare zahlen und einen Dreck auf die Arbeitsrechte Anderer geben? Das ist nicht Feminismus, das ist Kapitalismus.

Ich bin frustriert darüber, wie unreflektiert Karrieristinnen oftmals in ihre Rollen hineinrutschen und verdrängen, was sie durchgemacht haben, sobald sie endlich in der Lage sind, die Hebel „Hot" or „Not" zu drücken. Da werden E-Mails salopp beantwortet, da wird über Grenzen drübergefahren und respektlos gehandelt. Ganz so, wie es Männer auch machen. Nur, dass keiner darüber reden darf, ohne sich sofort dem Vorwurf der Antisolidarität schuldig zu machen. Dabei verbietet Solidarität keine sachliche Kritik. Sonst zwingt sie uns ja nur erneut zur Unterwerfung unter bestimmte Regeln. Da werden Sätze geschrieben wie „Naja, so ist das eben" oder „Stell dich mal nicht so an mit deinem Sonderstatus". Ich frage: Habt ihr genau dieses Verhalten nicht auch irgendwann mal kritisiert?

Da fordern wir monate- und jahrelang Dinge wie Konsens, Respekt und anti-hierarchische Strukturen. Und dann hat sich irgendjemand den Corporate-Bullshit-Job unter den Nagel gerissen und gut ist? Macht auszuleben, im ganz klassischen Sinne nach Weber bedeutet, bei jeder Chance, innerhalb einer sozialen Beziehung den eigenen Willen auch gegen Wiederstreben durchzusetzen, gleichviel, worauf diese Chance beruht.

Macht führt dazu, dass Menschen denken, sie hätten es mehr als andere verdient, an der Spitze eines Systems zu sitzen, von dem sie selbst genauso ausgebeutet werden, ohne es zu bemerken, nur, dass sie jetzt die Chance haben, ein bisschen von oben mit zu tyrannisieren.

Ich wünschte, es wäre anders. So, wie ich es auch schon zum Glück oft erleben durfte, mit tollen Chefinnen. Bis es flächendeckend so weit ist, bleibt nichts übrig, als jenen den Spiegel vorzuhalten, die sich in pseudo-emanzipatorischer Sicherheit wiegen, und zu kündigen, wenn eins es sich erlauben kann.

Egal, welches Geschlecht morgens hoch in die Chefetage fährt.

DESTINATION NAMASTE: ÜBER DIE FASZINATION LAURA HIMBEERE SEILER

23.11.2018

Ich war beinahe unbefangen, im Frühjahr dieses Jahres, als ich zum ersten Mal über den Podcast *Happy, Holy and Confident* von Laura Malina Seiler stolperte. Klar, der Name mutete ein wenig seltsam an (warum denn gleich *holy*?) und die lächelnde Schneidersitzpose auf dem Cover entsprach auch nicht unbedingt meinem ästhetischen Empfinden. Aber ich wollte nicht so sein – und statt meines ersten Eindrucks lieber dem boomenden Podcast einer engagierten Frau eine Chance geben. Ein bisschen Meditation und positives Denken, so dachte ich, könnte selbst *mir* nicht schaden.

Während ich vollbepackt durch den Supermarkt lief und nach einer frischen Salatpackung suchte, erzählte mir holy Laura etwas über Vergebung. Es handelte sich um eine Folge, in der die Zuhörerinnen lernen sollten, die Beziehung zu ihren Eltern positiv zu gestalten. „Ein Thema", das laut Laura so oder so ähnlich „jeden von uns betrifft." Hängen geblieben ist, dass man seinen Eltern keine Schuld für *irgendetwas* in seinem Leben geben kann. Man ist selbst verantwortlich für das Leben, das man führt. „Wofür deine Eltern verantwortlich sind, ist, dass sie dir dein Leben geschenkt haben. Ja, dafür sind deine Eltern verantwortlich. Alles andere, ab diesem Punkt, ab dem Moment, wo du alleine in der Lage warst, zu gehen, zu stehen, zu essen, Entscheidungen zu treffen, bist du selbst für dein Leben verantwortlich", sagt Laura Himbeere Seiler.

Nach dieser Podcastfolge, so Himbeere, solle man seinen Eltern erstmal einen riesengroßen Blumenstrauß schicken, um sich für dieses *Geschenk (das man eventuell gar nicht wollte?)* zu bedanken – und dann ratzfatz Verantwortung für sein eigenes Leben übernehmen. Nach 25 Minuten habe ich den Podcast abgebrochen. Ich hatte ein komisches Gefühl beim Zuhören, ohne es konkret benennen zu können. War es wirklich *so* einfach? Musste man sich die eigenen Eltern lediglich als *Menschen* vergegenwärtigen und schwupps, war die Sache mit den negativen Gefühlen erledigt? Zuhören. Einatmen. Blumen schenken. Problem gelöst.

Ich frage mich, wie sich Menschen bei diesen Worten fühlen müssen, die psychisch oder physisch missbraucht wurden – und sei es noch so lange her. Klar wäre es schön, wenn auch diese Menschen vergeben könnten. Nur: Was, wenn es nicht gelingt? Wenn doch sehr große Teile ihres heutigen Daseins noch immer von der Vergangenheit beeinflusst werden – und eigentlich eine ordentliche Therapie hermüsste? Was tun mit den Schuldgefühlen darüber, trotz all der Anstrengung kaputt zu sein?

Dass wir Verantwortung für unser Leben übernehmen müssen, stimmt prinzipiell. Aber wer ernsthaft psychisch krank ist und an Depressionen leidet, wird *genau das* oft nicht so selbstverständlich tun können, wie es Laura Seiler aus ihrer privilegierten Position heraus predigt.

„Und wenn mich meine Mutter mit 3 Jahren verprügelt hat, muss ich ihr dann schlicht vergeben. Und wenn mich mein Vater misshandelt hat, sage ich: Ich liebe dich. Danke." Auszug aus einer DM

Das Nicht-Fassbare an Seiler ist für mich und viele andere ihre vermeintliche Harmlosigkeit. „Schadet ja nicht", sagen meine Kritikerinnen. „Was hast *du* da schon mitzureden, Bianca". Es hat noch ein weiteres halbes Jahr gedauert, bis ich selbst verstanden habe, *was* mir aufstößt. Es ist die Gier danach, verzweifelte Menschen in zahlende Kunden zu verwandeln, ohne ihre individuelle Situation zu berücksichtigen. Und zwar zu welchen, denen es nicht so bald besser gehen wird, denn wenn es ihnen besser gehen *würde,* wären sie keine Konsumentinnen mehr. Sie würden sich nicht das zweite Buch kaufen (*Schön, dass es dich gibt*), das im Grunde dasselbe aussagt wie das erste (*Mögest du glücklich sein* – auch hier das Wording straight outta hell, sorry, heaven) und verstehen, dass auch die ständige Optimierung des Innersten nichts weiter ist als das: Optimierung und Victim-Blaming. Aber dazu kommen wir noch.

Das Problem – und es betrifft natürlich nicht nur Himbeere (Malina heißt Himbeere auf Slowakisch, falls sich wer fragt) – ist, dass sich heutzutage sehr, sehr viele profitable und weniger profitable Online-Businesses darum drehen, anderen in einer One-Size-Fits-All-Manier zu helfen. „Ich helfe dir dabei, dein Warum zu finden", „Ich zeige dir, wie du achtsamer mit dir und deiner Umwelt umgehen kannst", „Ich zeige dir, wie du Glück und Zufriedenheit findest". Es sind die immer selben Versprechen, die meist von weißen Personen mit Kartoffelnamen und (zu) selbstgerecht lächelndem Profilfoto verkauft werden, die dabei südostasiatische Kulturpraxen missbrauchen (Namaste?! You serious?[43]).

Sie sind es auch, die nicht-fair-produzierte, gebundene Kalenderspruch-Binsenweisheiten für 25 Euro auf Amazon verkaufen (so viel zum heiligen Thema „geben"), in denen so schlaue Sätze stehen wie: „Dein Körper ist das Zuhause deiner Seele", „Verliebe dich ins Leben", „Es tut mir leid. Bitte vergib mir. Ich liebe dich. Danke.", „Bevor die Sonne untergeht, vergib" oder, mein Favorit: „Ich werde jeden Tag freier und freier".

> *„Sobald du gedanklich zu dem Teil, der erschaffen hat, wie du deine Mutter erlebst, sagst: ‚Es tut mir leid – bitte vergib mir – ich liebe dich – danke' und diese Worte tief in deinem Inneren bewegst (...), wirst du bemerken, dass in deinen Gehirnregionen der Krieg zwischen deiner Mutter und dir geheilt wird."*

Ein Auszug der Seite, von der Himbeere das Eat-Pray-Love-Zitat eventuell geklaut hat – *genau* kann man es nicht sagen, schließlich klingen sehr viele Coaches in ihren Ansagen gleich. Fast so, als ob sie alle einer geheimen Sekte entspringen, die Lebensfreude, Zufriedenheit und Holyness im Flatrate-Tarif anbietet. Achso, ursprünglich stammt der Spruch aus dem hawaiianischen Ho'oponopono-Ritual.

Spiritualität ist die neue Religion, das neue Opium fürs Volk, und ich muss leider sagen: Wer solchen Mist wie Seilers Journaling-Kalender bei Amazon kauft, um sich „freier zu fühlen“, wird eines ganz sicher nicht werden: *frei*. Denn dort, wo an sich gute Intentionen zu barem Geld gemacht werden, zieht eines ein: die kapitalistische Verwertungslogik des freien Marktes, die Himbeere recht früh erkannt und für sich einzusetzen gefunden hat.

Wenn Himbeere eines ist, dann eine schlaue Geschäftsfrau. Statt sich noch länger selbst mit dem Texten zu plagen, hat sie die kreative Kritzelei lieber ausgelagert (Information liegt mir vor) und ein Team von unterschiedlich gut bezahlten Freigeistern angeheuert, die sich um so Dinge wie Onlinemarketing, Grafik und die Verbreitung der Marke auf Social Media kümmern. So kann die Oprah Winfrey Berlins (Zitat *Rowohlt*, ok wtf) durch die Gegend touren, einst renommierten Verlagshäusern Kohle mit ihrer Aura einbringen und quasi im Vorbeigehen psychisch kranke Menschen via Facebook Live-Session heilen, äh, *coachen*.

> *„Ja, ich muss zugeben, dass sie mir damals zu helfen schien. Nur wenn man länger dabei bleibt, dann muss man doch merken, dass das alles nur Wiederholung und vor allem leeres Gelaber ist.“* Auszug aus einer DM

Zu Recherchezwecken habe ich mir eine dieser Sitzungsaufzeichnungen angehört, um auch auf Nummer sicher zu gehen, dass ich hier keinen Mist verzapfe. Am allerliebsten beugt sich die nahbare Guru natürlich runter zu ihren

Fans und bearbeitet in herzzerreißenden Sessions (*Wie du die wahre Ursache hinter deinem Problem findest* – man liebkose den Clickbait) die großen und kleinen Probleme der treuen, sicherlich verzweifelten und durchaus akademisch gebildeten Gefolgschaft.

Zumindest, solange sie nicht länger als zwölf Minuten dauern. Schnell aus der Ferne zugeschaltet ist Laura Himbeere Seiler ganz nah bei der Sache und schmeißt einer Person, die nicht sicher ist, ob sie ihr Zahnmedizinstudium wegen psychischer Probleme beenden oder wechseln soll, Ratschläge entgegen, die in dieser Qualität auch von der eigenen ahnungslosen Nachbarin stammen könnten. Hin und wieder trifft jeder ins Blaue!

Das Gespräch beginnt mit dem üblichen „Schön, dass du da bist", das uns allen ein warmeliges Gefühl in dieser kalten, neoliberalen Welt vermitteln soll. Ob die Probandin bereits eine Diagnose erhalten hat, wird seitens Himbeere nicht abgefragt – dabei besagen das die Coaching-Regeln. Zu ihrem Glück hat die Probandin den Fehler nicht bemerkt und „Lauras Glaubenssätze" bereits erfolgreich inkorporiert. „Der Stress überrollt mich manchmal. Dann kann ich gar nicht genießen, was ich lerne. Ich versuche, mehr an mich zu glauben, ich mach auch grad die (nuschelnd) Kurse (?), ich bin gerade bei Tag fünf, und wenn etwas nicht klappen sollte, geht davon die Welt nicht unter", sagt die angehende Medizin-Studentin. „Hast du Tipps, wie ich da bei mir bleibe und dieses Studium genießen kann?" An dieser Stelle folgt nun ein durchaus mühsames Transkript des Coachings, damit ihr hinterher meine Einordnung verstehen könnt:

LMS: „Was ist der Gedanke, der dich unter Stress setzt?“

XY: „Dass ich nicht gut genug bin.“

LMS: „Der Gedanke ist da: Wenn ich durch irgendeine Prüfung falle, dann bin ich nicht gut genug, quasi. (...) Kennst du das in deinem Leben, dass du Leistung an Liebe knüpfst? Oder dass Liebe an Leistung geknüpft ist?“

XY: „Von meinen Eltern überhaupt nicht. Die sind da super-liberal. Eigentlich nicht, aber ich würde sagen, vielleicht die Liebe zu mir *selber*. Wenn überhaupt, würde ich das in Betracht ziehen.“

Beide gackern freundschaftlich. Die Probandin gluckst erfreut: „Manchmal macht es einfach Klick.“

LMS: „Hattest du irgendwann in deinem Leben Momente, wo du das Gefühl hattest, dass *du* dir nur die Liebe gibst, wenn du etwas Bestimmtes erreichst?“

XY: „Fällt mir so spontan nichts ein.“

...

XY: „Wenn überhaupt, dann fällt mir noch ein: Ich hatte zu Abizeiten Pfeiffersches Drüsenfieber, und das war eine superblöde Situation, weil ich dieses Abi machen wollte – aber nicht konnte. Das war eine superblöde Erfahrung."

LMS: „Erzähl mal, was genau war daran blöd?"

XY: „Ich saß da ständig in der Schule und es ging mir superschlecht und ich hatte das Gefühl, ich muss jetzt hier abliefern, sonst mach ich dieses Abi nicht. Ich wollte anfangen zu studieren. (...) Was noch dazu kommt, ich habe das blöde Gefühl von Zeitdruck, dass ich jetzt dieses Studium anfangen muss. Ich bin 22, ich hab ja schon was gemacht (Zahnmedizin), ich mach jetzt was anderes (Humanmedizin), und hab mich ein Jahr „ausgeruht" wegen dieser blöden Erfahrung und muss sagen, ich hab deshalb so einen inneren Stress, dass ich das jetzt erledigen muss – aber in Lernsituationen nicht so an mich glaube."

LMS: „Lass uns kurz zu der Abizeit zurückgehen. Da waren gerade so viele Emotionen in dir, da hat sich etwas verändert in deinem Bewusstsein. Und du hast vorhin gesagt: ‚Wenn ich das nicht zu Ende mache, dann ...' – und dann hast du über etwas anderes weitergeredet. Was wäre denn passiert, wenn du dein Abi nicht zu Ende gemacht hättest?"

XY: „Dann verlier ich Zeit."

LMS: „Was passiert, wenn du Zeit verlierst?"

XY: „Nichts."

LMS: „Was hast du gedacht, das passiert, wenn du Zeit verlierst?"

XY: (überlegt länger) „Dann verpasse ich, selbstständig zu werden."

LMS: „Und warum ist es dir so wichtig, selbstständig zu werden?"

XY: „Vielleicht um mir selber was zu beweisen? Dass ich selbstständig sein kann."

LMS: „Das ist megaspannend. (...) Offensichtlich ist es für dich extrem wichtig, selbstständig zu sein. Das ist ja ein Bedürfnis von dir gerade. (...) Woher kommt dieser starke Wunsch, selbstständig zu sein? Kennst du dieses Gefühl in deinem Leben, dass du das Gefühl hast, du bist nicht ganz frei? Dass du nicht aufstehen kannst, wie du möchtest?"

XY: „Kenn ich. Mit meiner Mama."

LMS: „Dann bist du da, wo du hinmusst." (klatscht hörbar befriedigt auf ihre Oberschenkel). „Das musst du auflösen. (...) Den Stress, den macht nicht dein Studium. Du machst dir den Stress, weil du dich *eigentlich* von der Bindung zu deiner Mama befreien möchtest. (...) Kannst du beschreiben, was es ist?"

XY: (WEINT INZWISCHEN.) „Es ist ganz, ganz liebevoll aber ... ich bin die Älteste von dreien und es ist einfach zu viel."

LMS: „JA JA JA! Du bist am Kern. Du bist da, wo du hinmusst. Du schaffst dir jedes Mal eine Situation, wo du dich mit befreien möchtest, (...) aber hast trotzdem diese Angst: Was ist, wenn ich mich befreie? Zack, Unterbewusstsein, wir überlegen uns mal Pfeiffersches Drüsenfieber, weil dann bestehen wir das Abi vielleicht gar nicht und bleiben in dieser Verbindung zu ihrer Mutter. Das ist etwas, das dich immer beschützt hat. Es gibt dir diese Sicherheit. Und jetzt kommt das Gleiche wieder: ‚Geil, ich studier' Medizin' – und sofort kommt dieses Gefühl: ‚Scheiße, was ist, wenn ich dieses Studium nicht schaffe?' Das ist überhaupt nichts mit diesem Studium, sondern die Frage ist eigentlich: ‚Scheiße, was wenn ich es *wieder* nicht schaffe, mich zu befreien?' Das ist eigentlich, was dir Stress macht."

XY: (WEINT WEITER.) „Super. Du hast mir dabei geholfen, etwas zu klären, das ich seit fünf Jahren versuche in meinem Kopf zu lösen."

11 MINUTEN COACHING hat also das Leben der Probandin auf die Kette bekommen. Wie dumm die doch sind, die seit Jahren in Therapie gehen. Einmal telefonieren mit Laura und schon wären sie geheilt! Danach spricht Himbeere noch ein bisschen über unser Unterbewusstsein als

„liebevolles Miststück“ und die Solidarität zur „weiblichen Linie“ in der Familie. Nach dem Live-Coaching, so Himbeere, soll die Probandin nochmal zu ihrer Mama fahren und sagen: „Mama, du hast alles richtig gemacht, aber ich möchte jetzt frei sein. Ich danke dir für deine Liebe, aber ich breite jetzt meine Flügel aus und flieg los. Nicht, weil ich dich nicht liebe, sondern weil ich dich so sehr liebe.“

PROBANDIN HEULT WEITER. Später, so Himbeere, sei bestimmt „der ganze Druck“ weg. Weil die Probandin „nichts mehr im Außen braucht, das sie befreit“. Weil sie „sich befreit hat“. Die Probandin könne nun laut Himbeere studieren, *was* sie wolle (großartig, oder?) – oder „zehn Jahre durchs Land reisen“. Coaching Ende. Ob die Probandin nun *wirklich* stressbefreiter studieren kann? Wir, ja, *Laura* wird es nie erfahren. Denn damit endet auch schon die persönliche, herzerwärmende Betreuung, die jegliche Realität des Studentenlebens (Geldnot, Burn-Out, Klausuren und Konkurrenz) außen vor lässt. (Und dass man eventuell auch mal mit Mitte-Ende-Zwanzig wird Geld verdienen müssen. Auch so ein Weg in die Freiheit.)

Okay, *Moment* mal. Von vorne: Eine junge Frau, die ihr Studium aus gesundheitlichen Gründen gewechselt hat, kommt zu Himbeere und erzählt von ihrer neuentfachten Unsicherheit – und am Ende ist der Stress, den die Probandin eventuell auch aufgrund des großen Leistungsdrucks erfährt, darauf *zurückzuführen,* dass sie sich a) nicht genug selbst liebt und b) nicht von ihrer *Mutter* befreien konnte? Wo kam denn die Mutter plötzlich her?

Wie ausführlich hat sich Himbeere wirklich mit der Vergangenheit der Probandin auseinandergesetzt, um solch vorschnelle Urteile fällen zu *können?* Vermutlich gar nicht, denn die beiden Frauen kennen sich nicht.

Ich bin selbst keine Psychologin oder Psychotherapeutin, kann hier also nur auf meine eigene Erfahrung zurückgreifen und die sagt mir klar: Jede Therapeutin, die bereits in der ersten Sitzung Diagnosen stellt oder vorschnelle Schlüsse zieht, sollte gewechselt werden. Das ist *die* Red-Flag unter all den Zeichen, auf die man bei Psychotherapeutinnen achten sollte (ein Artikel dazu hier[44]).

Ethisch bedenklich und fachmedizinisch äußerst schwach argumentiert finde ich auch, dass Himbeere das Pfeiffersche Drüsenfieber der Probandin in einen Zusammenhang mit ihrer vermeintlichen Unfähigkeit bringt, sich „selbst zu befreien". Was auch immer das im Spätkapitalismus bedeuten soll. Ja, wahrscheinlich bekommt man deshalb auch Krebs. Wundern würde mich auch diese an den Haaren herbeigezogene Floskel-Kausalität von Himbeere wenig, der Körper ist schließlich „der Tempel deiner Seele".

Aber wieder zum Drüsenfieber: Ich hatte mit 17 vor dem Abi lustigerweise ebenfalls Pfeiffersches Drüsenfieber, und das lag hauptsächlich daran, dass ich jedes Wochenende mit jemand anderem geknutscht hatte. Eine typische Teenager-Krankheit, die rein symptomatisch nichts mit Versagensängsten zu tun hat. „Der Erreger des Pfeifferschen Drüsenfiebers ist das Epstein-Barr Virus (EBV), welches zu den Herpesviren gehört", schreibt die Apotheken-Umschau.[45] „Die Ansteckung mit dem Epstein-Barr Virus erfolgt in erster Linie oral, das heißt durch Speichelkontakt, wie es zum Beispiel beim intensiveren Küssen der Fall ist."

Schulmedizin hin oder her: Seiler kann ihre alternativen „heilbringenden Methoden" und deren Wirksamkeit nicht beweisen, weil sie diese nicht in einem angemessenen, wissenschaftlichen Maß empirisch überprüft. Und dann fragt auch noch keiner nach – Win, Win! Zudem kennt sie weder die Vergangenheit der Probandin, noch weiß sie, woher der Stress *wirklich* rührt. Dafür braucht es mehr Zeit. Eine Plattform abseits meiner Instagram-DMs gibt es leider auch noch nicht, wo sich von Himbeere Geschädigte oder Verarschte melden könnten.

Himbeere mag zwar charmant sein und Aufmerksamkeit schenken. Auch ihre Fragen sind auf den ersten Blick nicht schlecht. Gleichzeitig: Who is *she* to judge? Was qualifiziert sie dazu, im Leben von Tausenden von Menschen herumzupfuschen? Lesen wir mal nach: „2015 schloss sie ihre Ausbildung zum Life Coach an der Dr. Bock Coaching Akademie in Berlin ab und ist seit März 2016 als Coach selbstständig" – steht auf ihrer Website. Coach ist in Deutschland ein sogenannter freier Beruf, so wie beispielsweise auch Journalist. Genau hier wird es schwierig. Es gibt keine einheitlichen Berufsstandards, auf die Laien achten könnten. Jeder und jede kann sich nach einem netten Wochenendseminar so nennen und seine

Sichtweisen in die Welt posaunen. Carl Cederström kritisiert diese Praxis in seinem Werk *The Wellness Syndrom:* „Auch wenn man keinen Schwerpunkt ausmachen kann, so basieren doch alle Formen von Coaching auf einer spezifischen Idee, die vom positiven Denken übernommen wurde, das behauptet, dass das Individuum die Fähigkeit hat, sein inneres Potential freizusetzen. In seiner Gesellschaftsdiagnose der USA der siebziger Jahre setzte Christopher Lasch diese Idee in Beziehung zu der ‚Human Potential Movement' und ihrer Konzentration auf Selbsterfahrung und menschliches Wachstum." Dieses Thema ist gang und gäbe unter den heutigen Life Coaches.

> *„Per Videochat Live-Tipps für 1.500 Euro zum inneren Ich bekommen, das Himbeere nicht kennt – Willkommen in der Coachinghölle"* Auszug aus einer DM

Auch Himbeere ist missionarisch dabei, ihre Gefolgschaft davon zu überzeugen, dass sie bessere Versionen ihrer selbst werden können. Statt zu fragen, was wir *eigentlich* wollen, so kritisiert die Soziologin Arlie Hochschild, lagern wir diese Fragen auf uns fremde und scheinbar doch nahe Menschen aus.

Und hier kommen wir zum nächsten Problem: Wer sind die Menschen, die sich fragwürdigen Fix-Me-Coachings wie diesen zuwenden? „Je besorgter, isolierter und zeitberaubter wir sind, desto wahrscheinlicher wenden wir uns bezahlten persönlichen Dienstleistern zu. Um diese Extraservices zu finanzieren, arbeiten wir länger."

„Kennst du dieses Gefühl in deinem Leben, dass du das Gefühl hast." Laura Himbeere Seiler

Im Falle von Himbeere kostet das dann: 49 € für den Higher Self Workshop, 250 € für vier Q&A-*Aufzeichnungen (!!)*, 900 Euro für das Bonusmaterial und die Aufzeichnungen, 3.500 € für den vierwöchigen Online-Kurs und – ganz wichtig – UNBEZAHLBAR für die tolle Rise Up & Shine Community. Witzig ist, dass statt des eigentlichen Wertes des Kurses (4.699) eine Variante herumgeistert, in der man alles für nur 329 € bekommt. Was jetzt, Himbeere, verschenkst du dein kostbares Material also am Ende doch, weil es keiner kauft?

Nichts für ungut, *I'm all up for earning money and shit.* Nur: Seit wann heißt es eigentlich „Werde der nächste Coaching-Millionär"? Ist Topmodel sein schon wieder out? Himbeere hat nach ihrer *steilen Karriere* zahlreiche Nachahmerinnen gefunden, die auf der Happy-Plattform Instagram ihr Unwesen treiben und vermutlich nicht selten mehr an ihrem eigenen Wohlstand als dem Wohl ihrer Klientinnen interessiert sind. Easy Money Quick lautet das Motto, wenn man erst die richtige Zielgruppe angezogen hat.

Statt anzuerkennen, dass sich manche, aber längst nicht alle Probleme wegatmen, wegdenken oder durch eine „gute Beziehung zu sich selbst" lösen lassen, versuchen Himbeere und Co., die Verantwortung auf das Individuum zu schieben. Dann können diese später auch nicht enttäuscht zurückkommen und sich beschweren.

> *„‚Radical self-love' – the insistence that, in spite of all evidence to the contrary, we can achieve a meaningful existence by maintaining a positive outlook, following our bliss, and doing a few hamstring stretches as the planet burns. The more frightening the economic outlook and the more floodwaters rise, the more the public conversation is turning toward individual fulfillment."* Laurie Penny

Und genau damit wird Life-Coaching zur Ideologie. Denn sie geht davon aus, dass Existenzkrisen, Depressionen, biopolare Störungen und Ängste in erster Linie von mangelnder Willenskraft oder fehlendem Selbstvertrauen zeugen, das sich durch Kurse aneignen lässt. Dass auch äußere Umstände wie ein toxisches Arbeitsumfeld oder ein neurodiverses Gehirn dazu beitragen können, dass wir uns schlecht fühlen, wird ignoriert.

Na denn: Namaste and rock on.

Manchmal glaube ich, dieser Gesellschaft ist im wahrsten Sinne des Wortes nicht mehr zu helfen.

2017: HASS IM NETZ

Es ist verdammt anstrengend, eine Frau zu sein. Eine *schreibende* Frau zu sein, verleiht der eigenen Existenz nochmal ein anderes Level an Stress und ich habe mehr als einmal damit gehadert, mein Innenleben einer breiten Öffentlichkeit zugänglich zu machen.

Als ich meinen Blog *groschenphilosophin.at* 2014 begann, kannte mich kaum jemand. Nach meinem Kickstart in der Medienöffentlichkeit sah das spätestens 2017 anders aus. Ich war nicht *fame*-fame, aber definitiv googlebar. Und meine Meinung passte sicherlich nicht ins Weltbild so mancher Männer. Mancher Männer? *Vieler* Männer! Alter, mittelalter, junger, gebildeter und ungebildeter Männer; Männer, die in Cafés arbeiteten, und Männer, die mir nachts beleidigte E-Mails als Antwort auf meine Kolumnen schickten. Männer, die mir sagten, meine Frisur sei hässlich, ich sei dumm, ich hätte Minderwertigkeitskomplexe und gehöre gefeuert. Männer, die mich stalkten und jeden meiner beruflichen Schritte verfolgten, um mich bei potenziellen, neuen Arbeitgebern zu diskreditieren.

Manchmal traute ich mich gar nicht, meine Mails aufzurufen. Es gab einige schlaflose Nächte und auch viele Tage, an denen ich weinend im Bett lag und Angst vor meiner eigenen Courage hatte. Kaum vorstellbar für Außenstehende, aber der Hass im Netz ist und war real. Es gilt die Regel: Je größer die Aufmerksamkeit, desto größer der Hass.

Naja, und außerdem war der Feminismus 2017 in der deutschsprachigen Medienwelt sicherlich noch nicht so angekommen wie heute, wo gefühlt jedes Mitte-Links-Blatt eine feministische (Video)-Kolumne herausgibt und Bücher wie *Unlearn Patriarchy* die Bestseller-Listen dominieren. Weil man selbst in den verstaubtesten Chefredaktionen inzwischen erkannt hat: Das *muss* so sein, wir brauchen Feminismus, wir brauchen radikale, weibliche und queere Stimmen, weil sie den Diskurs nicht nur ergänzen, sondern ihn maßgeblich *prägen*. Und, wenn wir mal ehrlich sind, natürlich auch Leser zum Klicken und Kaufen anlocken.

2017 konnte man die lauten Feministinnen in der deutschsprachigen Medienöffentlichkeit an einer Hand abzählen, und genau dort verteilte sich auch der Hass. Heute müssten Hater schon den ganzen Tag lang sitzen, um ihren Hass unter all die feministischen Insta-Postings, Kolumnen, Radio- und Fernsehbeiträge zu posten. Ich denke also, dass sich da inzwischen immerhin einiges zum Positiven entwickelt hat – auch, wenn meine Kolleginnen und Vorbilder, und ja, auch ich selbst, für genau diesen Fortschritt gelitten haben. Auch noch heute gilt: Je größer die Aufmerksamkeit online, desto größer der Hass.

Ich bin inzwischen nur deshalb keine Zielscheibe für digitalen Hass mehr, weil ich für meine Nischen-Community schreibe, PayWalls verwende und für kein Online-Medium schreibe. Das heißt aber noch lange nicht, dass der Hass gegen Frauen grundsätzlich verschwunden ist. Im Jahr 2022 sind in Deutschland deutlich mehr Fälle häuslicher Gewalt gemeldet worden als im Vorjahr. Die Behörden registrierten 157.550 Fälle von Gewalt in Partnerschaften. Das entspricht im Schnitt 432 Fällen pro Tag. 2021 waren es 144.044 Fälle, der Anstieg liegt bei 9,4 Prozent. Rund 80 Prozent der Opfer waren Frauen. 78 Prozent der Verdächtigen waren Männer. 40 Prozent der Täter waren Ex-Partner, 60 Prozent aktuelle Partner.[46]

Ich habe für dieses Kapitel zwei Texte ausgewählt, die sich mit den Konsequenzen auseinandersetzen, als Frau eine laute Stimme zu haben. Damit sich alle, die nach mir in dieses Game einsteigen, bereits jetzt damit auseinandersetzen können, was auf sie zukommt. Denn es wird Männer geben – sei es im beruflichen, romantischen oder privaten Kontext – die versuchen werden, dich zu untergraben. Das ist sicher.

Doch es lohnt sich dennoch, nicht vor den eigenen Ansichten zurückzuschrecken. Im besten Fall schrecken sie die ab, die ohnehin keine Feministen sind und sich nicht mit einer anderen Realität auseinandersetzen wollen als der eigenen. Und das? Ist sowieso der Endgegner jeder Beziehung.

ICH BIN NICHT MEINE TEXTE ODER: WAS KREATIVE ARBEIT MIT DIESEM LIEBESLEBEN MACHT

09.08.2017

Es gibt wenig Seltsameres, als sich als Ottonormalaufsteher mit der eigenen Kreativarbeit und dem, was man so täglich in die Umlaufbahn des Internets streut, in Relation zu setzen. Wir – und mit wir meine ich alle, die vom Schreiben, von der Musik, vom Dichten, Restaurieren, Malen und Kuratieren leben – haben durch unsere Passion eine Parallelwelt erschaffen, in der wir nicht nur als fokussiertes Individuum tätig sind, sondern auch einen gewissen Abstand halten, zum lebenden, sprechenden, mit Freunden auf Tanzflächen fliegenden Subjekt, das sich kurz nach Mitternacht ein Nutellabrot schmiert und ins Bett bröselt.

Noch seltsamer als die Realisation dessen ist der Moment, in dem andere Menschen das Werk rezipieren, das du ins Internet verblasen hast. Jetzt, wo ich diese Zeilen schreibe, bin ich eine Andere als gestern Abend in der Bar mit Vincent und eine Andere als beim Wochenendtrip nach Kopenhagen. Gerade bin ich im Flow, durch die Leiter rückwärts in meinen Kopf eingestiegen und tue das, was ich am liebsten tue: Schreiben.

Ich habe erst letztens mit meiner guten Freundin Olja über Männer gesprochen, die uns fragen, „was wir so schreiben". Es ist der Standardsatz geworden und zu etwas verkommen, das wir beide meist bewusst ausklammern, wenn wir jemanden nicht gerade online kennenlernen – denn da ist es dank Google und Instagram unübersehbar. Wir klammern es nicht aus, weil es uns unangenehm ist. Sondern, und hier muss ich für mich sprechen, weil es etwas Intimes hat. Da kann jemand, den man mögen könnte, wie in einer öffentlichen Bibliothek Einblick in meine Gedanken nehmen, ohne mich zu erkennen. Mich mit meiner Sprache verwechseln, sich mir auf wundersame Weise verbunden fühlen, ohne meine Basis zu kennen. Meine Vergangenheit. Diese fälschlicherweise empfundene Verbindung zu mir macht mir Angst, manchmal. Nicht nur, wenn ich liebgemeinte Leserbriefe bekomme von Menschen, die mir ihre Geheimnisse anvertrauen und sich Rat wünschen. Es ist, als ob sie nicht mit mir kommunizieren würden, sondern mit meinem Autorinnen-Ich, dieses Ich, das ich (!) wiederum kreiere, als meine wahrnehmbare und in kleinen Stückchen im Netz konsumierbare Visitenkarte. Manchmal, ganz klar, schmeichelt es mir. Wie soll es auch anders sein? Ich investiere etliche Stunden meines Lebens in das, was ihr hier lesen könnt.

Macht das Sinn? Bin das Ich?

Ich diskutiere die Diskrepanz zwischen der Autorin und dem von ihr publizierten Text schon seit Jahren und habe immer noch keine Antwort darauf gefunden. Ja, natürlich bin Ich meine Texte (sie sind schließlich in mir entstanden) und nein, natürlich bin Ich es nicht. Jeder Text, jeder Satz ist nur ein kleiner aneinandergereihter Haufen Wörter, der meine Synapsen zu einer Zeit durchströmte, auf die mein heutiges Ich gar nicht mehr zur Gänze zurückgreifen kann.

Aber kommen wir zu etwas anderem. Welchen Einfluss hat die kreative Arbeit, die öffentlich verfügbare kreative Arbeit auf mein, auf Oljas, auf unser Liebesleben? Autorinnen scheinen gewisse Features in Männern zu triggern. Ganz so, als ob sie sich jetzt, nachdem wir in ihr Leben getreten sind, endlich dazu bereit fühlen, ihr unveröffentlichtes Lebenswerk an die Frau zu bringen.

„Darf ich dir ein Gedicht schicken?" – „Nein. Es sei denn, du möchtest den Kontakt mit mir abbrechen."

Es gibt durchaus Männer, die uns via DM, PN oder E-Mail ungefragt auf ihr im stillen Kämmerlein fabriziertes Meisterstück aufmerksam machen wollen. In letzter Zeit häufen sich die Zwischenfälle. Manche glauben auch, dass ich ihnen kostenlos als Coach zur Verfügung stehe, und ihr Material redigiere. „Ich klicke aus Prinzip nicht auf YouTube-Links" hatte Olja einmal auf ihrem Datingprofil stehen. Als ich nachfrage, warum, erzählt sie mir, dass ihr Ego nicht davon abhängt, ob jemand weiß, dass sie Autorin ist oder ohne diese Info irgendwann als abgelegter Kontakt im Smartphone stirbt. Gesund, eigentlich.

Bei manchen Männern scheint das irgendwie anders zu sein. Sie schicken uns niemals veröffentlichte Theatertexte, zeigen uns ihre postpubertären Musikrezensionen über Nischenmusik aus dem Jahre 2011, schicken Screenshots von Podcasts und Links zur streng geheimen ersten EP. Fast so, als ob ihre virtuell übermittelte Künstlerexistenz alleine reichen müsste, uns um den Finger zu wickeln. Um uns zu zeigen, dass sie es wert sind, oder dass wir es vielleicht wert sind, sie in ihrem Schaffen zu unterstützen und zu würdigen. Aber, schon mal daran gedacht: Vielleicht ist das gar nicht die Art, auf die wir euch näherkommen wollen.

„Unerwünschte Links zu eigenen Artikeln, Portfolios oder Soundcloud-Profilen sind die Dickpics der kreativen Zunft. Neben Dickpics." Caren (@carens_tweets) am 8. August 2017

Die Frage bleibt: Wieso ist es manchen Menschen ein Anliegen, ihre künstlerische Präsenz in den Fokus einer ersten Interaktion zu stellen, während es andere sogar ablehnen? Das ganze Frau-Mann-Allesdazwischen-Ding mal außen vorgelassen. Haben wir vergessen, wer wir sind, sobald wir die Gitarre wieder ins hinterste Eck der WG gestellt haben?

Ich finde es spannend, was jemand tut – keine Missverständnisse an dieser Stelle bitte und wer noch nie unaufgefordert über seine Arbeit gesprochen hat, werfe das erste Mikrophon. Aber wenn kein Unterschied mehr zwischen der öffentlichen und der privaten Person zu finden ist, wird es gruselig. Wenn man das Gefühl hat, der- oder diejenige lebt nur für die Bestätigung. Die ständig hinterherhechelnde Meute, das Publikum. Wann kann Ambition, wann kann Passion zu weit gehen und den Kern einer Persönlichkeit ersetzen? Wo bleibt die Balance, das gesunde Mittelmaß?

Vielleicht liegt es an der Angst, nicht mehr gemocht zu werden – ohne das, was uns scheinbar ausmacht. Von dem wir uns lange genug eingeredet haben, dass es uns ausmacht. Was uns zumindest beruflich geholfen hat, jemand zu werden – ob man das jetzt im klassischen Sinne verstehen möchte oder nicht. Vielleicht ist genau das der Grund, warum sich Kreativschaffende nicht ständig mit dem Werk des potenziellen „Love Objects“ beschäftigen sollten. Weil es den Blick verstellt und keinen Platz lässt für die Erforschung der Person dahinter.

> *„If you love someone, don't subject them to:*
> *1) your poor decisions*
> *2) apologies they don't wanna hear*
> *3) any kind of fuckshit you create“*
> SUI GENERIS CUNT (@YeoshinLourdes) am 17. Juni 2017

Für die Person, die nicht sofort sichtbar ist. Eigenheiten und Aspekte, die nicht unmittelbar geteilt werden. Die, die nur in bestimmtem Licht zu anderen Tageszeiten zum Vorschein kommen. Dann und nur dann, wenn man auch weiß, welche Knöpfe man drücken muss.

Es ist keiner auf dem Smartphone, das verspreche ich euch.

„BIST DU WIRKLICH SO GUT – ODER HAST DU DICH HOCHGESCHLAFEN?“ – 1 × MALE TEARS BITTE

29.08.2017

Die Szene, die mir gestern im Café Less Political in Hamburg widerfahren ist, ist so absurd, so stereotyp, dass eins fast meinen könnte, ich hätte sie mir für einen Feminismus 1 × 1-Workshop ausgedacht.

Ich begebe mich jedenfalls hinein in den Laden, um mir einen Brownie zu holen, als mich ein Angestellter meines Alters nach der Aufnahme der Bestellung fragt, warum ich denn heute in Hamburg sei. Dass ich keine Deutsche bin, war ihm wohl aufgefallen. Kurz überlege ich, irgendetwas zu sagen, spreche dann aber doch den wahren Grund an, nämlich dass ich bei *Rowohlt* war, um meine erste Deadline festzumachen und dass ich ansonsten in Berlin wohne, aber auch froh bin, meine Freunde heute hier treffen zu können.

Und dann kommt der Bummer. Er fragt mich, ich zitiere: „Ach, bist du wirklich so gut – oder hast du dich hochgeschlafen?“ Der Satz muss erstmal sacken. Hipsters saying stuff like that. 2017.

Ich schaue ihn verdutzt an, was ihm immerhin noch ein „War nur ein Scherz! Hihi!“ hervorlockt, bevor er verunsichert zu seinem Chef – der im Übrigen direkt daneben stand – hinübersieht. Dass ich seinen Spruch ganz und gar nicht lustig finde, kontert er mit einem: „Ach, so ist der Hamburger Humor eben, verstehst du keinen Spaß?"

So ist der Hamburger Humor eben? Okay, gut zu wissen, liebe Hamburger – ist das wirklich so?

Erstmal bin ich perplex, höre nur noch, dass mir der Brownie nach draußen gebracht wird, gehe hinaus und setze mich zu meiner Freundin Caren. Erzähle, was mir gerade widerfahren ist. Als der Brownie kommt, konfrontiert meine Freundin den Besitzer. Er ist verständnisvoll und sieht das Problem ein. Anders als der Betroffene, der wenig später ebenso hinauskommt und etwas davon labert, dass er „durchaus das Problem des Sexismus in der Gesellschaft erkannt habe" und dass er „sich auch aktiv dagegen einsetze." Und das vorhin? Das war DOCH NUR EIN SCHERZ. Ja?

ARE YOU FUCKING SERIOUS? Nur weil du in einem hippen Hamburger Szeneladen arbeitest und deine Röhrenjeans bei Cheap Monday kaufst, heißt das nicht, dass du dich von deinem sexistischen Kackverhalten emanzipiert hast. Offensichtlich, sonst würdest du nicht vor uns stehen und allen Ernstes behaupten, dass ausgerechnet DU etwas gegen Sexismus tun würdest. Wo denn? Du hast mit deiner Frage Sexismus reproduziert, eine Frau – nämlich in diesem Falle mich – öffentlich in einem Café mit einem Klischee konfrontiert, wogegen sich Frauen in Führungspositionen und in anderen „erfolgsbehafteten"

Metiers herumschlagen müssen und behauptest, dass das nur ein lustiger, bubenhafter, hamburg'scher Scherz gewesen sei? Ein Scherz auf wessen Kosten, frage ich mich? Wie kannst du das nicht erkennen?

Später sagt er noch, er habe sich doch auch bei *Rowohlt* beworben und sie hätten ihn nicht angenommen. Sowas sei eben nicht leicht! So, so. Bedeutet das im Umkehrschluss, dass man andere, die genommen wurden, abwerten muss oder kannst du es einfach nicht glauben, dass eine Frau in dem, was sie tut, besser ist als du? Your masculinity so fragile? Kannst du nicht einfach gratulieren oder, wenns sein muss, deinen Mund halten?

Während Caren und ich mit ihm diskutieren, unterbricht uns ein Mann von einem anderen Tisch und schreit, dass er sich von unserer mittlerweile sehr lauten Diskussion gestört fühlt. Er würde jetzt auch gerne was dazu sagen und wir wären ja wohl offensichtlich nicht an einer Debatte interessiert, so, wie „wir uns hier aufführen". But, wait: You're calling out the wrong ones. Eine andere Frau, die wissen möchte, was passiert ist, erklären wir erneut die Situation. Ihre Reaktion: Ach, naja, wir seien „doch emanzipierte Frauen", da könne man doch auch mal über etwas hinwegsehen, nicht? Sei doch wirklich lustig gewesen. Also, was das ganze Getue jetzt soll.

Wie frech kann man sein, das Geschehene als Außenstehende irgendwie rechtfertigen zu wollen? Traurig, dass auch Frauen die patriarchale Abwertung weiblicher Kreativarbeit mitstützen. Eine Entschuldigung des Less Political-Chefs kam, aber wirkte eher halbgar. Weder er noch sein Mitarbeiter sahen ein, weshalb die Aussage sexistisch war. Man solle es mit Humor nehmen. Der Chef schien um das Image seines Ladens zu fürchten. Der Mitarbeiter sagte, dass Sexismus ein Problem sei, war aber auf Carens Frage sprachlos, wie sich dieser in der Gesellschaft äußere. Er wolle ja verstehen. Caren ruft „We don't owe you shit!" und sagt dem Chef, dass sie in diesem Laden keinen Cent mehr lässt und das Team eine Antisexismusschulung machen soll.

Wenn du als Frau sagst, dass du schreibst, belächeln Männer die Medien, für die du schreibst. Wenn du aber plötzlich bei einem Prestigeverlag publizierst, glauben sie nicht, dass es so weit kommen konnte. Die fragile Maskulinität klammert sich an den Strohhalm: „Du kannst nix, also MUSST du Sex mit jemandem gehabt haben, um dort anzukommen, wo du bist!", weil sie Angst davor hat, den privilegierten Zugang zu prestigeträchtiger Arbeit, in diesem Fall den des Schreibens, zu verlieren. Angst davor, gesellschaftlich abgehängt zu werden.

Das Schlimmste an der Geschichte ist nicht nur, dass das erste Mal im realen öffentlichen Raum meine Fähigkeiten als schreibende Frau in Frage gestellt wurden, sondern dass die Zivilgesellschaft um mich herum auch noch der Meinung war, es „sei schon in Ordnung", was mir da widerfahren ist. Dass mich ein Mann, der mich am Tresen bedient, öffentlich beleidigen darf.

Danke, liebes „Less Political" – der Name scheint bei euch wohl Programm und die Kundschaft gleich passend dazu mitgewachsen. Statt in euren Kaffee könntet ihr einmal in eine Antisexismusschulung investieren, in der eure Mitarbeiter lernen, dass sie nicht Teil der Lösung, sondern leider Teil des Problems sind, indem sie Frauen aus dem Nichts vor den Kopf stoßen.

THX bye.

EMBRACE: WENN BODY-POSITIVITY ZU CLICKBAIT AUF FILMLÄNGE VERKOMMT

12.05.2017

Tanzende Frauen in Unterwäsche sind das neue Symbol für Selbstliebe geworden – aber ist Body-Positivity wirklich so einfach, so schwarz-weiß?

Am 11. Mai lief der „Feel-Better-Movie", wie die Macher ihn nennen, einmalig in den deutschen und österreichischen Kinos. Die Message von *Embrace:* „Du bist schön!" Aber: Was vermittelt der Streifen wirklich?

Ich saß in einem dieser ausverkauften Kinos – die Story ist schnell erzählt: Die Australierin Taryn Brumfitt bekommt drei Kinder und fühlt sich spätestens seit der dritten Geburt von ihrem Körper verarscht. Hier hängt es, da sind Dehnungsstreifen, die Brüste – ein Desaster! Traumatisiert von heidi-klum'schen Post-Babybody-Fotos entschließt sie sich, ein letztes Mal an ihre sportlichen Grenzen zu stoßen, um zu sehen, wie sich ein makelloser Körper anfühlt. Konträr zur Normalo-Mutti bekommen die Zuseherinnen und Zuseher eine gelackte Bodybuilder-Taryn zu sehen, die zur Perfektion gestählt auf einer Bühne auf und ab läuft. Man merkt gleich: Das Spiel mit Kontrasten gehört bei *Embrace* zum System. Am Tag nach dem Wettbewerb beginnt Taryn wieder zu leben, zu essen und fotografiert sich einige Wochen später nackt.

Sie erstellt eine „Vorher-Nachher"-Fotocollage – vorher als Bodybuilderin, nachher als „echte" Taryn – und postet sie auf Facebook. 100 Millionen Mal wurde diese Umkehrung bereits weltweit geliked. Ein viraler Hit wie er im Internet-Handbuch steht, der nicht nur viele Beschimpfungen nach sich zieht („Zieh dich an, fette Schlampe!" – Willkommen im ganz normalen Internet übrigens), sondern auch dank zweier aneinandergepappter Fotos den Grundstein zum Film *Embrace* legt.

Für den Mainstream ist *Embrace* nach wie vor ein Meilenstein. Wir sehen Frauen, die ihren Körper nicht hassen, obwohl sie dick sind. Oder einen Bart haben. Oder eine Behinderung. Klar müssen diese Bilder in Frauenmagazine, stören tut das Prädikat „revolutionär". Denn genau mittels dieses Blickwinkels wird das Normale wieder als Besonderes hervorgehoben.

Strenggenommen ist *Embrace* die pseudodokumentarische Variante eines Clickbait-Artikels, der dank Nora Tschirner in Deutschland erfolgreich zum PR-Spektakel aufgeblasen wurde und dahinter leider nicht viel mehr packt als ein paar Promis, die über ihr wiedergewonnenes Selbstwertgefühl sprechen. Statt sich mit dem eigenen Körper auseinanderzusetzen, sollten wir alle „lieber die Umwelt retten" – no shit.

Ungut fühlen sich besonders die Stellen an, bei denen das Problem unrealistisches Körperbild anhand von Extremfällen zwischen Adelaide, London, Berlin und Beverly Hills ausgeschlachtet wird. Da ist eine magersüchtige Frau, die beim Weinen gefilmt wird. Hauptsache dick auf die Tränendrüse! Was sie anderen Frauen gerne sagen würde? „Bitte hört nicht auf zu essen!“ Ende der Geschichte, Kamerawechsel. Eine Frau, am ganzen Körper verbrannt, die sagt: „Es klingt komisch, aber es ist das Beste, was mir je passiert ist!“ – ernsthaft? Müssen wir erst Bilder von körperlichem Schmerz transportieren, um zu verstehen, dass eine Tigh-Gap nichts ist, auf das man sich etwas einbilden muss?

Gezeichnete Bilder wie diese erschweren tiefergehende Debatten und stellen boulevardeske Narrative in den Vordergrund. Frei nach dem Motto: „Wenn sogar die das schafft, muss ich das doch auch schaffen!“ Nur wie? Genau diese Frage wird nicht ausreichend beantwortet. Es habe „eben Klick gemacht“ im Kopf. Dass Freiheit und körperliche Selbstbestimmung nicht für jede Frau automatisch bedeutet, sich in Unterwäsche vor einer anonymen Öffentlichkeit zu entblößen – geschenkt. Oder, wie die Autorin Heike-Melba Fendeles schreibt: *Embrace* ist ein Film „wo Binsen wie das Ausweisen von Anorexie als schlimm, das Ablehnen kosmetischer Operationen als tapfer und das Bekenntnis zur weiblichen Kurve mittels fulminanter Like-Zahlen als epochal ausgewiesen wird.“

Es sind die immer gleichen Bilder, die das Bezwingen des ungesunden Körperkults repräsentieren sollen: Ein Instagram-Account, Nacktheit, Sticker mit Sprüchen und einfach mal sich selbst vor dem Spiegel umarmen. So lange „Ich liebe dich“ sagen, bis man es glaubt. Ist es wirklich noch mutig, einen Körper zu zeigen, der nicht mittels Photoshop bearbeitet wurde? Oder einfach nur: überholt?

Für jene, die das Thema Bodyshaming nicht erst seit vorgestern auf dem Schirm haben, folgen zwei ermüdende Stunden, in denen immer wieder dieselben Sprüche und bekannten Fakten präsentiert werden, die man so inzwischen auch bei H&M auf T-Shirts kaufen kann: „Be yourself!“, „Love your flaws!“, „The future is female“! Verstanden.

Taryn hat inzwischen wieder den Körper, den ihr Gott gegeben hat. Einen Marathon läuft sie trotzdem. „Sieht so eine faule Person aus?“, sagt sie in Richtung Kamera. Trotz der Body-Positivity-Bemühungen wird hier wieder die Schere „gute Dicke, schlechte Dicke“ aufgemacht.

Was *Embrace* fehlt, sind tiefergehende Analysen, beispielsweise jene der Werbewirkungsforschung. Es fehlen feministische Medienmacherinnen, die schon Jahrzehnte vor der Australian *Cosmopolitan* erkannt haben, dass sich ein diverseres Körperbild langfristig bezahlt machen könnte. Es fehlt ein Ausblick: Wo stehen wir heute als Gesellschaft, was hat sich in den letzten fünf Jahren verändert? Und: Was können gesetzliche Regulierungen, was kann die Politik tun, um unseren Kindern ein besseres Körpergefühl zu vermitteln? Taryn möchte das Stigma auf individueller Ebene auflösen, ihrer Tochter ein gutes Vorbild sein. Sich nicht operieren lassen, obwohl ihr Nippel laut eigenen Angaben inzwischen tellergroß seien. Und hier, schon wieder: Was ist so schlimm an tellergroßen Nippeln?

Die jahrelange Indoktrinierung mit Mainstream-Bullshit hat natürlich genauso wenig vor Taryn Halt gemacht, wie sie das vor ihrer Tochter tun wird. Dafür leben wir in einer viel zu komplexen Umwelt, in der es nicht reicht, wenn Eltern die Aufklärungsarbeit alleine erledigen. Es wird noch eine ganze Weile dauern, bis die Chefredakteurinnen jeder verdammten Frauenzeitschrift auf diesem Globus den „neuen Status-Quo" in die Blattlinie aufnehmen. Zur Selbstverständlichkeit machen – und sei es nur, um den Zeitgeist zu instrumentalisieren. Bis dahin müssen wir froh sein über *Embrace*. Weil der Film ein schwieriges Thema einfach aufbereitet einem Massenpublikum in die Hände spielt und neben der feministischen Bloggerin Amelie vielleicht auch deren unsensibilisierte Verwandtschaft ins Kino lockt oder umgekehrt. Etwas anderes zeigt als weiße, blonde Frauen auf 5-Meter-Plakaten.

2016: MILLENNIAL-MEDIEN

Was jetzt so aussieht, als ob ich 2016 endlich die langersehnte Pause vom Leistungsstreben genommen hätte, ist in der Realität das exakte Gegenteil gewesen. Ich habe zehn von zwölf Monaten des Jahres 2016 als festangestellte Journalistin in einem großen Medienhaus gearbeitet – und bestimmt um die 200 Artikel ins Internet entsandt. Von außen sah alles danach aus, als ob ich es geschafft hätte. Von Wien nach Hamburg, von der Uni-Redaktion in eines der renommiertesten Häuser Deutschlands. Mehr Aufstieg geht nicht.

Daneben blieb nun wirklich nicht mehr viel Zeit für den Blog. Und falls doch, habe ich mich in der wenigen verbleibenden Zeit über den Journalismus aufgeregt. Ihr merkt schon, der Journalismus und ich waren von Anfang an in einer toxischen Beziehung. Ich wollte ihn so sehr! Ich wollte dazugehören, schreiben, gehört beziehungsweise gelesen werden und hatte am Ende des Jahres … tada, einen Burn-Out. 2016 war also insgesamt ein sehr schwieriges Jahr für mich, weil ich gemerkt habe, dass ich mit dem Druck einer Festanstellung im Nacken nicht das schreiben kann, was ich schreiben *möchte*. Ich wurde zwar jetzt für mein Schreiben bezahlt, und klar, der monatliche Paycheck war nicht schlecht – dafür bezahlte ich mit meiner Freiheit, Passion und mentalen Gesundheit. Homeoffice? Gab's nicht.

Quasi 24/7 und manchmal zehn Tage am Stück war ich ständigen Korrekturschleifen, E-Mails, Redaktionssitzungen, Twitter-Hass und Brainstorming-Sessions ausgeliefert, obwohl das Internet schon damals – zumindest, was gewisse Themen angeht – vollgeschrieben war. Neben der vielleicht bekanntesten Millennial-Medium-Marke *Vice* existierten auch noch die Jugendmedien *bento* (*Spiegel Online*) und ze.tt (*Zeit Online*), wenig später folgten Ableger wie *NOIZZ* von *Axel Springer* und wie sie alle hießen. Das Ziel war immer dasselbe: die junge Zielgruppe (18- bis 30-Jährige) dort abzuholen, wo sie sich aufhält. Auf dem Smartphone zum Beispiel. Die Berichterstattung erfolgte im persönlichen Du-Stil, die Recherchen waren oft mangelhaft und voreingenommen, stilistisch hatte das Ganze oft etwas von Tagebuch trifft Poetry-Slam, aber eine Zeit lang haben die Formate ganz gut geklickt. Wer kann sich noch erinnern an Headlines wie:

- Wir haben XYZ angesehen, damit du es nicht tun musst
- 13 Fragen, die du deinem Friseur immer schon stellen wolltest
- So fühlt es sich an, Weihnachten zurück ins Dorf zu fahren

You get it. First-Person-Journalism war der Beginn meiner Schreiber-Karriere und ich habe mir dafür früh sehr viel Hass eingefangen. Denn obwohl ich mich mit der reißerischen Verkaufe des Medienhauses nicht identifizieren konnte, war es doch das, was ich machen wollte: aus persönlicher Perspektive schreiben. Ich wollte nie klassischen Journalismus von oben herab machen, ich wollte nie jahrelang in Bibliotheken und über juristischen Akten sitzen, um dann den großen Coup zu landen. Ich kannte den Begriff damals nicht, aber retrospektiv würde ich sagen: Ich wollte *Essayistin* werden, *nicht* Journalistin. Und so hart es auch war: Der Job in diesem Medienhaus hat mich diesem Ziel ein Stück weit nähergebracht.

HOW TO PITCH: DINGE, DIE MIR IM JOURNALISMUS NIEMAND ERKLÄRT HAT

15.02.2016

Dieses Jahr im Herbst sind es fünf Jahre. Fünf Jahre im Journalismus, ein dreiviertel Jahr davon als Freie, den Rest habe ich mal mehr, mal weniger regelmäßig in drei sehr unterschiedlichen Redaktionen verbracht. Ich habe also quasi schon immer neben dem Studium versucht, im Journalismus Fuß zu fassen. Das war schön und spannend, manchmal auch sehr anstrengend und kräftezehrend. Es gibt so vieles, das man anfangs weder weiß, noch einschätzen kann. Dinge, die einem niemand erklärt.

Da ich nicht vorhabe, einen Eintrag über die grauenhaften Arbeitsbedingungen von freien Journalisten zu verfassen, um mich darüber zu beschweren, wie wenig und wie spät viele – auch sehr renommierte – Medienbetriebe zahlen, dachte ich, dass es motivierender wäre, all die Tipps zu sammeln, die ich von Redaktionskonferenzen und Kongressen mitgenommen habe. Damit ihr es leichter habt.

> *„Reminder to young freelancers: if someone asks you to work for free ‚for the exposure', tell them people die of exposure."* Laurie Penny (@PennyRed) am 12. Februar 2016

Bevor ihr euch über die verspätete (oder keine Antwort) von den Chefredakteuren wundert, berücksichtigt am besten folgende Fakten.

Vor dem Pitch: Bitte Nachsicht haben

- Die Chefs vom Dienst müssen nicht nur die Freien betreuen (bis sie diese für gut befunden und an jemand anderes „abgegeben" haben), sondern vor allem: ihre eigenen Mitarbeiter. Die eigenen Mitarbeiter sorgen täglich für das Grundrauschen, für Investigatives, für fixe Formate. Nur damit steht das Projekt am Ende. Sie kommen: vor euch und haben lange für ihre Position gekämpft.
- Die Chefs vom Dienst haben neben den diversen Prozessen des Auswählens (Gatekeeping) auch die Funktion des Redigierens und Feedback-Gebens. Sie müssen sich sowohl um Tagesaktuelles als auch Langfristiges kümmern, die Zahlen im Kopf behalten, den Social Media Auftritt beobachten und für ein gesamt stimmiges Konzept sorgen.
- Ich bin keine Chefin und bekomme trotzdem täglich so viele Mails, dass ich sie kaum durchsehen kann. Stellt euch vor, wie viele Mails die Chefs bekommen. Es werden zwischen 60 bis 1.000+ sein, je nach Medienbetrieb und Größe.
- Viele Redaktionen sind bereits „voll" und haben zudem genug fixe Freie. Trotzdem: Bist du gut, hast du ein hervorragendes Thema, das zum Medium passt, stehen die Chancen nicht schlecht.

Wie? Ich habe selbst unzählige schlechte Pitches bekommen, als ich in leitender Position war und beobachte seit Jahren den Prozess der Auswahl. Ich kann nur für mich sprechen, wenn ich diese Liste anlege, aber ich hoffe, sie hilft allen Einsteigerinnen und Einsteigern bei ihrem nächsten Pitch.

Was du unbedingt vermeiden solltest:

- **Anreden wie: „Liebe Medienvertreter".** Nein, ich bin nicht die liebe Medienvertreterin. Kommt sofort in die Tonne.
- **Eine E-Mail, deren Ende ich nicht absehen kann.**
- **Erstmal fünf Absätze zu deiner Person** und deinen Praktika in Berlin, Singapur, den Auslandsaufenthalt vor vier Jahren in Schottland und dass du gerne babygesittet hast, während du noch zur Schule gingst. Alles Details, die – leider – niemanden mehr interessieren. Es geht um deinen Text. Wie du schreibst, wo du geschrieben hast. Deine fünf Diploma und Master sind relativ irrelevant. Frag dich eher: Wie hilfst du uns?
- **Hänge keine Bachelorzeugnisse oder Ähnliches bei einem einfachen Pitch an.** Ain't nobody got time for that. Selbst, wenn du keinen Studienabschluss hast, kann es gut sein, dass du besser schreibst als jemand mit. Ein Studium hat noch in den seltensten Fällen zur Edelfeder qualifiziert.
- **Fertige Texte anhängen.** Ganz schwierig, denn das bedeutet in den meisten Fällen, dass die Redaktion noch viel redigieren muss, da du das Thema vorher

nicht abgesprochen hast. Zudem wirkt es, als ob du deinen Text (am besten noch mit dem Betreff: Spannender Bericht zur Demo über XY) einfach random an alle Medien geschickt hast und nun darauf hoffst, irgendwo unterzukommen.

- → Manchmal kann es aber auch funktionieren! Vor allem, wenn du einen Text zu einem aktuellen Thema im flow geschrieben hast, der der Redaktion zu großer Aufmerksamkeit verhilft.
- → Auch hier heißt es wieder: ausprobieren. Bei manchen Redaktionen funktioniert es, bei manchen nicht.

- **Mehr als drei Vorschläge pitchen:** überfordert und wirkt unschlüssig

Besser:

Bevor du wild darauf losschickst, informierst du dich über das Medium und sorgst dafür, die Redaktion von dem Gedanken zu überzeugen, dass du WIRKLICH und zwar WIRKLICH für sie schreiben möchtest. Das geht so:

- Du liest das Medium über ein Minimum von zwei Wochen.
  - → Denk daran: Ein häufiger Fehler ist die mangelnde Vertrautheit mit der Publikation.
- Du machst dich mit den Ressorts und dem Wording bekannt.
- Du weißt, welche Person für was zuständig ist. So kannst du deine Themenvorschläge direkt an die Person aus z.B. dem Kulturressort pitchen. Oder der

Netzwelt (denn die Ressortleiter haben meist mehr Zeit als die Chefs, zumindest in der Theorie).

- Du weißt, welche Themenbereiche abgedeckt sind und was fehlt.

Das Thema

- Der Titel! Überlege dir, wie deine Überschrift (Küchenzuruf-Methode) lauten würde und schreibe ihn zu deinem Vorschlag dazu.
  → Hast du beim Formulieren der Headline Schwierigkeiten, ist dein Thema vielleicht nicht ausreichend eingegrenzt.
- Es ist leichter, für einen Themenbereich zu pitchen, der unterrepräsentiert ist.
  → Wenn du weißt, dass es zwei fixe Personen gibt, die über Gender schreiben, werden sie deinen Beitrag mit hoher Wahrscheinlichkeit nicht nur ablehnen, sondern bei einer Zusage so oft umwerfen, dass du keine Lust/Zeit mehr hast, in der Korrekturschleife auch nur eine Zeile davon zu redigieren.
- Es sollte eine These haben. Was möchtest du am Ende mit deinem Beitrag aussagen?
  → Achte darauf, eine Geschichte zu pitchen – und nicht bloß ein Thema!

Das Format

Wird es ein Interview? Ein Bericht zu einer Veranstaltung? Eine Analyse, eine Fotoreportage?

- Ist das Format bekannt, werden nicht nur die Preise leichter vereinbart, sondern dein ganzer Pitch wirkt wohlüberlegter.
- Schlecht wäre z.B.: *Ich würde gerne etwas zum Thema Arbeitslosigkeit in Deutschland schreiben. Es gibt aktuell XXX.XXX Arbeitslose, wir wissen nicht, was mit ihnen in Zukunft passieren soll, welche Maßnahmen seitens der Regierung in Angriff genommen werden. Bei den kommenden Wahlen in Bundesland A gibt es einen Minister, der sich offen für XX ausspricht. Auch die Jugend ist betroffen.*
  - → Schlecht, weil: kaum eingegrenzt. Was wirst du schreiben? Machst du Interviews mit arbeitslosen Jugendlichen? Mit dem Minister? Schreibst du daraufhin eine Analyse in Verbindung mit Marx oder Piketty? Wird es ein Kommentar zur aktuellen Lage? Natürlich können Genres fließend sein, aber einfach mal „irgendetwas“ schreiben zu wollen, überzeugt in den seltensten Fällen.
  - → Nachfragen kostet Zeit und passiert gerade bei Zeitmangel: selten. Der Zuschlag wird meist sofort erteilt, weil dein Thema in den ersten drei Sätzen überzeugt.
- Besser: *Ich würde für den Beitrag sechs Interviews mit arbeitslosen Jugendlichen führen und mir von ihnen die Hintergründe zu ihrer aktuellen Lage anhören. Daraufhin würde ich Portraits (inklusive Fotos) verfassen, die ihre Situation widerspiegeln, ohne sie dabei öffentlich bloßzustellen. Dafür wende ich mich Literatur von XX, XX und XX zu.*

Dein erster Pitch ist

- direkt an eine Person gerichtet (Namen ausforschen!),
- erklärt in zwei bis drei Sätzen, warum du für die Redaktion arbeiten möchtest und
- erwähnt kurz, wo du zuvor gearbeitet hast (Namen reichen, ein bis zwei Links oder Textproben maximal, angehängt).
- Du zeigst der Redaktion auf subtile und freundliche Weise, was dir in den letzten Wochen gefehlt hat oder was du dir als Leserin selbst wünscht. Damit beweist du journalistische Kompetenz und machst klar, dass du dem Medium hilfst, ein besseres zu werden. Sie brauchen dich, um das Thema „XY" abzudecken – denn da gibt es z.B. keine fixe Expertin.
- Dein Themenvorschlag selbst ist präzise und kurz angerissen. Mehr als drei Absätze sind definitiv zu viel. Gelesen wird deine Mail: nebenbei. Das heißt, sie muss neugierig machen und schon in den ersten Zeilen mit der Wortwahl überzeugen.

Erhältst du den Zuschlag, sprichst du am besten ganz genau ab, wie das Endergebnis aussehen soll. Umso geringer die Enttäuschung, desto kürzer der Prozess der Korrektur. Die Konkretisierung deines Vorschlags ist auch Aufgabe der Chefs. Zeichenlänge, wie viele Fotos, wie viel Geld für was. All das muss vorher abgemacht werden.

Viel Erfolg und vor allem: ganz viel Durchhaltevermögen.

ENTSCHULDIGUNG, ICH GLAUBE, SIE HABEN DAS INTERNET VOLLGESCHRIEBEN

04.09.2016

Ich erinnere mich an das Internet vor acht Jahren. In Foren tauschten sich junge Mädchen über den Muschifurz aus. Es gab kein deutschsprachiges *Vice,* das ihnen versicherte, dass sie sich dafür nicht zu schämen bräuchten und mit so vielen Jungs schlafen konnten, wie sie wollten, ohne als Schlampen zu gelten.

In diesem prä-professionellen Internet warteten künftige Mode-Bloggerinnen, Reiseexpertinnen und angehende Feministinnen auf ihren großen Durchbruch, während sie Psyche und Körper auf ein Leben in ständiger Konkurrenz einstellten. Sie wussten noch nicht, wie sie mit ihrer imaginierten Leidenschaft Geld verdienen würden, aber das machte nichts. Sie sollten sich in Ruhe ausprobieren, solange ihnen der Kapitalismus noch nicht unter den Rock blicken konnte.

Die ersten Trend-Diktatorinnen, die ich halb-persönlich von früher kenne, haben 2007 mit dem Bloggen angefangen und sind heute zu Marken geworden. Ihnen sind viele gefolgt. Zu viele, um jetzt noch einen ernsthaften Gedanken daran zu verschwenden, nachzuziehen. Der Markt ist übersättigt. Auch von Menschen, die nebenberuflich Marmelade einkochen und Avocados dekorieren und davon hübsche Fotos machen, mit ihrer Canon 600D. Ihre Bestrebungen haben nicht nur vielen von uns zu einem schöneren Lifestyle verholfen, sondern auch Nachahmer mit ins mediale Haifischbecken geholt, wo sie gemeinsam mit gedrillten Henri-Nannen-Strebern um die wenigen festen Redakteursjobs buhlen.

Wo sind die Food-Blogger von 2012? Manche verlinken mittlerweile hauptberuflich Küchengeräte, andere haben aufgehört. Manche sind im Onlinejournalismus gelandet. Man darf fragen, was schlimmer ist. Ähnlich ist es den vielen Mode- und Lifestylebloggerinnen ergangen. Wer sich seit Jahren über Wasser hält und tatsächlich davon leben kann, hat seine Privatsphäre zugunsten des aus der Ferne urteilenden Publikums beerdigt.

Diese Szenarien, sie sind nur Ausschnitte aus einer DIY-Gesellschaft, die sich im Laufe der letzten Jahre professionalisierte und mithilfe von kommerziellen Anreizen die Spreu vom Weizen trennte. Denn nur wer lauter schreit, aggressiver selbstausbeutet und sich ständig neu erfindet, kann auf Dauer neben den Medienriesen bestehen, die wiederum ihrerseits Angst haben. Vor YouTube-Kids, die mit DM-Beauty-Hauls mehr Aufmerksamkeit kriegen als alle Artikel zum Syrien-Krieg zusammen – und ihnen damit die Schrauben aus den ergonomisch geformten Schreibtischstühlen drehen.

Welche Auswirkungen haben diese Beobachtungen auf die Rezipienten, entschuldige, uns? Das Ergebnis spiegelt sich bereits in den sinkenden Klick- und Interaktionsraten wider. Wer klickt auf das zehnte Rhabarber-Kuchen-Rezept, wenn man es doch bei Bedarf googeln kann? Wer interessiert sich für das „Viral“-Video, das jede News-Seite in einen einzelnen 3-Sätze-Artikel verpacken muss, um auch mitzunaschen am immer kleiner werdenden Aufmerksamkeitskuchen? Geschadet habt ihr euch, alle zusammen. Weil die einen weg gingen, um etwas Neues zu machen und die anderen geblieben sind, um das gerade Erschaffene zu kopieren.

Nur leider. Die Menschen haben keine Lust mehr, mit den immergleichen gefühligen Texten, First-World-Problems und Outfit-Kombinationen vollgeballert zu werden.

Depressionen? Jedes Jugendportal hat mehrere Artikel dazu und Twitter seine eigenen Autoren. Stress, weil Mitte zwanzig? Bitte nicht. Frauen, die keine Kinder möchten? Frauen, die doch Kinder möchten? Männer, die Männer lieben und erzählen, wie sich das anfühlt – na wie wohl?

Keine Geschichten in diesem von Dorfkindern betriebenen Großstadt-Journalismus, die man nicht schon gelesen hätte. Als Antwort schickt man eben wieder die Axel-Springer-Kollegas vors Berghain. Oder macht Jahrestags-Journalismus.

Die Sprache, die Formate, die im Wochentakt von anderen kopierten Ideen – sie wirken abgenutzt. Statt Innovation zu fördern, haben Medienmacher künftigen Generationen ein verbranntes Stück Internet hinterlassen.

Es wundert wenig, dass sich junge Nutzer, Pardon, Leser genau dort nicht mehr aufhalten wollen.

2015: DRUCK

Das Schöne an diesem Buch ist die Möglichkeit, mich mit meinem früheren Selbst auseinanderzusetzen, und manchmal da bin ich ganz schön stolz auf sie. Zum Beispiel, wenn sie darüber aufklärt, dass es unterschiedliche Arten von Männlichkeit gibt, und es vollkommen okay ist, nicht auf Männer wie Channing Tatum zu stehen. Und irgendwie tut sie mir auch ein bisschen leid, denn ihre Zwanziger hätten definitiv leichter sein können.

Beim Lesen habe ich mich immer wieder gefragt: Wie kann es sein, dass ich schon mit 23 den Druck verspürt habe, Karriere zu machen, zu heiraten und Kinder zu bekommen? Wer hat mir das eingeredet? Ich hatte so viel Zeit! So unendlich viel Zeit! Wenn ich den Text *Was man als Frau in den Zwanzigern so alles abhaken sollte* heute lese, würde ich mich am liebsten selbst in den Arm nehmen und mir anschließend eine zweimonatige Interrail-Reise ohne To-Do-Liste verordnen.

War ich immer schon so verbissen, so streng mit mir? *Probably*. Dagegen bin ich ja heute tiefenentspannt, obwohl mein „Ablaufdatum" als Frau schon seit zehn Jahren überschritten ist. Kinder habe ich (bewusst) keine bekommen, eine Ehe führe ich auch nicht. Niemand ist verwundert darüber, am wenigsten ich selbst.

Was ich sonst so gemacht habe 2015? Mein Studium beendet – und auch das merkt man Groschenphilosophin noch *sehr* stark an. Ich zitiere Bourdieu, Heasley und Althusser, als ob ich mir selbst etwas beweisen müsste. Als ob ich zeigen wollen würde: Ich bin belesen, ich bin intellektuell, ich habe meine Hausaufgaben gemacht. Und kann ich es mir wirklich verübeln? Als Kind, das ohne Akademikereltern in Wien Donaustadt aufgewachsen ist, habe ich mich sehr lange für meinen Klassenhabitus geschämt. Mein Studium und auch dieser Blog waren sicherlich ein Stück weit Abgrenzung und: Identitätsfindung. Ich wurde mit jedem Beitrag mehr zur Autorin, ich lernte all diese wichtigen Namen, um sie zum richtigen Zeitpunkt einzusetzen. Vermutlich habe ich das dann zwei, drei Jahre zu oft und zu viel getan. Es sei mir verziehen.

Einen Text wie *Warum du aufhören sollst, dich für deinen schlechten Musikgeschmack zu rechtfertigen* würde ich heute sicherlich auch nicht mehr schreiben. Stattdessen würde ich vollkommen schambefreit das Radio aufdrehen, wenn mein Lieblingssong von Taylor Swift läuft – und meine Freiheit genießen. Ich? Lasse mich sicher nicht mehr von ein paar studierten Nepo-Kids (Nepotismus-Kinder: also Kinder, die mit prominenten, reichen Eltern und/oder ordentlich Vitamin-B in die Welt starten) destabilisieren.

WAS MAN ALS FRAU IN DEN ZWANZIGERN SO ALLES ABHAKEN SOLLTE

14.01.2015

Wie oft habe ich mir anhören dürfen, dass „das doch die beste Zeit meines Lebens“ sein würde, jetzt auf Auslandssemester. Oder, retrospektiv romantisiert, sich als die „beste Zeit des Lebens“ in den dunklen Ecken meines Temporalcortex einnisten würde. Parties (no), Halli-Galli (nope), menschliche Verbindungen, die die angespannte Oberflächlichkeit der ersten Konversationen sofort ausradieren und Beständigkeit haben (eventuell), auch abseits von stressbedingt ignorierten WhatsApp-Nachrichten und zu spät versendeten E-Mails.

Die Schule, das Studium, die ruhige Zeit mit dem Baby nach dem ersten Dammschnitt (ich empfehle, das nicht zu googeln), die Weltreise fernab von allem, was menschelt, die Bildungskarenz, der Wiedereinstieg in den effizient gestrafften Beruf mit geringerem Gehalt oder die neugewonnene Selbstständigkeit nach der zweiten Scheidung. Alles brauchbare Optionen für den eigens konstruierten Erzählstrang eines ideal verlaufenen Lebens. Die nachträgliche Einordnung der Ereignisse zwischen „sehr gut“ und „nicht genügend“ geben dem Ganzen die verloren gegangene Struktur.

Erkennt man sie, die tolle Zeit, wenn man sie gerade ver-lebt? Oft weiß ich gar nicht so recht, ob ich gerade da bin. Ein Dasein pflege, mit allen Mitteln, die da so dazugehören. Bemerken tu ich „es“, wenn ich abends im Bett liege und schon wieder ein Tag vergangen ist, an dem ich nicht begonnen habe, mit DuoLingo Französisch zu lernen. Dann ist plötzlich das nächste Jahr angebrochen und natürlich, man feiert die Geburtstage *eh* nach und merkt, dass sich vieles in die gewünschte Richtung entwickelt. Aber muss man zu einem bestimmten Zeitpunkt in binärer schwarz-weiß-, richtig-falsch-, gut-scheiße-Manier behaupten, dass jetzt alles honigüberzogen wäre? Dass jeder Polsterüberzug sitzt, keine Wünsche offen sind, man das Leben vom Ausspucken des nächtlichen Schleims bis hin zum abendlichen Zehennägelschneiden „einfach nur genießt“? Wo ich schon von Genuss und Entspannung spreche: Althusser sagt, dass jede Erholungsphase und jeder Urlaub lediglich dazu dient, den Menschen danach wieder frisch und glatt rasiert in seine Ausbeutungsverhältnisse zu verabschieden.

Auch die Werbung schreit nicht leise, wenn es um die beste Zeit einer Frau geht, die bekanntlich mit zweiundzwanzig endet. „Kaufen Sie hier Produkt-Ihrer-Wahl für die beste Zeit Ihres Lebens!“ Schnell, bevor man sich endgültig muss lasern lassen, kleide dich noch ein letztes Mal elegant, frisiere deine von der Hitze des Glätteisens strapazierten Haare, male die Lippen an, bald ist es vorbei, dann verwelkst du schneller als ein auf dem Boden liegen gelassener Hochzeitsstrauß, bald bist du alt, nur noch ein paar Jahre, es geht stetig bergab, also nichts auslassen, beeile dich, sofern du noch männermarktfähig bist.

Letzten Sommer habe ich bei der körperlichen Selbstoptimierung einen Ted Talk über „die Zwanziger“ gehört, nach dem mir ein bisschen schlecht wurde. Der Frauenmagazin-Konsens lautet doch weiterhin, dass die Dreißiger mittlerweile die neuen Zwanziger wären, oder nicht? *Hallo,* man braucht nur Kate Hudson oder Eva Mendes anzusehen, so straff, strahlend und jugendlich wie die aussehen!

Why 30 is not the new 20 lautet die unsympathische Ansprache von Meg Jay. Die klinische Psychologin hat sich auf „Twenty-Somethings" spezialisiert und spart nicht mit Kritik am Liebesleben ihrer ersten, damals 26-jährigen Klientin Alex. Alex schläft mit den falschen Männern, sie „dated-down" (sprich: sie trifft sich mit einem Mann mit geringerem sozioökonomischen Status) und hat damit offensichtlich ein Problem: Selbst wenn sie den jetzigen Down-Dater (haha! Ich erfinde das Wort jetzt einfach mal.) nicht heiratet, wird es der nächste sein, mit dem sie die *besten* Jahre ihres Lebens verschwenden wird. Denn wir müssen aufpassen! Die Zwanziger dauern bekanntlich nicht ewig, danach endet unsere Adaptionsbereitschaft und wir treffen aus Angst vor dem Älterwerden die spontan schlechteste Entscheidung, indem wir „einen Loser" heiraten.

Jay denkt gar nicht daran, den Fuß vom Druck-Pedal zu nehmen: Achtung Mädels, das fruchtbarste Alter hat eine Frau mit 28 erreicht, mit 35 geht es rapide bergab. *Just sayin!* Außerdem sind die Zwanziger die Zeit, in denen man an seiner Persönlichkeit, der Karriere und der künftigen Ehe (die wir alle selbstverständlich wollen) feilen muss, sonst wird das mit Mitte oder gar Ende dreißig auch nichts mehr. Oder zumindest schwieriger, weil weniger Zeit bleibt zwei Kinder im Abstand von anderthalb Jahren in die Welt zu setzen. Hier die drei Dinge, die jede in ihren Zwanzigern im Auge behalten sollte:

- **Get some identity capital**
  - → do something that adds value to who you are
  - → investment in who you might wanna be next
  - → now is the time for the cross country job, internship etc.
- **Networking**
  - → hang around with people who are interesting
  - → invest in relationships that matter for your future (career)
- **The time to start picking your family is now**
  - → the best time to work on your marriage is before you have one
  - → picking your family is not killing time with whoever is choosing you

Ja, also klingt das nach der besten Zeit des Lebens einer Frau oder klingt das nach gesellschaftlichen Ansprüchen? Obwohl ich noch nie konkret darüber nachgedacht habe, ob ich mich nach Jays Regeln auf „dem richtigen Pfad“ befinde, muss ich ihr nach dieser Checkliste kurz zunicken. Ja, läuft nach Plan, Dr. Jay! Zum Schluss gibt sie allen den Tipp:

„30 is not the new 20, claim your adulthood, get some identity capital, pick your family, don't be defined by what you didn't know.“ Meg Jay

Es scheint, als hätten Frauen nach Jays erleuchtender Rede die Wahl. Entweder sie bleiben „doof", amüsieren sich weiter, ohne an Konsequenzen zu denken, interessieren sich die Bohne für die auferlegten Wertvorstellungen der vorangegangenen Generation und leben nach ihren eigenen Regeln, vielleicht sogar mit zeitraubenden Versagern und Karriereknicks. Oder sie kriegen ihren Arsch hoch, suchen sich gefälligst eigene, am besten später in Geld verwertbare Interessen und jemanden, den es sich auch „lohnt" zu daten, denn zwei erfolgreiche Menschen können sich auch besser ein Haus in der Vorstadt kaufen, oder? Die leise vor sich hin plätschernden Freundschaften werden alle fünf Wochen zum pro-forma Abendessen eingeladen, man kennt sich von der Freiwilligenarbeit letzten Sommer oder tüftelt gemeinsam an einem Internet Start-up. Man streitet über die Sinnhaftigkeit direkter Demokratie oder ob man schon darüber nachgedacht hat, statt Butternuss- endlich Bischofsmützen-Kürbis in der Urban Gardening Parzelle anzupflanzen. Die berufliche Selbstverwirklichung führt wie im Fall von Emma (einer weiteren Klientin) automatisch dazu, dass man den richtigen Partner findet und fünf Jahre später verheiratet ist, mit Anfang dreißig, wie es aalglatte Lebensläufe ohne Brüche für die privilegierten Zwanzigjährigen vorgesehen hatten. Obwohl ich an der Liste von Frau Jay aufgrund eigener Befangenheit nicht viel kritisieren kann, bleibt es doch eine Liste. Ein *gebullet-pointeter* Lebensentwurf, ein Schema-F für den glücklichen Verlauf des Lebens, ohne Ausstiegsmöglichkeiten oder Entscheidungsvielfalt. Ohne die statistisch betrachtet gar nicht so kleine Option des Scheiterns, einem Leben, das „schief geht", obwohl man sich jeden Schritt in der Theorie gut überlegt hat. Ein Dasein, das keiner haben möchte. Wenn man ein mieses Leben führt, dann wohl nur, weil man sich nicht an die Spielregeln gehalten hat. Schließlich kann es jede schaffen, sich von ihrem Kellnerinnen-Job zu lösen und „endlich was mit Kunst" zu machen.

Oder?

HÖR AUF, DICH FÜR DEINEN SCHLECHTEN MUSIKGESCHMACK ZU RECHTFERTIGEN

29.01.2015

Früher oder später wirst du ein Treffen mit einer Person haben, deren selbstbewusstes Auftreten dir bereits bei deinen präventiven Verschönerungsmaßnahmen Magenschmerzen verursacht. Ausgestattet mit einem dünnen Schweißfilm auf den Innenseiten deiner Handflächen werdet ihr euch zum Warm-up über Harmlosigkeiten wie eure Lieblings Pokémon-Edition unterhalten, bevor ihr zu den Fragen übergeht, die über Sein oder nicht-cool-Sein entscheiden. Wie zum Beispiel: *Und, was hörst du so für Musik?* An dieser Stelle hilft es herzlich wenig, sich zu verstellen. Spätestens beim ersten gemeinsamen Abendessen wird dich deine lang verdrängte Uncoolness einholen.

Du fängst an zu überlegen, denkst in Anbetracht der letzten repräsentativen Suchbegriffe, die du in Spotify eingetippt hast („*Shake It Off* von Taylor Swift“ und „*My Prerogative* von Britney“) darüber nach, entweder a) die GoTV Charts auf der Toilette zu googeln oder b) dein Gehirn dazu anzustiften, die Bands aus den verstaubten Ecken deines Langzeitgedächtnisses hervorzukramen, die du schon vor zehn Jahren vorgetäuscht hast zu mögen. (Ich bin nicht sicher, ob The Used, The Killers, Queens of the Stone Age und Radiohead immer noch durchgehen würden.)

Warum ich die Einleitung unnötig in die Länge gezogen habe? Als ich letztens in der WG von meiner Neuentdeckung Ariana Grande erzählte, erntete ich verstörte Blicke. „*Eww, she's terrible! Totally trash, how can you listen to that kind of music?*" Popmusik ist in den Augen vieler *mass culture* und hat alleine schon deshalb verloren, weil man sich während der Entdeckung eines vermeintlichen Ohrwurms wie Christopher Columbus fühlen wird. Irgendjemand ist schon vor einem da gewesen. Abgrenzungspotential? Zero.

Die Frage, die du dir eigentlich stellen solltest, wäre folgende: Warum schämst du dich für deinen Musikgeschmack? Weil Popmusik von selbsternannten Kulturliebhabern als billig, einfältig und „zu Mainstream" abgetan wird? Die Verkaufs- und Downloadzahlen sprechen für sich.

Nach Raymond Williams ist Kultur „a ‚general process of intellectual, spiritual and aesthetic development' (1983). A second use of the word culture is to describe a ‚particular way of life, whether of a people, a period or group'. By this definition we can think of developments such as literacy, the seaside holidays or youth cultures, while the third meaning – culture as signifying practices – allows us to speak of soap opera, comics or, as in this example, pop music."

Na also, Popmusik *ist* Kultur! Die Ablehnung „einfacherer" Kunstformen liegt nach Pierre Bourdieu an der Tatsache, dass man sich von anderen (den weniger Erhabenen) abgrenzen möchte. In diesem Fall mit seinem beneidenswerten Geschmack. „Pierre Bourdieu paid special attention to forms of culture that are stigmatized by intellectuals and the so-called bourgeoisie (this discussion probably needs an extra article). Forms considered vulgar rather than refined, emotional rather than mental, expressive instead of aesthetically distanced. Bourdieu claims, that aesthetic distinctions are highly linked to class. An ‚expensive' taste is nothing more than a functioning marker of ‚class'."

Kurz gesagt: Um als „wahre" Kunst durchzugehen, muss die Rezeption mit größtmöglicher Mühe verbunden sein. Wenn man sich nicht wochenlang mit Faust beschäftigt, wird man nicht viel von der Aufführung mitnehmen (hier spricht mein 15-jähriges Ich. Habe seither nie wieder etwas von Goethe gelesen). Oder, in anderen Worten: *„the elitist investment that some put in its continuation."* Menschen, die über mehr kulturelles Kapital verfügen, möchten sich von denjenigen abgrenzen, deren weniger kultivierter Geschmack von ihrem eigenen abweicht. Dadurch manifestiert sich eine klare Unterscheidung zwischen „angesehener" und „abgewerteter" Musik in unserem Alltagsverständnis.

> *„These distinctions are used to legitimate the privileges of those with more education and more money, who envision themselves as superior to those whose tastes differ from their own."* Pierre Bourdieu

Popkultur ist das, was übrig bleibt, wenn wir Opern, die Schatzkammer im Kunsthistorischen oder eine gähnend langweilige Theaterinszenierung außen vor lassen. Wenn du möchtest, kannst du dich natürlich weiterhin an deiner individuellen Plattensammlung ergötzen und darauf beharren, dass Ariana, Taylor oder One Republic einfach schlechte Musik machen und die Mehrheit der Gesellschaft keinen Plan hat. Du kannst aber auch (und das ist ein allgemeiner Ratschlag) auf die Meinung der anderen pfeifen und das Radio lauter statt leiser drehen, wenn gerade ein Lied läuft, das deinem Freund nicht gefällt. Dir einzugestehen, dass du heute lieber mit Beyoncé frühstücken möchtest als mit Phosphorescent, beraubt dich nicht deiner kulturellen Identität. Und selbst wenn. Immerhin müsstest du dann sonntags nicht mehr alleine ins Museum gehen.

DEIN FREUND SIEHT AUS WIE EINE SCHWUCHTEL

09.09.2015

„Dein Freund sieht aus wie eine Schwuchtel!" Ich war 15, als ich diesen Satz zum ersten Mal hören sollte. Verliebt wie wir waren, machte es mir wenig aus. Trotzdem habe ich diese Anfeindung eines Klassenkollegen bis heute nicht vergessen.

Dass es eine unveränderliche, wahre Männlichkeit gibt, ist massenkulturell fest verankertes Wunschdenken. Man kennt die Floskeln, mit denen einschlägige Magazine jeglichen Fortschritt in puncto Geschlechterfragen untergraben wollen: Von „richtigen" Männern und „natürlichen, männlichen Instinkten" ist dann die Rede, die wahrscheinlich auch dafür verantwortlich sind, dass Männer sich naturgemäß nicht um Kinder kümmern können. *Right?* Es fällt auf, dass sich wahre Männlichkeit fast immer vom männlichen Körper ableitet, daher einem männlichen Körper innewohnt oder zumindest etwas über einen männlichen Körper ausdrückt. Der Körper bleibt die Ausgangslage für eine Reihe von Vorurteilen.

Dabei gibt es gar kein einziges, überall anzutreffendes Männlichkeitsmuster. Wir müssen nach Connell tatsächlich von „Männlichkeiten" im Plural sprechen. In multikulturellen Gesellschaften wie der europäischen von heute herrschen vielzählige Definitionen und Dynamiken von Männlichkeiten vor. Unterschiedliche Männlichkeiten reihen sich nicht Seite an Seite, es bestehen klar umrissene soziale Beziehungen zwischen ihnen. Während einige Männlichkeiten dominant sind, werden andere an den Rand gedrängt, *ver*drängt.

Es gibt sie, die „hegemoniale Form der Männlichkeit" oder das, was heute als spornosexual die Runden macht.

Es ist diejenige Form der Männlichkeit, die am anerkanntesten oder begehrtesten ist. Das schließt nicht mit ein, dass sie die bequemste oder unbedingt geläufigste Form der Männlichkeit sein muss. Ein früheres Beispiel dafür wären Sportidole, die die Gesellschaft als Prototypen hegemonialer Männlichkeit deklarierte. Das Nacheifern kann für Männer zur Zerreißprobe werden – das weiß jeder, der es mit der Beinpresse ab und an ein wenig zu wild treibt.

Wieso wird eigentlich davon ausgegangen, dass die meisten Frauen* figurtechnisch auf Channing Tatum stehen? Dass wir starke Oberarme wollen, breite Schultern, durchtrainierte Bäuche und kurzrasierte Seiten?

In der 6. Staffel von *The Big Bang Theory* ringt Raj mit seiner – nicht besonders stark ausgeprägten – „männlichen" Seite. „I wanted you to think I was more manly", sagt er zu Lucy, als diese ihn auf sein merkwürdiges Mackerverhalten im Basketballshirt aufmerksam macht. Sie war sichtlich wenig begeistert.

Ich spreche hier nicht nur für mich, sondern auch für all die anderen Frauen, die sich tendenziell eher zu Männern hingezogen fühlen, deren Habitus innerhalb der kritischen Männlichkeitsforschung einen ganz eigenen Terminus zugewiesen bekommen hat: „Straight Queer

Masculinities". Das Paradebeispiel für einen widersprüchlichen Männlichkeitstypus. Unter „uns" gesagt: meinen bevorzugten. Und ja, das an dieser Stelle zu sagen, ist politisch, stehe ich damit – abseits von Abenden mit meinen schwulen Freunden – nämlich meist ziemlich alleine da und kann mir Sachen anhören wie:

„Findest du nicht, dass der viel zu dünn ist?"
„Ach, so ein Bubi! Da ist ja gar nichts dran an dem."
„Bist du sicher, dass er nicht schwul ist, so wie der sich anzieht?"

Ich habe es so satt, dass ich es heute zum ersten Mal öffentlich als Thema platziere. Der Begriff wurde vom amerikanischen Soziologen Robert Heasley eingeführt und bezeichnet eine Form von abweichender Männlichkeit bei heterosexuellen Männern.

> *„Many straight men experience and demonstrate ‚queer masculinity,' defined here as ways of being masculine outside hetero-normative constructions of masculinity that disrupt, or have the potential to disrupt, traditional images of the hegemonic heterosexual masculine. The hegemonic heteromasculine is represented culturally in the icons of religion, sports, historical figures, economic and political leaders, and the entertainment industry. In these arenas, males are presumed to be straight and hold stereotypically masculine beliefs, attitudes, and values unless and until they present themselves as other."* Heasley 2010: 310

Heasley schreibt in *Queer Masculinities of Straight Men: A Typology* über seine Erfahrungen als „straight queer masculinity". Desöfteren wurde er von hetereosexuellen Männern gefragt, ob er homosexuell wäre.

> „*I talk with my hands, my voice is not so deep, I care nothing about major sports, I am clearly a feminist and talk about gender, rape, violence, and I question male socialization.*" Heasley 2010: 312

Eben genannte Attribute wurden dabei als Indizien für seine Homosexualität genannt und zeigen dabei deutlich, wie Männlichkeit scheinbar *nicht* sein sollte.

Durch das Ziehen von sozialen Grenzen und der Feindseligkeit „normaler" Männer gegenüber Schwulen definiert sich „richtige" Männlichkeit als Abstand zu dem von ihr Geächteten.

Ich für meinen Teil bin froh, dass es (auch) Männer gibt, die sich ausgefallen kleiden, nicht für Fußball interessieren und genügend Selbstbewusstsein entwickeln konnten, um sich von all den blöden Sprüchen nicht runterziehen zu lassen.

2014: LENA DUNHAM FEMINISMUS

Keine Sorge, ihr seid nicht allein. Auch ich lese diese Texte wieder so, als sei's zum ersten Mal. 2014, 2014, 2014. Kommt nur mir dieses Jahr unendlich lange her vor? Zugegeben, im Internetzeitalter ist 2014 auch keine zehn, sondern eher *hundert* Jahre her. Instagram war erst süße vier Jahre alt und wir hatten ehrlich gesagt alle keine Ahnung, wie man sich dort als journalistische Personal Brand etabliert, sondern haben die App – wenn überhaupt – zum Posten von schlechtgefilterten Selfies und Stalken von Kommilitoninnen genutzt.

Wenn ich eine Zeitmaschine hätte, dann würde ich gerne ins Jahr 2014 reisen und mit meinem heutigen Wissen eine richtig starke Autorinnen-Brand aufbauen – dann wäre mir der Umweg über den Journalismus erspart geblieben. Ich wünschte, ich hätte mehr an meine eigenen Visionen geglaubt und mir ein Blogger-Imperium aufgebaut, statt Energie in meine Journo-Karriere zu buttern.

Wo wir bereits dabei sind: Aus heutiger Perspektive ist es fast schon witzig, dass es 2014 gereicht hat, „einfach" einen Blog aufzusetzen, um im Journalismus Fuß zu fassen. Trotzdem habe ich es schon damals geschafft, mich über die Einstiegshürden zu beschweren. Classic. *If we only knew.*

2024 braucht es definitiv mehr als Wordpress- und Schreibskills, wir müssen Videojournalistinnen sein, Moderatorinnen, Marketing- und TikTok-Profis. Eine Entwicklung, die aufzeigt, wie verrückt es nach wie vor bleibt, Medienmacherin zu sein.

Dass die finanzielle Sicherheit der Branche schon vor zehn Jahren gefährdet war, ist erschreckend – und auch, dass ich es trotz all der Hürden, die ich im Text *Entscheide Kind, Brot oder Leidenschaft* beschreibe, versucht habe, darin Fuß zu fassen. Nur, um das an dieser Stelle festzuhalten: Ich hatte als Publizistik-Studentin also schon damals das geballte Wissen über die Probleme der Branche und bin trotzdem schnurstracks rein in die gefürchtete Festanstellung. Klingt wirklich ganz nach mir. Kein Risiko scheuen, lieber ein paar Wunden holen, als es gar nicht versucht zu haben.

Wahrscheinlich habe ich auch deshalb im Winter 2014, während meines Auslandssemesters in Antwerpen, diesen Blog aufgesetzt. Ein bisschen aus Panik vor dem Ende des Studiums, ein bisschen aus Passion. *Groschenphilosophin* sollte er heißen. Ich wollte die theorielastigen Inhalte meines Publizistik-Masterstudiums niederschwellig runterschreiben und mir selbst einen Namen machen. Zu Beginn bloggte ich sogar noch anonym und schrieb meinen zweiten Vornamen „Xenia" ins Impressum. Später nutzte ich Groschenphilosophin als mein Portfolio, um mich auf Jobs zu bewerben. Wenn ich mir meinen Ton im Vergleich zu heute durchlese, merke ich, dass ich damals noch deutlich höflicher und zurückhaltender klang.

Ich bin auch ein bisschen enttäuscht, wie hart ich mit Lena Dunham ins Gericht gegangen bin. 2014 war es ganz einfach cool, Lena Dunham zu dissen – zu nackt, zu *weiß*, zu privilegiert –, weil es alle gemacht haben. Es gab kaum eine Redaktion, die nicht irgendwann einen Lena-Dunham-nervt-Artikel publizierte. Weil wir sie dafür verdammt haben, ein bisschen mehr Glück im Berufsleben gehabt zu haben als wir. Dabei hat Lena Dunham mit ihrer Serie *GIRLS* etwas geschafft, das es seit *Sex and the City* nicht mehr gegeben hat: Die Beschreibung weiblicher Lebenswelten aus feministischer Perspektive – inklusive Dramen rund um weirde Typen, schlechtbezahlte Jobs und die Komplexität von Freundinnenschaften nach der Unizeit. Wir haben *alles* von Lena Dunham verlangt, weil es zu diesem Zeitpunkt nur eine Lena Dunham gab. Das ist zum Glück heute ein bisschen anders. Es gibt inzwischen eine Serie über vier schwarze Frauen in New York: *Harlem*. Lena Dunham ist nicht mehr alleine dafür verantwortlich, Diversity in die Film- und Serienbranche zu bringen und darf ihr Leben mit Ehemann und Hund in Ruhe genießen.

Ok, kurzer Themenwechsel: An einer Stelle der Review schreibe ich, dass ich mir nichts Langweiligeres vorstellen könnte als ein Buch über meine Exfreunde zu schreiben. Well, ... das sehe ich inzwischen auch sehr, sehr anders. Ich glaube, es ist unmöglich, über die eigenen Gefühle und Beziehungen zu schreiben und dabei genial zu sein, ohne jemanden zu verletzen.

In dem Sinne: Danke Lena, dass du immer so brutal ehrlich warst und kein Risiko gescheut hast, jemandem auf den Schlips zu treten.

ENTSCHEIDE KIND, BROT ODER LEIDENSCHAFT!

01.05.2014

Es ist 22 Uhr 7. Ich habe gerade beschlossen, es für heute gut sein zu lassen. Was ich bisher getan habe? Ich habe meinen Sprachkurs und mein Forschungsseminar besucht. Für letzteres ist eine 40- bis 50-seitige wissenschaftliche Literaturarbeit vorgesehen, die bis Mitte Juli fertig sein soll. Eigentlich müsste ich in diesem Moment weitere Bücher bestellen, die zu meinem Thema passen, um sie anschließend sofort zu verschlingen. Eigentlich sollte ich auch Vokabeln lernen, elf ECTS werden nicht verschenkt. Ik heb geen tijd! Zuallererst muss aber noch *Imagining the Internet* von Robin Mansell beackert werden, da ein Literaturreview ansteht. Auf dessen Basis entsteht ebenfalls eine 40-seitige Arbeit. Dazwischen muss ich mich um eine neue Wohnung in einem anderen Land kümmern, die ich im August beziehe – und Interviewleitfäden für Mittwoch vorbereiten.

Bei einer Diskussionsrunde (#jourreal) zu den prekären Arbeitsverhältnissen im Journalismus letzten Dienstag im Rhiz verlautbarten drei etablierte JournalistInnen die Ein- oder auch Ansicht, dass es *unabdingbar* wäre, einen Blog zu betreiben, sofern man im Journalismus Fuß fassen möchte: „Seid kreativ, lasst euch etwas einfallen. Hebt euch von der Masse ab!"

Groschenphilosophin.at existiert in dieser Form seit etwas mehr als zwei Monaten. Davor war ich zwei Jahre Teil eines studentischen journalistischen Kollektivs, das mit großen finanziellen Problemen zu kämpfen hatte. Nach der dritten Printausgabe (Auflage: 1.000 Stück) war das Budget alleine schon durch die Druckkosten erschöpft, von einer „Bezahlung“ einmal abgesehen. Soviel zum Thema „Sehnsucht nach Neugründungen“. Während dieser Zeit habe ich auch einen privaten Blog geführt. Ich habe noch nie mit dem Bloggen Geld verdient, obwohl ich bereits fünf (die Sprache und Gedanken bewusst reflektierend wohl eher drei) Jahre meines Lebens dem Schreiben gewidmet habe. Bin ich nicht talentiert genug? Sind wir zu schlecht? Brauchen wir in Österreich keine Medienvielfalt? Sind wir nicht kreativ genug? Können wir vielleicht nicht ausreichend programmieren, um *die* bahnbrechende technologische Innovation[47] in der Blogosphäre zu etablieren, die uns von der Masse abheben *könnte* und gleichzeitig das Problem der Gratismentalität löst? Oder liegt es schlichtweg daran, dass wir es erst gar nicht richtig *versuchen?* Uns darauf ausruhen, „nur ein Blog unter vielen zu sein“, den wir „nebenbei“ betreiben. Ein kleines Prestigeprojekt, nicht mehr.

> *„Studium abgebrochen, schlecht vorbereitet – typischer Journalist“ – „Aber mit Festanstellung!“*
>
> Zitat Diskussionsrunde #jourreal

Ich stehe vor einem Dilemma. Alles, was ich momentan neben meinem Job als auch Vollzeitstudium an journalistischer Arbeit (wenn auch nicht immer im klassischen Sinne) leiste, ist unbezahlt. Ich habe bereits so viele Stunden in meine Leidenschaft investiert, dass ich sie unmöglich zählen kann. Ja, auch innerhalb von Redaktionen und Praktika. Wie viele andere auch. Alteingesessene JournalistInnen kontern daraufhin gerne, dass „das eben so sei." Sie hätten es ja damals auch schon schwer gehabt. Ein junger Studienabsolvent, der früher als Sportjournalist tätig war und zum Teil auch noch ist, möchte nun eine Schuhmacherlehre beginnen. Sein Blog bleibt als Nebenbeschäftigung, erzählt er dem Publikum. Um dort vereinzelt journalistische Projekte anzugehen, aus Liebhaberei. Als Zeitvertreib für die Stunden, die nach der Arbeit übrig bleiben. Dort kann man sich austoben, den Themen widmen, die einen *wirklich* interessieren – statt wie bei diversen Praktika APA-Meldungen umzuschreiben und für innovative Ideen schief angesehen zu werden. Finanzieller Druck fällt in dem Sinne weg, als dass höchstens Webspace und Domain bezahlt werden müssen. Für das Bestreiten des restlichen Lebensunterhalts gibt es ohnehin den Brotberuf.

Ist das die Zukunft des Journalismus? Motivierte Menschen, die trotz diverser Qualifizierungen und Studienabschlüsse keinen Job in einer Redaktion finden, betreiben in ihrer *Freizeit* Blogs, die oftmals interessantere Thematiken hervorbringen als Mainstream-Medien. Sie betreiben Blogs, weil sie es satt haben, nicht ernst genommen zu werden. Kurzmeldungen für „den Keller" zu fabrizieren. Einer Blattlinie zu folgen, die nicht ihren eigenen moralischen Anforderungen entspricht. Schlecht behandelt zu werden. Schlagzeilen zu formulieren, die nur so strotzen vor Geld- und Sensationsgier. Wenn das der

Preis für journalistische Freiheit ist, zahle ich ihn (momentan noch) gerne.

> *„Werd' Journalist, wenn du was zu sagen hast, nicht, weil du was sagen willst."* Zitat Diskussionsrunde #jourreal

Ich gebe Thomas Weber vom österreichischen Magazin *The Gap* Recht, wenn er (sinngemäß) sagt: „Wer (noch) nicht thematisch positioniert ist und nicht bloggt, hat keine Interessen." Die vielfältigen Publikationsmöglichkeiten auf einem Blog spiegeln schon seit Langem meine Anforderungen an einen Job in der Branche wider: Ich genieße die künstlerische Freiheit. Ich bin meine eigene Chefin, wir sind unsere eigenen Chefinnen. Die Themenwahl erfolgt nach eigenem Interesse und Spezialisierungsgebiet, nicht nach Marktkalkül. Nicht nach Klicks, die man zu erreichen hofft. Denn: Der Blog sichert nicht unseren Lebensunterhalt. Klingt fast zu schön, um wahr zu sein!

An dieser Stelle muss ich wieder auf diejenigen verweisen, die „der jungen Generation" auftragen, kreativ zu sein. Kreativ für *wen?* Für Redaktionen, die uns nach der Anstellung die Kreativität wieder austreiben wollen, damit wir ins gerade zusammenbrechende System passen? Wir sollen uns durch unsere Blogs und Onlineportfolios „abheben." Aber – muss man an dieser Stelle sagen – selbst bekannte (!) BloggerInnen und VlogerInnen[48] können nicht alleine von ihren Werbeeinnahmen leben. Trotz mehrerer Tausend BesucherInnen bzw. Klicks pro Tag gehen sie (fast) alle noch einer Hauptbeschäftigung nach. Sie studieren Zahnmedizin oder Geschichte, sind eigentlich WebdesignerInnen. Die Konsequenz ist, dass viele AbsolventInnen sozialwissenschaftlicher Studien geradezu um Jobs betteln, obwohl sie in Eigeninitiative mehr schaffen würden – was wiederum zu erschwerten Startbedingungen und Konkurrenzdenken in Redaktionen führt. Als ob das nicht genug wäre, müssen renommierte Tageszeitungen MitarbeiterInnen entlassen, weil die Zusammenlegung von Print und Online nicht die Synergien erzeugt, die ursprünglich erwartet wurden. Es scheint fast, als ob wir zur Metaebene wechseln müssten.

„Spezialisierung ist alles. Wir brauchen Leute für Wirtschaft & Wissenschaft, nicht für Politik/Feuilleton."
Zitat Diskussionsrunde #jourreal

Ich frage mich an dieser Stelle, was BloggerInnen dazu beitragen können, der systemimmanenten Problematik entgegenzusteuern. Festanstellung bei einer Zeitung/Zeitschrift suchen, um endlich „professionell" arbeiten zu können? Wird schwierig, ist aber natürlich auch nicht unmöglich, wenn man Material (oder Vitamin B) vorweisen kann. Bleibt die Frage, ob man sich mit der Redaktion und Blattlinie arrangieren kann und auch gewillt ist, stupide Arbeit zu erledigen. Den Blog schließen? Wir schreiben umsonst, können daher nicht immer up-to-date sein oder wochenlang investigativ recherchierte Beiträge (gut, diese sind wohl auch in der österreichischen Medienlandschaft nicht an der Tagesordnung) liefern. Schreiben wir nicht auch umsonst, weil wir keine Anstellung haben, die wir – paradoxerweise – unter herkömmlichen Bedingungen gar nicht mehr *wollen?* Weil wir keinen PR-dominierten Journalismus akzeptieren? Weil wir keine Werbung schalten, die uns selbst stören würde? All jene Dinge, auf denen der Zeitungsmarkt Jahrzehnte basierte. Machen wir die Branche kaputt, indem wir kostenlos Inhalte produzieren? Uns damit ins eigene Fleisch schneiden? Oder ist ein Blog vielleicht mehr als eine Gemeinschaft engagierter Studierender oder arbeitender Menschen – gar ein Medium mit politischer Botschaft?

Menschen betreiben Blogs aus den unterschiedlichsten Gründen. Ebengenannte sind unsere. Wir sprechen uns heute dezidiert gegen die Erfahrung in Praktika aus, die uns wohl in erster Linie von dem Berufswunsch „Journalistin" hätten abschrecken sollen. Es muss bitte alles so bleiben, wie es ist. Schreib deinen Blog, Kind! Aber erwarte nicht, dass du irgendwann davon leben kannst, denn wir können es auch bald nicht mehr. Such dir einen „richtigen Beruf" und schreibe dann „einfach so", weil es dir ja auch „Spaß macht".

Ich habe heute meinen Sprachkurs und mein Forschungsseminar besucht. Für Letzteres ist eine 40- bis 50-seitige wissenschaftliche Literaturarbeit vorgesehen, die bis Mitte Juli fertig sein soll. Eigentlich sollte ich in diesem Moment weitere Bücher bestellen, die zu meinem Thema passen, um sie anschließend sofort zu verschlingen. Eigentlich sollte ich auch Vokabeln lernen, elf ECTS werden nicht verschenkt. Ich mache all das hier gerne, weil es ein Leben ist, das ich mir ausgesucht – als auch erarbeitet habe. Es ist gut zu wissen, ein Standbein fernab des Journalismus zu haben.

Zurück zur ursprünglichen Frage: Wie kann man sich von der Masse (Wer ist die Masse eigentlich? Die kollektiv diskreditierten Publizistik-Studierenden? Die naiven Erstsemester an der FH für Journalismus und Medienmanagement?) abheben, um hochwertigen Journalismus (auch hier müsste man vielleicht Held und/oder Russ-Mohl zur Beantwortung der Frage heranziehen) zu liefern, wenn man pro Woche mindestens zwanzig bis dreißig Stunden einer anderen Tätigkeit nachgeht? Vielleicht sollte ich mir *nach* dem Studium ein Jahr Auszeit nehmen und meinen Eltern auf der Tasche liegen, um endlich *richtig* durchzustarten! Leidenschaft hin oder her, die Debatte führt meines Erachtens ad absurdum.

GEDANKEN EINER SOCIAL MEDIA STALKERIN

20.10.2014

Manchmal habe ich das Bedürfnis, dir etwas zu entgegnen. Dass deine neue Brille futuristisch aussieht, zum Beispiel. Dass ich gerne dabei gewesen wäre, bei deinem Urlaub im argentinischen Hinterland. Oder dass ich gerne wüsste, wo du gerade bist. Drei Tage keine Updates, nicht typisch für dich. Dieses Zimmer im Hintergrund, es kommt mir nicht bekannt vor. Wo sind die Poster? Ich versuche herauszufinden, wer die Person auf dem Foto hinter dir ist. riariell, itpeace, ontheinsideoflove und 34 anderen gefällt das. Mittlerweile bist du vermutlich umgezogen, das konnte ich aus den Kommentaren rauslesen. In letzter Zeit postest du weniger Fotos von dir, das finde ich schade. Jeden Morgen warte ich darauf, was du berichten wirst. Obwohl ich dich noch nie gesehen habe. Also, im richtigen Leben. Ich weiß nicht, wie sich deine Stimme anhört. Höchstens von kurzen Videoschnipseln. Ich würde sie nicht erkennen. Heute nur eine Abbildung deines Frühstücks, schade. Das Neni ist so unpersönlich geworden. Humus mit Brot.

Du bist single. Du benutzt ein Macbook. Du hast im März Geburtstag. Du besitzt mehrere analoge Kameras. Du hast deine Haare geschnitten. Deine Haare sind wieder rot. Du hättest gerne einen Hund. Deine Freunde sind schwul. Du bist jetzt fertig mit deinem Studium. Du rauchst. Du kiffst. Du trinkst, manchmal. Du gehst gerne ins Werk. Du hast einen kleinen Bruder. Du kaufst im selben Asiamarkt ein wie ich. Dieselben Mochis, außen mit Sesam. Du trägst Nikes. Du malst deine Lippen an. Unauffälliges rot.

Du weißt nicht, dass ich dir folge. Du weißt nicht, wer ich bin. Wie ich heiße, wie oft ich auf dein Profil schaue. Aus Langeweile, aus Neugierde, aus Sensationsgier, aus Zeitvertreib. Du bringst die nassen Hosen in das von mir vor dem Bildschirm verbrachte Leben. Du postest nachts um drei verschwommene Bilder eines Kirchturms. Ich kenne dich nicht. Du fährst in die Berge. Ich weiß nicht, ob du einsam bist. Ich weiß nicht, ob du jemanden vermisst, ob du gerne die bist, die du zu sein scheinst, ob du an dir zweifelst. Ich habe dich nie kochen gesehen, außer in diesem einen Video auf Vine. Da öffnest du eine Dose Oliven. Ich mag Oliven. Was isst du eigentlich am liebsten? Wie es wohl aussieht, wenn du schläfst? Schminkst du dich ab, mit diesen Niveatüchern? Welche Schuhgröße hast du? Du magst Sneakers.

Es hat ganz unschuldig angefangen mit uns. Manchmal habe ich Angst, dir auf der Straße zu begegnen. Ich habe dein Foto gesehen, auf dein Profil geklickt. Stell dir vor, ich starre dich an, mit offenem Mund, ich spreche dich an. Erkenne dich. Ich bin wieder gekommen. Immer wieder. Gehe auf dich zu, sage hallo Iksypsilon. Sage hallo du, ich habe deine Fotos gesehen. Ich habe sie *alle* gesehen, schon seit 2012. Die, wo du an Maximilian lehnst. Da wo du mit der U3 fährst und deine Freundin dabei ist. Du weißt schon, Martha. Sie illustriert für *Vice*. Auch die in Berlin habe ich gesehen, sitzend und liegend. Schwimmend, trinkend, arbeitend. Ich habe gesehen, wo du dich beworben hast, ich weiß, wo du angenommen wurdest. Ich weiß, worüber du deine Arbeiten schreibst, was du gelesen hast. Du hälst dich für besonders cool. Ein richtiger Hipster, oder? Oder, du mit deinem Sandqvist Rucksack. Wer deine Freunde sind, ich kenne alle ihre Namen. _reeva1, mxmln_ale, lolasbitches, teramata. Du möchtest weg von hier. Dabei weiß ich gar nicht, warum. Hätten wir ein gutes Gespräch? Würdest du mich mögen? Bist du vielleicht meine heimliche Seelenverwandte?

Manchmal wünsche ich mir, du würdest mich kennen. Zumindest ein bisschen. Dass du auch auf mein Profil klickst und es durchstöberst. Ausgeglichene Verhältnisse. Dass du eine Meinung über mich entwickelst, dass dich der blanke Neid trifft, bei meinen gestählten Zähnen. Dass du siehst, dass ich ein schönes Leben führe. Ein besseres gar, wie du. Dass du versuchst, etwas aus meinen kryptischen Formulierungen herauszulesen. Ganz schön anstrengend nach einiger Zeit, nicht wahr? Du kennst Leute, die ich kenne, die mich kennen. Ich frage Leute nicht. Was sollte ich Leute auch fragen? Leute, du bist doch mit Iksypsilon befreundet. Ich sehe mir ihre Fotos an, nur so. Zum Spaß. Zur Belustigung, meine eigene Reality TV Show. Ich mag es, wenn sie tausende sinnlose Hashtags aneinander reiht. Dann klicke ich in meinem Wahn auf die Personen, die du markiert hast. Hin und wieder gibt es besondere Leckerbissen. Wenn ein Freund von dir Fotos postet, auf denen du nach dem Ausgehen halbnackt im Bad stehst. Wenn du lächelnd im Park sitzt und das Leben zu genießen scheinst. Dein Abschied, bevor du weg bist. Du bist ziemlich authentisch, weißt du das? Du bist wie meine unsichtbare Freundin, fast. Ich höre andere Musik als du, kannst du aber nicht wissen. Niemals wirst du wissen, was ich mag.

Gestern hast du dein Profil auf privat gestellt. Nach all der Zeit. Und ich kann dir nicht einmal sagen, dass ich es vermissen werde, morgens deinen Namen einzutippen. Iksypsilon. Guten Morgen, gute Nacht. In der Hoffnung, keines deiner Fotos zu berühren, um nicht unabsichtlich den „Gefällt mir“ Button zu tätigen. Was wäre dann? Würdest du annehmen? Würdest du mir folgen? Würdest du schreiben: Hallo, kennen wir uns?

WARUM DU *NOT THAT KIND OF GIRL* VON DEINEM WEIHNACHTSZETTEL STREICHEN MUSST

04.12.2014

~~Lena Dunham, das ist für die einen~~
~~Lena Dunham, bekannt als Produzentin und Erfindern der Erfolgsserie GIRLS~~

Lena Dunham, wie beginnt man eigentlich eine verspätete Rezension über Lena Dunhams Memoiren, die seit einem Monat in aller Munde sind? Diejenigen, die diesen Artikel anklicken, wissen vermutlich, um wen es sich handelt. Fernseh-Star, feministische Prominente, Body-Acceptance-Vorbild, laut dem XYZ-Magazin eine der „erfolgreichsten Frauen unter 30“. Alle anderen kennen Googles Bildersuche. Bekanntlich bin ich als Bloggerin nicht in der Position, meine hochrelevanten Inhalte einer breiten Masse zugänglich zu machen. Da ich auch noch (kleiner Spaß am Rande) nicht für Literaturempfehlungen bezahlt werde, versuche ich hier so subjektiv wie möglich aufzuzeigen, warum mich Lena Dunhams Buch *Not That Kind of Girl* enttäuscht hat. Schlimmer, ich glaube, ich werde nie wieder mit derselben Unbefangenheit und Freude Dunhams schwingende Brüste auf dem Schirm betrachten können. Schade, eigentlich.

Das 265-Seiten lange Buch ist eine präzise kuratierte Dauerausstellung therapeutisch behandelbarer Neurosen. Es geht, naja, man kann es fast ahnen, um Dunhams Leben. Dunham als ängstliches Kind („When I was eight, I was afraid of everything"), Dunham in der Schule („Really, I'd hated school since the day I got there. My father often repeats the story of my initial reaction to kindergarten"), Dunham in Oberlin, Dunham und ihr erster female-crush („I had no issues with gay people. I just didn't want to *be* one") Dunham und schlechter Sex, Dunham und weniger schlechter Sex (besonders gut aber auch nicht), Dunham und ihre Essstörung („Every pound I lost made me giddy"), ihren Selbstfindungsprozess, ihr Leben in New York und LA. Wer das Buch kauft, erspart sich die wöchentliche Lektüre diverser US-amerikanischer Tabloids. Ich kann versprechen, man ist danach informationstechnisch zumindest auf dem Stand von Wendy Williams. 80 Prozent der Zeit beschreibt Dunham die einzigartige Beziehung zu ihrer wundervollen, Upperclass-Familie, deren einziges Problem darin zu bestehen scheint, sich kollektiv für eine Ausstellung am Sonntag zu entscheiden.

> *„I had a lucky little girlhood. It wasn't always easy to live inside my brain, but I had a family that loved me, and we didn't have to worry about much except what gallery to go on Sunday and whether or not my child psychologist was helping with my sleep issues."* Lena Dunham

Habe ich schon erwähnt, dass sie ihren Vater vergöttert und auf jeder zehnten Seite eine Story mit dem Satz „My father would/said/did" einleitet? Zudem erfährt man, wie sich ihre Eltern kennen gelernt haben, warum und bis wann Dunham „Jungfrau" war, wann sie danach wie oft mit wem und warum Sex hatte, welche Party sie davor besucht und welche Drogen sie genommen hat. Wenn ich mehr über diese Art von persönlichen Erfahrungen wissen will, frage ich meine MitbewohnerInnen, dafür brauche ich kein Aufklärungs-Buch. Dunham hatte das ganz „normale" Leben eines etwas verwirrten, sich seines Selbst noch nicht bewussten Zwanzig-Etwas, mit dem kleinen Unterschied finanziell abgesichert in Soho aufzuwachsen. Dunhams' Feminismus ist einer der präpotenten „me-me-me"-Sorte, wie es Sara Luckey auf *feminspire*[49] treffend beschreibt:

> *„It often seems that in mainstream feminism – and let's be real, that often is double speak for ‚white feminism' – Lena Dunham can do no wrong. She's a feminist darling, a delightful and ‚relatable' face fronting a ‚subversive' television show, giving out soundbites, being kooky and zany in her red carpet fashion choices and bungling up every now and again with her adooorable foibles.*
>
> *Like Caitlin Moran, Lena Dunham exists in that vapid and overly-self-conscious niche of mainstream feminism where the overwhelming concern is white women, their problems, their lives, and much talk and*

examination of the size and shape of and feelings about their bodies. It's all very surface-level feminism. Lots of talk about accepting your body and being able to have the kind of sex you want, not much about the lives and experiences of anybody outside their demographic, accompanied by the assumption that of COURSE we must all be interested. It's light, it's easily digestible. And when we are in that nook, that warm little wrinkle of surface-level feminism that focuses on the ‚me me me', it can become escapism." Sara Luckey

Nicht, dass ich *nicht* an Gossip-News interessiert wäre. Aber *150* Seiten? Gemischt mit Aufzählungslisten zu „10 Reasons I <3 NY" oder „My Top 10 health concerns". Noch langweiliger als Dunhams Sex- und Liebesleben („I said I love you to exactly four people, except my father") ist die Schilderung ihrer Kindheit. Es ist wirklich zum Gähnen, gänzlich unspektakulär und zudem höchst irrelevant, wenn es um die Niederschrift der Dinge geht, die „man gelernt hat". Was hat man denn gelernt im Sommercamp? Dass man seine Familie vermisst? Nach fünf Seiten musste ich dieses Kapitel leider überspringen.

„So I wanted camp, too. I didn't want to leave home. I loved my loft bed and my hairless cat and the small desk my father had installed for me in what used to be the closet where he kept his sci-fi paperbacks. I loved our mint-green elevator and our Malaysian takeout and August in New York, the way the only breeze came from the subway rushing past." Lena Dunham

Was mich am Ehesten interessiert, Dunhams beruflicher Werdegang, wird stiefmütterlich als Nebenstrang abgehandelt. Fast so, als ob es Absicht und dem Hype rund um die Serie *GIRLS* förderlich wäre. Stattdessen breitet sie ihren Nebenjob als Angestellte in einem teuren Bekleidungsgeschäft für Kinder auf gefühlt zwanzig Seiten aus und wird nicht müde zu betonen, dass sie dort den *besten* Lunch ihres Lebens hatte. Das Dasein ist eine Aneinanderreihung von fancy furniture, Toast mit Salz und Butter, Zuspätkommen in Literatur-Vorlesungen und Wasserskifahren.

> *„I was not a perfect student – far from it. I was overmedicated and exhausted, wearing pajamas and a vintage hat with a veil. I struggled to stay awake in art history class. I had an authority problem. But I was living in a world where we were understood and honored for what we had to offer. My best friend played a didgeridoo he bought off the Internet. It was a best-case scenario for a worst-case problem: the fact that the government says we have to go to school."* Lena Dunham

Zwischendurch habe ich das Gefühl, dass Dunham sich an Menschen rächen möchte, die sie in der Vergangenheit haben abblitzen lassen oder ihr Talent nicht sofort wertzuschätzen wussten. Ich glaube kaum, dass Dunham jeden ihrer ehemaligen Sexualpartner gefragt hat, ob er es in Ordnung finden würde, in allen Details in einem Buch mit Millionenauflage aus ihrer (!) Perspektive skizziert zu werden. Der narzisstische Anspruch all die pikanten Details des eigenen Sex- und Arbeitslebens in die Regale von Millionen (!!!!) Menschen zu bringen (WARUM? WARUM? Ich kann mir nichts Schlimmeres – und Langweiligeres – vorstellen als ein Buch über meine Exfreunde zu veröffentlichen), erschließt sich mir nicht. Wäre die Leserschaft danach zumindest davon überzeugt, dass Dunham eine spannende Persönlichkeit, eine Bereicherung für die Kunst- und Literaturszene ist und die mainstreamgerechte Verbreitung „des Feminismus" fördert – meinetwegen. Das Gegenteil davon ist bei mir eingetreten. Abgesehen davon, dass ich nach all den Entblößungen an Dunhams Stelle Angst davor hätte, von meiner Schwester verstoßen zu werden. Wer jetzt kritisch anmerken möchte, dass die Autorin dieses Buch auch dazu nutzen wollte, auf sexuelle Belästigung und Gewalterfahrungen aufmerksam zu machen, muss einsehen, dass diese Thematiken neben Gesprächen zwischen 14-Jährigen auf Sommercamps und Gedanken zum Thema Tod ein wenig (nicht nur zeichentechnisch) zu kurz kommen, um für den Inhalt zentral zu wirken. Natürlich kann manch eine/r jetzt einwerfen, man könne auch mal einen anderen Zugang zur hässlichen V-Debatte finden. Nur leider ging der politische Anspruch, falls einer vorhanden war, neben all den Belanglosigkeiten komplett unter.

Mit ihren Memoiren hat sich Dunham selbst ein Bein gestellt, denn durch die Art und Weise, wie *sie* sich *selbst* sieht, wirkt sie weniger als sympathische, inspirierende, reflektierte Persönlichkeit, sondern vielmehr wie Daddy's little girl, das nur aufgrund ihres Privilegs von allerlei Ungerechtigkeiten verschont wurde und zudem auf einer der renommiertesten amerikanischen Kunstakademien studieren konnte. Ist ihr Erfolg Zufall? Oder vielmehr aufgrund ihres sozialen und ökonomischen Kapitals prädestiniert? Wer schon als Kind Kontakte in die Kunstszene New Yorks knüpfen konnte und mit fünf auf Galerie-Eröffnungen ging, wird ganz automatisch von diesen Banden profitieren. Geht es bei diesem Buch, wie sollte es anders sein, lediglich um den Profit? Die Sprache ist einfach (was an sich kein Problem wäre), stilistisch nicht herausragend, der Plot weder lustig noch in irgendeiner Form ergreifend oder spannend. Die Geschichte hat keinen roten Faden, sie wirkt wie eine lose Zusammenstellung eines für die Öffentlichkeit überarbeiteten Tagebuchs.

> „*I fell in love with Cathy comics one afternoon at my grandmother's house, flipping through the Hartford Courant. They weren't printed in the New York Times, our household's newspaper of choice. So every week after that my grandmother carefully snipped them out of her newspaper and mailed them to me, no note. I would savor them after school over half a box of cookies, laboring to understand each joke.*" Lena Dunham

Es kommt selten vor, dass ich von einem Buch nichts mitnehmen kann, hier ist es passiert. Wenn ich könnte, hätte ich die fünf Stunden Lebenszeit, die mich das Buch gekostet hat, lieber in die Aufarbeitung meiner eigenen überprojizierten Vorstellungen investiert als mir die wirr aneinandergereihten Aufzeichnungen Dunhams über die Telefonate mit ihren Therapeutinnen durchzulesen. *Not That Kind of Girl* ist wie einer dieser Menschen, die Dunham zu früh in ihr Leben gelassen hat. Absolut entbehrlich.

ABKÜRZUNGSVERZEICHNIS

tbh	to be honest
IRL	in real life
imho	in my humble opinion
TL;DR	too long; didn't read
früher™	früher, als noch alles besser war

QUELLENVERZEICHNIS

Letzter Aufruf aller genannter Quellen am 10. Juni 2024

1 https://www.wienerzeitung.at/a/beziehungen-mit-maennern-lieber-ambulant-als-stationaer

2 https://www.theguardian.com/lifeandstyle/2019/may/25/women-happier-without-children-or-a-spouse-happiness-expert

3 https://apps.apple.com/us/app/capcut-video-editor/id1500855883

4 https://www.instagram.com/corneliagrimsmo/reels/

5 https://www.instagram.com/christinacaradona/

6 https://www.gwi-boell.de/de/2018/05/25/was-ist-feminismus

7 https://www.groschenphilosophin.at/2023/01/journo-eltern-in-meinem-feed/

8 https://www.urbandictionary.com/define.php?term=amatonormativity

9 https://www.youtube.com/watch?v=CocEMWdc7Ck

10 https://www.youtube.com/c/LoneFoxHome

11 https://www.youtube.com/watch?v=VZ5aHnFdkgw

12 https://www.groschenphilosophin.at/2021/07/schoenheitsnormen-turbokapitalisiert-youtuber-die-sich-kritisch-mit-der-normalisierung-von-beauty-eingriffen-wie-bbls-auseinandersetzen/

13 https://contentcareer.com/blog/how-much-vloggers-earn-per-subscriber/

14 https://www.spiegel.de/ausland/globale-pandemiebekaempfung-die-reichen-impfen-die-armen-warten-a-e715a6c5-0d86-4996-a126-0bb875848d96

15 https://www.jetzt.de/job/arbeitsmarkt-millennials-generation-z-job-bewerbung-berufseinstieg
16 https://www.jetzt.de/job/arbeitsmarkt-millennials-generation-z-job-bewerbung-berufseinstieg
17 https://www.amazedmag.de/zoomers-attackieren-millennials/
18 https://netzpolitik.org/2024/empfehlungsalgorithmen-threads-und-instagram-wollen-politische-inhalte-ausbremsen/
19 https://www.tagesspiegel.de/gesellschaft/meta-will-sicht-auf-inhalte-einschranken-was-heisst-hier-politisch-11224822.html
20 https://www.youtube.com/watch?v=59PMxDtcwHk
21 https://uebermedien.de/52582/journalistinnen-nehmt-die-klimakrise-endlich-ernst/
22 https://www.welt.de/icon/article215801348/Rechte-Ideologie-auf-Instagram-Sie-treffen-Muetter-da-wo-es-ihnen-weh-tut.html
23 https://www.jetzt.de/job/arbeitsmarkt-millennials-generation-z-job-bewerbung-berufseinstieg
24 https://www.zeit.de/news/2020-01/14/was-ist-dran-am-hype-um-cannabidiol-produkte
25 https://www.sueddeutsche.de/gesundheit/cbd-oel-gesundheit-rechtslage-1.4413846
26 https://www.spektrum.de/news/gesundheit-ist-der-hype-um-cannabidiol-berechtigt/1680420
27 https://thinktwice-secondhand.de/news/
28 https://www.republik.ch/2019/05/07/sag-mir-wo-die-feinde-sind
29 https://netzpolitik.org/2019/ueberfaelliger-wegweiser-fuer-die-einen-innovationsbremse-fuer-die-anderen/
30 https://datenbank.nwb.de/Dokument/146210_38/?sprungmarke=ja_4sn_2
31 https://www.buzzfeednews.com/article/shannonkeating/personal-writing-social-media-influencers-caroline-calloway

32 https://steadyhq.com/de/
33 https://krautreporter.de/psyche-und-gesundheit/4863-warum-mich-laura-malina-seiler-traurig-und-wutend-macht
34 https://programm.ard.de/TV/arte/re--spiritualit-t-2-0/eid_287242316335020 (beim Abruf der Quelle am 10.06.24 war die Dokumentation nicht erreichbar. Stattdessen war sie über diesen Link abrufbar: https://www.ardmediathek.de/video/dokumentation-und-reportage/spiritualitaet-2-0/rbb-fernsehen/Y3JpZDovL3JiYl9mNTU-wOGM0Ny05ZTliLTQ3OWMtODc2OC1mOWQxN2U-1YmQ3NGVfcHVibGljYXRpb24)
35 https://www.vice.com/en/article/mg4gyb/jessa-crispin-is-calling-bullshit-on-your-future-is-female-t-shirt
36 https://www.theguardian.com/books/2017/feb/15/why-i-am-not-a-feminist-by-jessa-crispin-review
37 https://www.vice.com/en/article/mg4gyb/jessa-crispin-is-calling-bullshit-on-your-future-is-female-t-shirt
38 https://www.vice.com/en/article/mg4gyb/jessa-crispin-is-calling-bullshit-on-your-future-is-female-t-shirt
39 https://sans-mots.blogspot.com/2017/04/greenwashing-in-rosa.html
40 https://frauenvolksbegehren.at/
41 https://www.vice.com/en/article/mg4gyb/jessa-crispin-is-calling-bullshit-on-your-future-is-female-t-shirt
42 https://missy-magazine.de/blog/2018/06/08/das-problem-heisst-macht/
43 https://rumyaputcha.com/115-2/
44 https://www.stern.de/gesundheit/psychotherapie--woran-patienten-schlechte-therapeuten-erkennen-7546854.html
45 https://www.apotheken-umschau.de/krankheiten-symptome/infektionskrankheiten/pfeiffersches-druesenfieber-symptome-ansteckung-behandlung-734069.html#Was-loest-die-Krankheit-aus-Wie-lange-ist-die-Inkubationszeit

46 https://www.tagesschau.de/inland/gesellschaft/haeusliche-gewalt-122.html
47 https://www.gutjahr.biz/2014/03/geldpremiere/
48 https://www.michaelbuchinger.at/
49 http://feminspire.com/white-feminists-fucking-ignoring-lena-dunhams-abuse/

ÜBER DIE AUTORIN

Bianca Jankovska wurde 1991 als Tochter einer Slowakin und eines Österreichers in Wien geboren und lebt seit 2017 in Berlin. Sie studierte Publizistik und Politikwissenschaften an der Uni Wien und Antwerpen und gründete 2014 ihren Blog *groschenphilosophin.at* als Bestrebung, als junge Frau in der Medienwelt Fuß zu fassen. Es folgten einige Gigs als Journalistin in verschiedenen Medien und Anstellungsformen, als Autorin, Dozentin und Medienstrategin.

2018 veröffentlichte sie ihr erstes Buch *Das Millennial-Manifest*, 2020 folgte *Dear Girlboss, we are done*, 2024 erschien das erzählende Sachbuch zu Anti-Work und Menstrual Health, *Potenziell furchtbare Tage*. Heute teilt Jankovska ihr geballtes Wissen über die (Arbeits-)Welt in der Kündigungsberatung („thx-bye.de"), ihrem Podcast („The Bleeding Overachiever"), auf Social-Media (@groschenphilosophin) und in ihren Büchern.

Weitere Bücher von Bianca Jankovska:
Potenziell furchtbare Tage, erschienen 2024 im Haymon Verlag
Dear Girlboss, We Are Done, erschienen 2020 bei BoD
Das Millennial Manifest, erschienen 2018 bei Rowohlt

Jankovska schreibt einen Substack über Non-Monogamy, Dating und Sex: fuckgirl.substack.com.
Groschenphilosophin.at ist und bleibt ihre Homebase.

WEITERE MITWIRKENDE AM BUCH

TAMARA KELLER

Tamara Keller, geboren 1994, ist Arbeiter*innenkind, arbeitet seit Mai 2023 als freie Journalistin und investigative Reporterin und ist Teil des Selbstlaut-Kollektivs. Ihre Recherchen decken Missstände auf, zeigen, wo unsere Gesellschaft bereits gerechter wird und wo diese Gerechtigkeit und Gleichheit noch fehlen. Dafür beschäftigt sie sich mit Kryptowährungsbetrüger*innen, Rassismus auf Ausländerbehörden oder Machtstrukturen im Profisport. Letzteres bildet sie auch in ihrem Hobby, dem Podcasten, bei „FRÜF – Frauen reden über Fußball" ab. Sie ist auf einem Bauernhof aufgewachsen, hat an der Universität Basel Germanistik und Medienwissenschaften studiert, ein Volontariat bei der *Badischen Zeitung* absolviert und bei diversen Medienhäuser (u.a. *funk, rbb, DLF, WDR, ZDF Magazin, BuzzFeed, fudder*) veröffentlicht.

Ihre Arbeit findet ihr auf tamara-keller.net oder unter @loegli auf allen Plattformen.

JULIE ANN TARR

Julie Ann lebt mit Mann und Katze in Düsseldorf und arbeitet seit mehr als zehn Jahren als freiberufliche Grafikdesignerin für Agenturen, Designbüros oder direkt für Kund*innen. Ihr Herz schlägt für tolles Branding, fabelhafte Farbwelten und Typografie. Ob Logos, Style-Routen für Social Media, Webseiten oder Printprodukte – Julie Ann verleiht mit durchdachtem Corporate Design Marken eine ansprechende Persönlichkeit. Außerdem liebt sie Kreatives in jeder Hinsicht: Sie gestaltet zusammen mit ihrem Mann knallbunte Postkarten oder bastelt zum Abschalten gern hübsche Dinge.

Ihre Arbeit findet ihr auf julieanntarr.com oder unter @julieanntarr_design auf Instagram.

ÜBER DEN VERLAG

Palomaa Publishing ist ein unabhängiger Verlag für inspirierende Bücher, eBooks und Art Prints von Autorinnen und Künstlerinnen. Unsere Mission ist es, Frauen und nicht-männlichen Personen eine Bühne zu geben. Wir bringen Bücher von Autorinnen auf den Markt und so der weiblichen Sicht auf die Dinge mehr Raum.

Palomaa Publishing veröffentlicht Bücher in den Bereichen Frauengesundheit, Gleichberechtigung, kritische Mutterschaft, Working Women, Female Entrepreneurship, Female Centered Products, persönliche Weiterentwicklung – und noch vieles darüber hinaus. Unser Fokus liegt auf Non-Fiction, vor allem Sachbuch und Ratgeber. Außerdem vertreiben wir hochwertige Drucke von Künstlerinnen sowie zeitlose Kalender und Guides.

Wir haben zudem das Netzwerk The Female Publisher gegründet für Frauen in der Verlags- und Programmplanung, sind Preistragende des Sächsischen Verlagspreises 2022 sowie des PublisHer Excellence Award in Innovation 2024 und veröffentlichen den Podcast „Die Bücher unserer Zukunft" über die Zukunft der Buchbranche.

palomaapublishing.de
thefemalepublisher.com
@palomaa_publishing